ÜBER DAS BUCH:

Auch die Waschmaschine ist nur ein Mensch
In dieser Sammlung treffen wir den weltbekannten Satiriker bei einem Lieblingsthema. Denn er ist Computer-Freak ebenso wie leidenschaftlich interessiert an allen Neuerungen bei Haushaltsmaschinen, besitzt unzählige Schachcomputer, die raffinierteste Audio-Video-Anlage und verschiedene Arten von Tee-, Kaffee- und sogar Suppenautomaten. Natürlich hat Ephraim Kishon immer auch die Tücken im Objekt gesehen, wenn das so perfekt von Menschenhirn ausgedachte Gerät der Menschenhand so gar nicht mehr folgen will und ein unkalkulierbares Eigenleben zu führen beginnt. Die Errungenschaften unseres Jahrhunderts und was an ihnen lachen macht – das ist das vielfältige, humoristisch auf den Punkt gebrachte Thema dieses ebenso originellen wie aktuellen Sammelbandes.

Kishons beste Autofahrergeschichten
Dieser Band setzt die Reihe von Ephraim Kishons »Besten Geschichten« nach den Themen Familie, Reisen und Tiere fort und bringt eine Auswahl der humorvollsten Satiren über das Lieblingsthema unseres Jahrhunderts: das Autofahren.
Wunderlich sind die Wege, die der Mensch im Laufe seiner Geschichte gegangen ist. Mußte sich noch der Steinzeitmensch auf die eigenen Gehwerkzeuge beschränken oder sich bestenfalls nach der Art eines entfernten Verwandten von Baum zu Baum schwingen, so hat der Neuzeitmensch Sensationelles erreicht: den fahrbaren Untersatz. Von dieser und anderen unschätzbaren Errungenschaften der Menschheit und ihren Auswirkungen erzählt Kishon in seinen Autofahrersatiren.

DER AUTOR:

Ephraim Kishon, am 23. August 1924 als Ferenc (Franz) Hoffmann in Budapest geboren, Studium der Kunstgeschichte und Besuch der Kunstakademie. 1949 Auswanderung nach Israel, wo er von einem Einwanderungsbeamten den Namen erhielt, unter dem er weltberühmt wurde. Er arbeitete zunächst in einem Kibbuz und publizierte ab 1952 politisch-satirische Glossen in verschiedenen Tageszeitungen. Ephraim Kishon lebt als freier Schriftsteller in Tel Aviv.

Ephraim Kishon

Auch die Waschmaschine ist nur ein Mensch

Kishons beste Autofahrergeschichten

Mit Zeichnungen von
Rudolf Angerer

Ullstein

ein Ullstein Buch
Nr. 23538
im Verlag Ullstein GmbH,
Frankfurt/M – Berlin

Ungekürzte Ausgabe

Umschlaggestaltung:
Hansbernd Lindemann
Illustration:
Silvia Christoph
Alle Rechte vorbehalten
Taschenbuchausgabe mit freundlicher
Genehmigung der F. A. Herbig
Verlagsbuchhandlung GmbH, München
© 1987/1985 by Herbig
Verlagsbuchhandlung GmbH, München
Printed in Germany 1994
Druck und Verarbeitung:
Ebner Ulm
ISBN 3 548 23538 7

Oktober 1994
1.–10. Tsd.
Gedruckt auf alterungs-
beständigem Papier mit
chlorfrei gebleichtem Zellstoff

Die Deutsche Bibliothek –
CIP-Einheitsaufnahme

Kishon, Ephraim:
Auch die Waschmaschine ist nur ein
Mensch: Kishons beste Autofahrer-
geschichten / Ephraim Kishon. Mit
Zeichn. von Rudolf Angerer. –
Frankfurt/M; Berlin: Ullstein, 1994
  (Ullstein-Buch; Nr. 23538)
  ISBN 3-548-23538-7
NE: GT
Vw.: Hoffmann, Ferenc [Wirkl. Name]
→ Kishon, Ephraim

Vom selben Autor
in der Reihe
der Ullstein Bücher:

Der seekranke Walfisch (3428)
Der quergestreifte Kaugummi (20013)
Es war die Lerche (20033)
Mein Freund Jossele (20053)
Kishon für Kenner (20065)
Wenn das Auto Schnupfen hat (20137)
Schokolade auf Reisen (20158)
Kishons beste Reisegeschichten (20333)
Pardon, wir haben gewonnen (20693)
Kein Öl, Moses? (20569)
Beinahe die Wahrheit (20766)
Picasso war kein Scharlatan (20898)
Im neuen Jahr wird alles anders (20981)
Kein Applaus für Podmanitzki (20982)
Abraham kann nichts dafür (20723)
Kishon für Manager (22276)
Drehn Sie sich um, Frau Lot! (22427)
Total verkabelt (22439)
Kishons beste Autofahrergeschichten
(22451)
… und die beste Ehefrau von allen (22601)
Das große Kishon-Karussell (22752)
Undank ist der Welten Lohn (22810)
Wie unfair, David! (22837)
Arche Noah, Touristenklasse (22968)
Das Kamel im Nadelöhr (22996)
Der Fuchs im Hühnerstall (23158)
Kishons beste Familiengeschichten/
… und die beste Ehefrau von allen
(23408)
Der Hund, der Knöpfe fraß (40012)
Kishons beste Familiengeschichten
(40095)
In Sachen Kain und Abel (40124)
Paradies neu zu vermieten (40150)
Hausapotheke für Gesunde (22350)

Ephraim Kishon

Auch die Waschmaschine ist nur ein Mensch

Die besten Technikgeschichten

Inhalt

Die Rache der Haushaltsgeräte

Der Kampf mit dem Installateur 11
Alarm macht häuslich 15
Wie spart man kein Wasser 21
Ges. gesch. 24
Auch die Waschmaschine ist nur ein Mensch 28
Auf dem Trockenen 35
Im Wunderland 41
Bügeln leicht gemacht 45
Als uns der Strom gesperrt wurde 48
Telefonpremiere 53

Das Telefon, dein Freund und Helfer

Ein vielversprechender Anfang 57
Variation auf Rumänisch 63
Dingsda 66
Terzett 69
Im Dienst der Völkerverständigung 72
Sparmaßnahme 77
Ein abwechslungsreiches Telefonat 80
Mord durch den Draht 86
Falsche Nummer – richtig verbunden 88
Bitte nicht am Telefon 94

Das Bermuda-Dreieck: Radio, Foto, Stereo

PLX 45 L *99*
Die Massen und das Medium *101*
Bildhaft gesprochen *109*
Hit muß man schreiben können *112*
Schallplatten ohne Schall *116*
Stereo aus siebenter Hand *119*
Soundtrack total *124*
Die vollautomatische Seuche *129*
Schnappschütze *137*

Haustyrann in Technicolor

Fernsehen als Erziehungsanstalt *145*
Das Teletaxi *151*
Auf Programmsuche *156*
Minestrone alla televisione *160*
Tatort *165*
Namen auf Endlosschleife *171*
Fernsehen der dritten Art *175*
A Star is born *181*

Geschichten von den drei Schrauben

Zwei Schrauben im Dreiviertelakt *189*
Der Blaumilch-Kanal *192*
»A« wie Aufzug *198*

Was Setzmaschinen vermögen... 205
Treibstoff mit Vitamin C 211
Rezept für Kurzwelle 218
Mit der U-Bahn in die Steinzeit 221
Computer auf Verbrecherjagd 226
Made in Japan 229
Die Bombe für alle 236

Die RACHE
der Haushaltsgeräte

Der Kampf mit dem Installateur

Eines friedlichen Vormittags wurde der Wasserhahn in unserer Küche undicht und begann zu tropfen. Ich eilte sofort zu Stucks, dem einzigen Installateur in der Gegend, um ihn an das Krankenlager unseres Hahns zu bitten. Es war jedoch nur Frau Stucks zu Hause, die mir versprach, daß Stucks zu Mittag kommen würde. Als Stucks auch am frühen Nachmittag nicht gekommen war, ging ich wieder zu ihm. Zu Hause war nur Frau Stucks. Sie sagte mir, sie hätte Herrn Stucks gesagt, daß er zu uns kommen solle, aber Herr Stucks hätte nicht zu uns kommen können, weil er zu jemandem andern gehen mußte. Er würde jedoch am frühen Abend zu uns kommen.
Stucks kam am frühen Abend nicht und nicht am späten, und als ich zu ihm kam, war niemand zu Hause. Von den Nachbarn erfuhr ich, daß das Ehepaar Stucks ins Kino gegangen sei. Ich steckte einen Zettel ins Schlüsselloch: Herr Stucks möchte bitte am nächsten Morgen zu uns kommen, weil unser Wasserhahn einer Reparatur bedürfe.
Als ich am Morgen aufwachte und Stucks noch nicht da war, ging ich zu ihm. Ich erwischte ihn beim Verlassen seiner Wohnung. Er behauptete, daß er sich gerade auf den Weg zu mir machen wollte, aber da er mich jetzt sowieso getroffen hätte, wäre ich vielleicht damit einverstanden, daß er erst mittags zu mir käme, weil er vorher noch zu jemandem andern gehen müsse. Er würde um eins kommen, sagte er. Ich fragte ihn, ob er

nicht um halb zwei kommen könnte, da ich um eins noch auswärts zu tun hätte. Nein, antwortete er, leider, seine Zeit sei zu knapp, entweder um eins oder gar nicht.
Ich wartete bis drei, und als er nicht kam, ging ich zu ihm. Er war nicht zu Hause. Seine Frau versprach mir, nach seiner Rückkehr dafür zu sorgen, daß er am nächsten Morgen oder spätestens gegen Mittag kommen würde.
Stucks kam weder am nächsten Morgen noch gegen Mittag. Als ich zu ihm kam, saß er beim Mittagessen und sagte, er hätte nicht kommen können, weil er soviel zu tun hatte, aber jetzt sei es endlich soweit, er würde nur noch rasch etwas essen und käme in einer Stunde.
Ich wartete bis zum Abend. Stucks kam nicht. Deshalb ging ich zu Stucks. Diesmal war niemand zu Hause. Ich setzte mich auf die Türschwelle, um zu warten. Gegen Mitternacht erschienen Herr und Frau Stucks. Ich fragte ihn, warum er mich bis in die Abendstunden vergebens hatte warten lassen. Weil er bis jetzt beschäftigt gewesen sei, sagte Stucks. Aber ich sollte mir, sagte Stucks, keine Sorgen machen, er käme ganz bestimmt morgen früh um halb sieben. Ich fragte ihn, ob er nicht um sieben kommen könnte. Nein, sagte er, völlig ausgeschlossen, halb sieben oder gar nicht. Schließlich einigten wir uns auf 6 Uhr 45.
Um zehn war er noch immer nicht da. Was tun? Ich ging zu ihm. Seine Frau – er selbst war nicht zu Hause – versprach mir, zu meinen Gunsten bei ihm zu intervenieren. Als ich fortging, lief sie mir nach und erkundigte sich, wer ich sei und was ich wolle. Ich informierte sie, daß unser Wasserhahn in der Küche ständig

tropfe und ob Herr Stucks nicht endlich kommen könnte, um ihn zu reparieren. Wenn Herr Stucks versprochen hätte, zu kommen, sagte Frau Stucks, dann käme er ganz bestimmt.

Da er bis zum Mittag nicht kam, suchte ich ihn auf. Er saß gerade beim Mittagessen und stellte mir sein Kommen in Aussicht, sobald er fertig wäre.

»Wissen Sie was?« sagte ich. »Ich warte hier auf Sie.«

Stucks beendete in aller Ruhe seine umfängliche Mahlzeit, stand auf, gähnte und streckte sich. Es täte ihm leid, sagte er, aber er sei gewohnt, nach dem Essen ein wenig zu schlafen. Damit verschwand er im Nebenzimmer. Ich blieb sitzen.

Um sieben Uhr abends gab mir Frau Stucks auf Anfrage bekannt, daß ihr Gatte schon längst das Haus verlassen habe, durch die Hintertüre. Aber wenn er zurückkäme, würde sie ihm sagen, ich hätte auf ihn gewartet.

Allmählich wurde mir bewußt, daß dieses ewige Hin und Her zwischen meinem und seinem Haus zwecklos war. Ich beschloß, bei Stucks sitzen zu bleiben. Um neun Uhr abends kam er und bedauerte, infolge der Hitze völlig vergessen zu haben, daß es mich überhaupt gab.

»Was wünschen Sie von mir?« fragte er.

»Herr Stucks«, sagte ich, »wenn Sie nicht zu uns kommen wollen, dann sagen Sie's doch. Ich kann meinen tropfenden Wasserhahn ja auch von einem anderen Installateur reparieren lassen.« Stucks war betroffen.

»Aber warum sollte ich nicht kommen?« sagte Stucks. »Das ist ja mein Geschäft. Davon lebe ich.«

Und er gab mir sein Ehrenwort, daß er morgen um sieben Uhr zur Stelle sein würde.

Mein Instinkt trieb mich bereits um sechs zu seinem

Haus. Ich fing ihn gerade noch ab, als er es verließ. Er sei zu einer Reserveübung seiner Truppeneinheit einberufen worden, sagte er.
»Ich gehe mit Ihnen«, sagte ich.
Auf dem Übungsplatz ließ ich ihn nicht aus den Augen. Wir übten zusammen, entschärften einige Minen und entfernten uns gemeinsam.
»Gehen Sie ruhig nach Hause«, sagte er. »Ich ziehe nur rasch meine Zivilkleider an und komme Ihnen nach.«
Als er mir nach fünf Stunden noch nicht nachgekommen war, ging ich zu ihm, fand ihn jedoch nicht vor. Seine Frau versprach mir, ihn über meinen Besuch zu unterrichten.
An nächsten Morgen kaufte ich einen Revolver, ging zu Stucks und wartete. Zu Mittag kam er nach Hause, nahm die übliche Mahlzeit ein und schickte sich zum üblichen Nickerchen an. Ich fragte ihn, ob er etwas dagegen hätte, wenn ich seinen linken Arm mit einer Handschelle an meinen rechten fesselte. Nein, sagte er, er habe nichts dagegen.
Wir schliefen etwa eine Stunde und machten uns dann auf den Weg zu meinem Haus. Plötzlich befreite sich Stucks von seinen Fesseln und rannte davon. Ich schickte ihm eine Salve nach. Er erwiderte das Feuer. Als ihm die Munition ausging, kam er mit erhobenen Händen auf mich zu, begleitete mich ohne weiteren Widerstand und reparierte den Wasserhahn.
Gestern begann der Hahn wieder zu tropfen.

Alarm macht häuslich

Seit die schlechten Nachrichten, die wir regelmäßig zum Frühstück bekommen, um den täglichen Einbruchsdiebstahl bereichert wurden, hat sich im Lebensstil unserer Gartenvorstadt ein deutlicher Wandel vollzogen. Die Menschen trauen sich nicht mehr, ihr Haus zu verlassen. Sie fürchten, es könnte während ihrer Abwesenheit ausgeraubt werden – wie das erst unlängst Herrn Geiger geschah. Er hatte sich in eine nahe gelegene Lebensmittelhandlung begeben, um ein halbes Dutzend Eier zu kaufen, und als er zurückkam, fehlte in seiner kahlgeplünderten Wohnung sogar der Kühlschrank. Bei der jetzt herrschenden Hitze ist so etwas sehr unangenehm.
Die Einbrecher waren in einem Fernlaster vorgefahren und durch die kunstvoll geöffnete Tür ins Innere des Hauses gelangt, ohne daß den Nachbarn etwas aufgefallen wäre. Sie hatten zwar das Verladen der Möbel beobachtet, aber sie nahmen an, daß die Geigers umziehen würden, und um solche Dinge kümmerten sie sich nicht. Auch als ein Einbruch in das Haus der Familie Melnitzky erfolgte und der Wachhund minutenlang bellte, begnügten sie sich damit, ihn zu beschimpfen. Wahrscheinlich ist das verdammte Vieh wieder hinter einer Katze her, sagten sie.
Bei dieser neutralen Haltung konnte es nicht bleiben. Immer mehr Familien bekehrten sich zur Elektronik und versorgten ihre Häuser mit garantiert einbruchs-

sicheren Alarmsystemen. Schließlich war auch an uns die Reihe.
Natürlich griffen wir nicht nach dem ersten besten System, das uns unterkam. Nach gründlicher Marktforschung stellten wir fest, daß alle die gleichen Fanggeräte enthielten, die gleichen Fotozellen und das gleiche Überschall-Auge, das bei der geringsten verdächtigen Bewegung im Haus sofort zu zwinkern beginnt. Deshalb war maßgebend, welche Lieferfirma am schnellsten einen Reparaturfachmann schickt, wenn mit der Alarmanlage etwas nicht stimmt. Bei Tula & Co. dauerte das angeblich nicht länger als vierundzwanzig Stunden. Wir entschieden uns für Tula & Co.
Bald war unser Haus mit einem Gewirr von furchterregenden Drähten umgeben, das selbst den verwegensten Einbrecher abschrecken mußte. Wohlgefällig besah Tulas Techniker sein Werk.
»Okay«, sagte er. »Hier kommt nicht einmal eine Fliege herein.«
Als nächstes wurden wir über das absolut sichere Funktionieren der Alarmanlage informiert: Falls der elektrische Strom ausgeschaltet würde, träten die Batterien an seine Stelle, und im Falle untauglich gewordener Batterien käme ein eingebautes Notreservoir zum Tragen.
Was aber, so begehrten wir weiter zu wissen, wenn es kein Dieb ist, der unsere Schwelle überschreitet, sondern wir selbst, des Hauses Eigentümer?
Ganz einfach, antwortete Tula & Co. Die Alarmsirene trete immer erst nach fünfzehn Sekunden in Aktion, so daß wir Zeit genug hätten, sie abzustellen. Das wäre schon deshalb ratsam, weil wir andernfalls ertauben würden.

Seither sind wir im Bilde. Wenn in unserer Straße eine Alarmsirene aufheult, wissen wir, daß Frau Blumenfeld wieder einmal vergessen hat, die Anlage abzustellen.

Wir selbst fühlten uns völlig sicher und gingen noch am selben Tage aus. Unser Vertrauen hielt bis zur übernächsten Straßenecke an. Dann blieb die beste Ehefrau von allen erbleichend stehen:

»Um Himmels willen«, flüsterte sie. »Ich weiß nicht, ob ich den Alarm eingeschaltet habe...«

Wir sausten zurück, fanden alles in bester Ordnung und machten uns glücklich auf den abermaligen Weg. Als wir im Restaurant die Speisekarte studierten, durchfuhr mich plötzlich eine Art telepathischer Botschaft: »Falscher Alarm, falscher Alarm!«

Atemlos langten wir zu Hause an. Tatsächlich: Die ganze Nachbarschaft hatte sich versammelt, Wattepfropfen in den Ohren und Flüche auf den Lippen. Besonders erbittert war unser Nachbar Felix Seelig, dem seine Nachtmahlgäste davongelaufen waren, weil sie den ohrenbetäubenden Lärm nicht vertrugen. Wir baten ihn um Entschuldigung, die er uns nicht gewährte, und betätigten den Notruf zu Tula & Co. Der Reparaturfachmann entdeckte binnen kurzem die Ursache des Betriebsunfalls: Unser Telefon hatte geklingelt und mit seinem Signal die Sirene aufgeweckt. Künftig sollten wir vor jedem Verlassen des Hauses den Telefonstecker herausziehen und zur Sicherheit auch den Fernsehapparat lahmlegen.

Am folgenden Abend gingen wir ins Kino, die ganze Familie. Der Film war auch für unsere Kleinen geeignet, ein Krimi, aber nicht zu kriminell. Gerade als es spannend zu werden versprach, griff die beste Ehefrau

von allen mit zitternder Hand nach meinem Oberarm.
Auch ihre Stimme zitterte:
»Ephraim... ich... das Telefon... ich bin nicht sicher, ob ich den Stecker herausgezogen habe...«
Mit einem Satz war ich im Foyer, rief Felix Seelig an, entschuldigte mich für die Störung zu so später Stunde und fragte ihn, ob er vielleicht einen Lärm hörte ähnlich dem gestrigen.
Nein, es sei nichts zu hören, sagte er.
Zufrieden schlich ich auf meinen Sitz zurück und versuchte, den unterbrochenen Spannungsfaden aufzunehmen.
Zehn Minuten später wiederholte ich meinen Anruf: Man kann nie wissen.
Felix antwortete unverändert negativ, nur sein Tonfall hatte sich ein wenig in Richtung Grobheit verändert.
Beim drittenmal hob er gar nicht erst ab. Ein klassischer Fall von guter Nachbarschaft.
Was den Krimi betrifft, so habe ich leider nicht mehr erfahren, wer der Mörder war, denn wir verließen das Kino vor Schluß des Films und rasten in polizeiwidrigem Tempo nach Hause. Völlige friedliche Ruhe empfing uns. In unserer begreiflichen Erleichterung vergaßen wir den Fünfzehn-Sekunden-Spielraum, was uns dann die beruhigende Gewißheit verschaffte, daß die Alarmanlage nichts von ihrer Lautstärke eingebüßt hatte.
Einige Tage später waren wir zu Besuch bei den Spiegels, unseren alten Freunden. Mitten im Genuß der von Frau Spiegel hausgemachten Eiscreme überkam mich wieder eine telepathische Zwangsvorstellung. Ich ließ die Eiscreme schmelzen, sprang in den Wagen und steuerte heimwärts. Es war nichts.

Um diese Zeit begann ich das Publikum in öffentlichen Lokalen zu beobachten. Wenn ich beispielsweise an einem Kaffeehaustisch zwei Leute sitzen sah, die nervös um sich blickten und bei jedem stärkeren Laut zusammenfuhren, dann wußte ich: Die haben zu Hause ein einbruchssicheres Alarmsystem.

Es kam der Tag, an dem wir unser Opern-Abonnement ausnutzen mußten.

»Wir werden das Zeug abschalten«, entschied die beste Ehefrau von allen. »Draußen regnet's. Bei diesem Wetter bricht niemand ein.«

»Wozu brauchen wir dann überhaupt eine Alarmanlage?« fragte ich.

»Für unseren Seelenfrieden«, antwortete sie. Und sie hatte recht, wie immer. Der Gedanke an die ausgeschaltete Sirene versorgte uns mit innerem Gleichgewicht für drei Arien und ein Rezitativ. Dann war's vorbei.

»Jetzt!« zischte meine entschlußkräftige Lebensgefährtin. »Jetzt, in diesem Augenblick, wird bei uns eingebrochen!«

Auch ich konnte es ganz deutlich fühlen. Berufseinbrecher wissen aus Erfahrung, daß der durchschnittliche Alarmsystembesitzer am elften Abend das Haus verläßt, ohne die Sirene einzuschalten. Sie zählen die Tage, angefangen vom Tag des Erwerbs, sie warten, sie lauern, und wenn es soweit ist – mit einem Wort: Wir fuhren nach Hause. Und fanden alles in Ordnung. Unsere Nerven und unser ganzer Gesundheitszustand begannen allmählich Verfallserscheinungen aufzuweisen.

Dem Tula-Techniker war dergleichen nicht neu. Einige seiner Kunden, so ließ er uns wissen, hätten Wächter

gemietet, die vor dem Haus patrouillierten und im Falle eines falschen Alarms nach dem Rechten sähen.
»Großartig!« gab ich hämisch zurück. »Das kann ich ja selbst, vor meinem Haus auf und ab gehen.«
Es wurde von Tag zu Tag schlimmer. Gestern begann die Sirene zu heulen, als der Postbote über einen lockeren Draht stolperte. Meine arme Frau geriet an den Rand eines Nervenzusammenbruchs. Man mußte etwas unternehmen.
»Ich hab's«, sagte ich. »Wir werden ganz einfach nicht mehr ausgehen, und die Sache ist erledigt.«
So geschah's, und so hat unsere kostspielige Alarmanlage das Einbrecherproblem endgültig aus der Welt geschafft. Besser mit der Möglichkeit eines Raubüberfalls leben, als in der ständigen Furcht vor einem falschen Alarm. Wir rühren uns jetzt nicht mehr aus unseren vier Wänden, weder bei Tag noch bei Nacht.
Das ist die Lösung: Bleibe zu Hause und alarmiere dich redlich.

Wie spart man kein Wasser

Als vollberechtigter Bürger der Stadt Tel Aviv stieg ich eines Morgens aus meinem Bett, begab mich ins Badezimmer und drehte den Wasserhahn auf. Dieser gab ein Geräusch von sich, das sich etwa so anhörte: »Frrrrrskl.«
Wasser kam keines heraus. Ich stand ein Weilchen mit der Zahnbürste im Mund herum und wartete auf ein Wunder. Ein solches ereignete sich nicht. Nun stellte sich heraus, daß es in der ganzen Wohnung nicht einen einzigen Tropfen Wasser gab, außer in den Blumenvasen, deren Inhalt jedoch einen recht stengligen Geschmack aufwies. Die beste Ehefrau von allen erlitt einen leichten Nervenkoller: »Leben wir denn in der Wüste?« fragte sie mich, »will man uns umbringen?«
»Kann sein, oder auch nicht«, verteidigte ich die Behörden, »sie haben wohl das Wasser gesperrt.«
Die Morgenzeitungen gaben meiner gemäßigten Haltung recht. Die Wasserversorgungsbehörde hatte nämlich festgestellt, daß die Einwohner der Stadt Tel Aviv mit dem lebenswichtigen Naß überaus großzügig umgingen und pro Durchschnittsfamilie fast *drei Kubikmeter* täglich durch die Leitungen jagten. Daher wurde beschlossen, strenge Sparmaßnahmen einzuführen, indem man den Wasserdruck in den Versorgungsleitungen der Sündenstadt drastisch herabsetzte. Ich und die beste Ehefrau von allen hätten die Maßnahme durchaus mit bürgerlicher Lethargie hingenommen, wenn wir nur Parterre gewohnt hätten. Doch wir leben

nun einmal in Himmelsnähe, im dritten Stock, wo lediglich das erwähnte Frrrrrskl ankam. »Die Methode der verbrannten Erde«, fauchte die Frau, die immer noch an der Zahnpasta kaute, »tu etwas, in Gottes Namen.«

Anfangs wollte ich eine einstweilige Verfügung gegen den Gesundheitsminister erwirken, doch dann beschloß ich, statt dessen unsere betagte Putzfrau in das bodennahe Paradies zu schicken, um dort den Freudenbecher zu füllen. Unsere Putzfrau nahm zwei Eimer und ließ sich in den zweiten Stock hinab, doch auch da tobte die städtische Dürre. Im ersten Stock, in der Wohnung des Parteibezirks-Sekretärs, entdeckte unsere Wasserträgerin einen stark tropfenden Hahn auf Kniehöhe, doch unter ihm lagen bereits Haus- und Putzfrauen aus allen benachbarten Häusern. Unsere betagte Putzfrau stieg die Treppe in den Keller hinab, und erst dort wurde sie fündig.

»Diese paar Tropfen sind nicht für dich«, beschloß die beste Ehefrau von allen, »damit wird aufgewischt.«

Ich sagte »schade«, während der Eimer um die Ecke verschwand. Zum Mittagessen gingen wir in ein tiefgelegenes Restaurant und hinter uns die Sintflut. Damit will ich sagen, daß wir kaum das tiefgelegene Restaurant wieder verlassen hatten, als wir ein gewaltiges Rauschen hörten. Es war Wasser, das sich aus allen Hähnen der Wohnung, die aufgedreht geblieben waren, in Strömen ergoß. Dises Mal sorgten wir für den morgigen Tag vor. Die Badewanne wurde abgedichtet und bis zum Rand gefüllt, gleiches galt für alle Waschbecken, Töpfe, Schüsseln und Flaschen, und selbst das Plastik-Planschbecken unserer Tochter faßte leicht eine Reserve von rund sechs Kubikmetern. Mit dem herrli-

chen Gefühl, gute zwanzig Kubikmeter Wasser auf die hohe Kante gelegt zu haben, traten wir die Nachtruhe an.
Aber der Mensch denkt und Gott lenkt.
Am folgenden Morgen sprudelten die Hähne reichlich Wasser. Wir atmeten auf, ließen das überflüssige Grundwasser aus der Badewanne, den Waschbecken, Schüsseln und dem Planschbecken der Tochter abfließen. Zur gleichen Zeit hörte man aus allen Wohnungen des Hauses ein gewaltiges Gluckern und Rauschen, das Erinnerungen an die Niagarafälle aufkommen ließ.
Aber, wie gesagt, der Mensch denkt und Gott lenkt. Mittags ließ der Wasserdruck plötzlich nach und stieg erst zwei Stunden später wieder an. Sofort ließen wir Badewanne, Waschbecken und alles andere vollaufen. Abends kam der Druck wieder, und wir entleerten das Wasser. Morgens gab es kein Wasser...
An dieser Stelle wurden die Wassersparmaßnahmen für die Bewohner Tel Avivs eingestellt, da bei einer Fortsetzung das gesamte Land innerhalb von zwei Tagen völlig trocken geblieben wäre. Ein recht erfolgreiches Unternehmen.

Ges. gesch.

Jossele und ich saßen im Café California und starrten trübe in unsere Mokkatassen. Es war spät in der Nacht oder früh am Morgen, ganz wie man's nimmt. Jossele schob mißmutig die Tasse von sich.
»Warum«, fragte er, »warum erfindet man nicht endlich Kaffeetassen für Linkshänder? Mit dem Griff an der linken Seite der Tasse? Das wäre doch ganz einfach.«
»Du weißt, wie die Menschen sind«, erinnerte ich ihn.
»Gerade das Einfache interessiert sie nicht.«
»Seit fünftausend Jahren machen sie die gleichen langweiligen Trinkgefäße. Ob es ihnen jemals eingefallen wäre, den Griff innen anzubringen, damit das glatt gerundete Äußere nicht verunstaltet wird?«
»Niemals wäre ihnen das eingefallen. Niemals.«
»Immer nur die sture Routine.« Jossele hob die konventionell geformte Tasse widerwillig an die Lippen und nahm einen Schluck. »Keine Beziehung zu den Details, kein Gefühl für Nuancen. Denk nur an die Nähnadeln! Pro Stunde stechen sich auf der Welt mindestens hunderttausend Menschen in den Finger. Wenn die Fabrikanten sich entschließen könnten, Nadeln mit Ösen an beiden Enden zu erzeugen, würde viel weniger Blut fließen.«
»Richtig. Sie haben eben keine Phantasie. Darin stehen sie den Kammfabrikanten um nichts nach. Die erzeugen ja auch keine zahnlosen Kämme für Glatzköpfige.«

»Laß den Unsinn. Manchmal bist du wirklich kindisch!«
Ich verstummte. Wenn man mich kränkt, dann verstumme ich.
Jossele fuhr fort, mich zurechtzuweisen:
»Du hast nichts als dummes Zeug im Kopf, während ich über ernste, praktische Dinge spreche. Zum Beispiel, weil wir schon bei Kämmen sind: Haarschuppen aus Plastik. In handlichen Cellophansäckchen. Selbst der Ungeschickteste kann sie sich über den Kopf streuen.«
»Sie werden *nie* wie die echten aussehen«, sagte ich bockig.
»Ich garantiere dir, daß man nicht einmal durchs Vergrößerungsglas einen Unterschied merkt. Wir leben in einer Zeit, in der neues Material neuen Zwecken dienstbar gemacht wird. Hüte aus Glas, zum Beispiel.«
»Wozu soll ein Hut aus Glas gut sein?«
»Wenn man ihn fallen läßt, braucht man sich nicht nach ihm zu bücken.«
Das klang logisch. Ich mußte zugeben, daß die Menschheit Fortschritte macht.
»Und was«, fragte ich, »Hieltest du von einem Geschirrschrank, der auch oben vier Füße hat?«
Jossele sah mich überrascht an. Das hatte er mir nicht zugetraut.
»Ich verstehe«, nickte er anerkennend. »Wenn der Schrank oben staubig wird, dreht man ihn einfach um. Überhaupt gibt es im Haushalt noch viel zu verbessern. Was mir zum Beispiel schon seit Jahren fehlt, sind runde Taschentücher!«
»Die man nicht falten muß?«
»Eben. Nur zusammenknüllen.«

»Auch ich denke über Neuerungen an Kleidungsstücken nach.«

»Nun?«

»An eine Art elektronisches Miniaturinstrument für den eleganten Herrn. Ein Verkehrslicht mit besonderer Berücksichtigung der Hose. Wenn ein Toilettefehler entsteht, blinkt ein rotes Licht auf, das zur Sicherheit von einem leisen Summton begleitet wird.«

»Zu kompliziert.« Jossele schüttelte den Kopf. »Deshalb konnte ich ja auch der Kuckucksfalle nichts abgewinnen. Du erinnerst dich: Man wollte sie an den Kuckucksuhren anbringen, oberhalb der Klappe, aus der alle Stunden der Kuckuck herauskommt. Und im gleichen Augenblick, in dem er seinen idiotischen Kuckucksruf ausstoßen will, fällt ihm von oben ein Hammer auf den Kopf. Zu kompliziert.«

»Dir würde wohl die Erfindung des berühmten Agronomen Mitschurin besser zusagen?«

»Die wäre?«

»Eine Kreuzung von Wassermelonen mit Fliegen.«

»Damit sich die Kerne von selbst entfernen, ich weiß. Ein alter Witz. Wenn schon kreuzen, dann Maiskolben mit Schreibmaschinen. Sobald man eine Kornreihe zu Ende genagt hat, ertönt ein Klingelsignal, der Kolben rutscht automatisch zurück, und man kann die nächste Reihe anknabbern.«

»Nicht schlecht.«

»Jedenfalls zweckmäßig und bequem. Das ist das Wichtigste. In Amerika wurde eine landwirtschaftliche Maschine erfunden, die allerdings noch verbessert werden muß, weil sie zuviel Raum einnimmt. Sie pflanzt Kartoffeln, bewässert sie, erntet sie ab, wäscht sie, kocht sie und ißt sie auf.«

»Ja, ja. Der Mensch wird allmählich überflüssig. Angeblich gibt es in Japan bereits einen Computer, mit dem man Schach spielen kann.«
»Dann würde ich mir gleich zwei kaufen«, sagte Jossele. »Die können miteinander spielen, und ich gehe ins Kino.«
»Gut«, sagte ich. »Gehen wir.«

Auch die Waschmaschine ist nur ein Mensch

Eines Tages unterrichtete mich die beste Ehefrau von allen, daß wir eine neue Waschmaschine brauchten, da die alte, offenbar unter dem Einfluß des mörderischen Klimas, den Dienst aufgekündigt hatte. Der Winter stand vor der Tür, und das bedeutete, daß die Waschmaschine jedes einzelne Wäschestück mindestens dreimal waschen müßte, da jeder Versuch, es durch Aufhängen im Freien zu trocknen, an den jeweils kurz darauf einsetzenden Regengüssen scheiterte. Und da der Winter heuer besonders regnerisch zu werden versprach, war es klar, daß nur eine neue, junge, kraftstrotzende und lebenslustige Waschmaschine sich gegen ihn behaupten könnte.
»Geh hin«, so sprach ich zu meinem Eheweib, »geh hin, Liebliche, und kaufe eine Waschmaschine. Aber wirklich nur eine, und von heimischer Erzeugung. So heimisch wie möglich.«
Die beste Ehefrau von allen ist zugleich eine der besten Einkäuferinnen, die ich kenne. Schon am nächsten Tag stand in einem Nebenraum unserer Küche, fröhlich summend, eine original hebräische Waschmaschine mit blitzblank poliertem Armaturenbrett, einer langen Kabelschnur und ausführlicher Gebrauchsanweisung. Es war Liebe aufs erste Waschen – der Reklameslogan hatte nicht gelogen. Unser Zauberwaschmaschinchen besorgte alles von selbst, Schäumen, Waschen und Trocknen. Wie ein Wesen mit menschlicher Vernunft.

Und genau davon handelt die folgende Geschichte.
Am Mittag des zweiten Tages betrat die beste Ehefrau von allen mein Arbeitszimmer ohne anzuklopfen, was immer ein böses Zeichen ist. Und sagte:
»Ephraim, unsere Waschmaschine wandert.«
Ich folgte ihr zur Küche. Tatsächlich: der Apparat war soeben damit beschäftigt, die Wäsche zu schleudern und mittels der hierbei erfolgenden Drehbewegung den Raum zu verlassen. Wir konnten den kleinen Ausreißer noch ganz knapp vor Überschreiten der Schwelle aufhalten, brachten ihn durch einen Druck auf den grellroten Alarmknopf zum Stillstand und berieten die Sachlage.
Es zeigte sich, daß die Maschine nur dann ihren Standort veränderte, wenn das Trommelgehäuse des Trockenschleuderers seine unwahrscheinlich schnelle Rotationstätigkeit aufnahm. Dann lief zuerst ein Zittern durch den Waschkörper – und gleich darauf begann er, wie von einem geheimnisvollen inneren Drang getrieben, hopphopp daraufloszumarschieren.
Na schön. Warum nicht. Unser Haus ist schließlich kein Gefängnis, und wenn Maschinchen marschieren will, dann soll es.
In einer der nächsten Nächte weckte uns das kreischende Geräusch gequälten Metalls aus Richtung Küche. Wir stürzten hinaus: das Dreirad unseres Söhnchens Amir lag zerschmettert unter der Maschine, die sich in irrem Tempo um ihre eigene Achse drehte. Amir seinerseits heulte mit durchdringender Lautstärke und schlug mit seinen kleinen Fäusten wild auf den Dreiradmörder ein: »Pfui, schlimmer Jonathan! Pfui!«
Jonathan, das muß ich erklärend hinzufügen, war der

Name, den wir unserem Maschinchen seiner menschenähnlichen Intelligenz halber gegeben hatten.
»Jetzt ist es genug«, erklärte die Frau des Hauses. »Ich werde Jonathan fesseln.«
Und das tat sie denn auch mit einem rasch herbeigeholten Strick, dessen anderes Ende sie an die Wasserleitung band.
Ich hatte bei dem allen ein schlechtes Gefühl, hütete mich jedoch, etwas zu äußern. Jonathan gehörte zum Einflußbereich meiner Frau, und ich konnte ihr das Recht, ihn anzubinden, nicht streitig machen.
Indessen möchte ich nicht verhehlen, daß es mich mit einiger Genugtuung erfüllte, als wir Jonathan am nächsten Morgen an der gegenüberliegenden Wand stehen sahen. Er hatte offenbar alle seine Kräfte angespannt, denn der Strick war gerissen.
Seine Vorgesetzte fesselte ihn zähneknirschend von neuem, diesmal mit einem längeren und dickeren Strick, dessen Ende sie um den Heißwasserspeicher schlang.
Das ohrenbetäubende Splittern, das sich bald darauf als Folge dieser Aktion einstellte, werde ich nie vergessen.
»Er zieht den Speicher hinter sich her!« flüsterte die entsetzte Küchenchefin, als wir am Tatort angelangt waren. Der penetrante Gasgeruch in der Küche bewog uns, auf künftige Fesselungen zu verzichten. Jonathans Abneigung gegen Stricke war nicht zu verkennen, und wir ließen ihn fortan ohne jede Behinderung seinen Waschgeschäften nachgehen. Irgendwie leuchtete es uns ein, daß er, vom Lande Israel hervorgebracht – eine Art Sabre –, über unbändigen Freiheitswillen verfügte. Wir waren beinahe stolz auf ihn.

Einmal allerdings, noch dazu an einem Samstag abend, an dem wir, wie immer, Freunde zum Nachtmahl empfingen, drang Jonathan ins Speisezimmer ein und belästigte unsere Gäste.
»Hinaus mit dir!« rief meine Frau ihm zu. »Marsch hinaus! Du weißt, wo du hingehörst!«
Das war natürlich lächerlich. So weit reichte Jonathans Intelligenz nun wieder nicht, daß er die menschliche Sprache verstanden hätte. Jedenfalls schien es mir sicherer, ihn durch einen raschen Druck auf den Alarmknopf zum Stehen zu bringen, wo er stand.
Als unsere Gäste gegangen waren, startete ich Jonathan, um ihn auf seinen Platz zurückzuführen. Aber er schien uns die schlechte Behandlung von vorhin übelzunehmen und weigerte sich. Wir mußten ihn erst mit einigen Wäschestücken füttern, ehe er sich auf den Weg machte...
Amir hatte allmählich Freundschaft mit ihm geschlossen, bestieg ihn bei jeder Gelegenheit und ritt auf ihm, unter fröhlichen »Hü-hott«-Rufen, durch Haus und Garten.
Wir alle waren's zufrieden. Jonathans Waschqualitäten blieben die alten, er war wirklich ein ausgezeichneter Wäscher und gar nicht wählerisch in bezug auf Waschpulver. Wir konnten uns nicht beklagen.
Immerhin befiel mich ein arger Schrecken, als ich eines Abends, bei meiner Heimkehr, Jonathan mit gewaltigen Drehsprüngen auf mich zukommen sah. Ein paar Minuten später, und er hätte die Straße erreicht.
»Vielleicht«, sagte träumerisch die beste Ehefrau von allen, nachdem ich ihn endlich gebändigt hatte, »vielleicht könnten wir ihn bald einmal auf den Markt

schicken. Wenn man ihm einen Einkaufszettel mitgibt...«
Sie meinte das nicht im Ernst. Aber es bewies, wieviel wir von Jonathan schon hielten. Wir hatten fast vergessen, daß er doch eigentlich als Waschmaschine gedacht war. Und daß er vieles tat, was zu tun einer Waschmaschine nicht oblag.
Ich beschloß, einen Spezialisten zu konsultieren. Er zeigte sich über meinen Bericht in keiner Weise erstaunt.
»Ja, das kennen wir«, sagte er. »Wenn sie schleudern, kommen sie gern ins Laufen. Meistens geschieht das, weil sie zuwenig Wäsche in der Trommel haben. Dadurch entsteht eine zentrifugale Gleichgewichtsstörung, von der die Maschine vorwärtsgetrieben wird. Geben Sie Jonathan mindestens vier Kilo Wäsche, und er wird brav seinen Platz halten.«
Meine Frau erwartete mich im Garten. Als ich ihr auseinandersetzte, daß es der Mangel an Schmutzwäsche war, der Jonathan zu zentrifugalem Amoklaufen trieb, erbleichte sie:
»Großer Gott! Gerade habe ich ihm zwei Kilo gegeben. Um die Hälfte zu wenig!«
Wir sausten zur Küche und blieben – was doch eigentlich Jonathans Sache gewesen wäre – wie angewurzelt stehen: Jonathan war verschwunden. Mitsamt seinem Kabel.
Noch während wir zur Straße hinausstürzten, riefen wir, so laut wir konnten, seinen Namen:
»Jonathan! Jonathan!«
Keine Spur von Jonathan.
Ich rannte von Haus zu Haus und fragte unsere Nachbarn, ob sie nicht vielleicht eine hebräisch sprechende

Waschmaschine gesehen hätten, die sich stadtwärts bewegte. Alle antworteten mit einem bedauernden Kopfschütteln. Einer glaubte sich zu erinnern, daß so etwas Ähnliches vor dem Postamt gestanden sei, aber die Nachforschungen ergaben, daß es sich um einen Kühlschrank handelte, der falsch adressiert war.

Nach langer, vergeblicher Suche machte ich mich niedergeschlagen auf den Heimweg. Wer weiß, vielleicht hatte in der Zwischenzeit ein Autobus den armen Kleinen überfahren, diesen städtischen Wagenlenkern ist ja alles zuzutrauen... Tränen stiegen mir in die Augen. Unser Jonathan, das freiheitsliebende Geschöpf des israelischen Industrie-Dschungels, hilflos preisgegeben den Gefahren der Großstadt und ihres wilden Verkehrs... wenn die Drehtrommel in seinem Gehäuse plötzlich aussetzt, kann er sich nicht mehr fortbewegen... muß mitten auf der Straße stehenbleiben...

»Er ist hier!« Mit diesem Jubelruf begrüßte mich die beste Ehefrau von allen. »Er ist zurückgekommen!«

Der Hergang ließ sich rekonstruieren: In einem unbewachten Augenblick war der kleine Dummkopf in den Korridor hinausgehoppelt und auf die Kellertüre zu, wo er unweigerlich zu Fall gekommen wäre. Aber da er im letzten Augenblick den Steckkontakt losriß, blieb ihm das erspart.

»Wir dürfen ihn nie mehr vernachlässigen!« entschied meine Frau. »Zieh sofort deine Unterwäsche aus! Alles!«

Seit diesem Tag wird Jonathan so lange vollgestopft, bis er mindestens viereinhalb Kilo in sich hat. Und damit kann er natürlich keine Ausflüge mehr machen. Er kann kaum noch atmen. Es kostet ihn merkliche

Mühe, seine zum Platzen angefüllte Trommel in Bewegung zu setzen. Armer Kerl. Es ist eine Schande, was man ihm antut.
Gestern hat's bei mir geschnappt. Als ich allein im Haus war, schlich ich zu Jonathan und erleichterte sein Inneres um gute zwei Kilo. Sofort begann es in ihm unternehmungslustig zu zucken, und nach einer kleinen Weile war es soweit, daß er sich, noch ein wenig ungelenk hüpfend, auf den Weg zu der hübschen italienischen Waschmaschine im gegenüberliegenden Haus machte, mit männlichem, tatendurstigem Brummen und Rumpeln, wie in der guten alten Zeit.
»Geh nur, mein Jonathan.« Ich streichelte seine Hüfte: »Los!«
Was zur Freiheit geboren ist, soll man nicht knechten.

Auf dem Trockenen

Ich darf ruhig sagen, daß ich die himmlischen Gewalten immer respektiert habe. Jetzt aber fürchte ich sie.
An jenem denkwürdigen Montag erwachten wir zu früher Stunde, sahen aus dem Fenster und riefen wie aus einem Mund:
»Endlich!«
Der Himmel erstrahlte in klarem, wolkenlosem Blau.
Mit lobenswerter Behendigkeit sprangen die beste Ehefrau von allen und ihre Mutter aus den Betten und stürzten zum Wäschekorb, darin sich die Schmutzwäsche für Jonathan aufgehäuft hatte, Wäsche vieler verregneter Monate, in denen wir sie, weil wir sie nicht zum Trocknen aufhängen konnten, ungewaschen liegen lassen mußten. Ja mehr als das: wir mußten sie, als der Wäschekorb überquoll, an allerlei unpassenden Örtlichkeiten aufbewahren, unter den Betten, in Koffern, in Schreibtischladen.
Damit war's nun endlich vorbei. Gattin und Schwiegermutter machten sich fröhlich trällernd an die Arbeit, und nach wenigen Stunden standen wir vor der erquickenden Aufgabe, rund eineinhalb Tonnen frisch gewaschener Wäsche in den Garten zu transportieren, wo wir sie an Leinen, Stricken, Drähten und Kabeln zum Trocknen aufhängten.
Als wir damit fertig waren, begann es zu regnen.
Wie war das möglich. Noch vor wenigen Minuten hatte sich ein reiner, azurblauer Himmel über uns gewölbt, nicht die kleinste Wolke ließ sich blicken – und jetzt

regnete es. Es regnete nicht nur, es goß, es schüttete, es war stockfinster, und die dunklen Wolken aus den vier Ecken des Universums versammelten sich genau über unserem Garten. In rasender Hast rafften wir die Wäsche wieder zusammen, rannten mit den einzelnen Bündeln ins Haus zurück und deponierten sie in der Badewanne, wo wir alsbald eine Leiter zu Hilfe nehmen mußten, denn der Wäscheberg reichte bis zur Decke. Dann griffen wir erschöpft nach der Zeitung.
Die Wettervorhersage lautete: »In den Morgenstunden zeitweilig Bewölkung, die sich gegen Mittag aufklärt.«
Somit stand fest, daß Sturm und Regen mindestens drei Tage lang anhalten würden.
Wir hatten uns nicht getäuscht. Draußen fiel eintönig der Regen, drinnen begann der Gärungsprozeß unserer Wäsche in der Badewanne. Am Abend roch es im ganzen Haus nach Fusel und Friedhof. Da und dort an den Wänden tauchten die ersten grünlichen Schimmelpilze auf.
»So geht's nicht weiter«, erklärte die beste Ehefrau von allen. »Die Wäsche muß getrocknet werden, bevor sie völlig verrottet.«
Wir zogen eine Drahtschnur durch das Wohnzimmer. Sie reichte von der Schnalle des rechten Fensters die Wand entlang zur Schlafzimmertür, schwang sich von dort zum Kronleuchter, glitt abwärts und über einige Gemälde zum venezianischen Wandspiegel, umging die Klubgarnitur, wandte sich scharf nach links und endete am entgegengesetzten Fenster. An einigen Stellen hingen die dicht nebeneinander aufgereihten Wäschestücke so tief herab, daß wir uns nur noch

kriechend fortbewegen konnten, wobei wir sorgfältig darauf achten mußten, die zwecks Beschleunigung des Trocknungsprozesses installierten Hitzespender (Karbidlampen, Spirituskocher auf mittlerer Flamme usw.) nicht umzustoßen. Eine Fledermaus, so behauptete meine Schwiegermama, würde trotzdem ihren Weg zwischen den Wäscheleinen finden, denn sie besäße ein geheimnisvolles Orientierungsvermögen, eine Art urzeitliches Radar, das sie befähigte, allen Gegenständen auf ihrem Flugweg auszuweichen. Da ich keine Fledermaus bin, konnte ich diesen lichtvollen Belehrungen nur wenig Interesse abgewinnen und zog mich zurück.
Ungefähr um die vierte Nachmittagsstunde wurde das Haus von einem dumpf nachhallenden Knall erschüttert. Im Wohnzimmer bot sich uns ein wahrhaft chaotisches Bild. Die Drahtschnur war unter dem ihr aufgelasteten Übergewicht gerissen und die ganze Wäsche bedeckte den Boden. Zum Glück war sie noch feucht genug, um die dort aufgestellten Heizkörper zu ersticken.
Die beste Ehefrau von allen erwies sich wieder einmal als solche.
»Das werden wir gleich haben«, sagte sie mit heroisch zusammengebissenen Lippen.
Wir hatten es zwar nicht gleich, aber doch nach zwei Stunden. Mit vereinten Kräften, einschließlich der schwiegermütterlichen, verteilten wir die Wäschestücke über sämtliche Tische, Stühle, Fensterbretter und freischwebende Beleuchtungskörper. Erst als auf dem Fußboden wieder Platz war, brachen wir zusammen.
Kaum lagen wir da, als es an der Tür klopfte.

Schwiegermama trippelte zum Fenster und lugte vorsichtig hinaus.
»Doktor Zelmanowitsch ist draußen«, flüsterte sie. »Der Vorsitzende des Obersten Gerichtshofs. Mit Frau.«
Wir erstarrten vor Schreck und Verlegenheit. Doktor Zelmanowitsch besucht uns durchschnittlich einmal in fünf Jahren und hält das für eine besondere Ehre, der man sich gewachsen zeigen muß. In einem Empfangsraum, der über und über mit feuchten Wäschestücken belegt ist, kann man sich jedoch keiner Ehre gewachsen zeigen.
Abermals faßte sich die beste Ehefrau von allen als erste: »Rasch hinaus mit dem Zeug! Mama wird mir helfen. Und du hältst den Besuch so lange an der Tür fest.«
Da ich der einzige Schriftsteller in der Familie bin und infolgedessen als erfindungsreicher Lügner angesehen werde, fiel diese Aufgabe selbstverständlich mir zu. Ich öffnete die Tür, begrüßte den Obersten Richter und seine Gattin ebenso herzlich wie ausdauernd, wies mit großen Gebärden auf die exquisite stilistische Gestaltung unseres Vorzimmers hin und sprach mit möglichst lauter Stimme, um die Geräusche des drinnen sich abwickelnden Wäschetransports zu übertönen.
Nach einer Weile äußerte Frau Zelmanowitsch das Verlangen, sich niederzusetzen.
Zum Glück hörte ich gleich darauf das verabredete Hustensignal meiner Frau, so daß ich unsere Gäste weiterführen konnte.
Wir nahmen im halbwegs restaurierten Wohnzimmer Platz, und während meine Schwiegermutter die fällige Erkundigung einzog, ob Tee, Kaffee oder Kakao ge-

wünscht werde, flüsterte mir meine Frau in einigen Stichworten den Situationsbericht ins Ohr: Sie hätte die Wäsche im Nebenzimmer verstaut, natürlich ohne sie auswinden zu können, dazu reichte die Zeit nicht mehr, aber Hauptsache, das Zeug war draußen.
Die Konversation wollte nicht recht in Fluß kommen. Es herrschte Stille, die plötzlich von einem sonderbaren Geräusch unterbrochen wurde. Das Geräusch hielt an. Wie sich herausstellte, kam es von Frau Zelmanowitsch' Zähnen, welche klapperten.
»Es ist ein w-w-wenig kühl in diesem Z-z-zimmer«, brachte sie mühsam hervor und erhob sich. Auf den unteren Partien ihres Kleides war ein großer dunkler Fleck zu sehen, der nach oben hin etwas heller wurde. Auch der übrigen Insassen des Zimmers hatte sich ein leichtes Zittern bemächtigt. Ich selbst machte keine Ausnahme.
»Der Feuchtigkeitsgehalt Ihres Hauses scheint außergewöhnlich hoch zu sein«, bemerkte Doktor Zelmanowitsch und nieste mehrmals.
Während ich ihm noch zu widersprechen versuchte, geschah etwas Fürchterliches:
Aus dem Nebenzimmer kam unverkennbares Wasser herbeigerieselt, zunächst nur fadendünn, dann immer breiter, bis es sich als kleines Bächlein über den Teppich ergoß.
Doktor Zelmanowitsch, einer der bedeutendsten Rechtsgelehrten unseres Landes, stand auf, um sich zu verabschieden. Seine Frau hatte sich ja schon früher erhoben. »Bleiben Sie doch noch ein Weilchen«, stotterte die beste Ehefrau von allen und watete zur Tür, um unsere Gäste aufzuhalten. Aber sie ließen sich nicht. Sie gingen. Sie gingen ohne Gruß. Und sie

werden den Fünfjahresdurchschnitt ihrer Besuche in Hinkunft wohl noch weiter reduzieren.

Wir Zurückgebliebenen stemmten uns der andrängenden Flut entgegen und brachten sie mit Hilfe wasserundurchlässiger Möbelstücke zum Stillstand. Aber wie sollten wir sie beseitigen?

Da kam mir der rettende Einfall. Ich holte die Wäschestücke aus dem Nebenzimmer herbei, tränkte sie mit dem angestauten Wasser, trug die vollgesogenen Stücke in den Garten und hängte sie, des Regens nicht achtend, über die dort aufgespannten Leinen, Drähte und Kabel. Früher oder später muß ja der Regen aufhören und die Sonne wieder hervorkommen. Dann wird die Wäsche trocknen. Und dann nehmen wir sie herunter und verbrennen sie.

Im Wunderland

Ich schlenderte die Hauptstraße entlang und fand mich plötzlich inmitten eines kleinen Menschenauflaufs, der sich um einen Verkaufsstand drängte. Im Mittelpunkt des allgemeinen Interesses stand ein stämmiger junger Mann, redegewandt und sonnengebräunt, der ein fleckiges Tuch vor den Augen seiner Zuschauer herumschwenkte und dazu in atemberaubendem Tempo herunterleierte: »... die liebe Frau Gemahlin schreit, tobt, droht mit Scheidung: ›Schämst du dich nicht, du Schmutzfink, du hast schon wieder einen Fleck auf der Hose, dem Hemd, dem Pyjama oder sonst wo!‹, aber das soll kein Problem mehr sein, lieber Ehegatte, du nimmst ganz einfach Dr. Finkelsteins Wundertinktur direkt aus Amerika, zum ersten Mal auch bei uns erhältlich, tust ein kleines Quentchen auf den Fleck, kurz mit klarem Wasser durchspülen und die liebe Frau Gemahlin hört schlagartig auf zu schimpfen, hört auf zu schreien, hört auf zu toben, denn der Fleck ist wie vom Erdboden verschwunden, die liebe Gattin ist besänftigt, küßt ihren makellosen Gatten und die Ehe ist wieder einmal gerettet, die Ehe blüht, die Ehe gedeiht...«
So sprach der gebräunte Sprachjongleur, während er tatsächlich vor den Augen der atemberaubten Menge ein Wunder wirkte: er tauchte das fleckige Tuch zunächst in eine Lauge, dann in Benzin, dann in Zitronensaft, zuletzt in Soda-Bikarbonat – und nichts geschah. Erst als er das Tuch mit Dr. Finkelsteins Wun-

dertinktur aus Amerika bestrich und in klares Wasser tauchte, war der Fleck verschwunden, war der Fleck hinweg, war der Fleck nicht mehr zu sehn ...
»Daher«, informierte uns der junge Mann, »wenn die liebe Frau Gemahlin schreit, tobt und mit Scheidung droht, nicht verzagen, der gute Gatte nimmt ein Quentchen von Dr. Finkelstein aus Amerika, bekommt einen Kuß, und das alles nur für ein paar lumpige Groschen, nicht teurer als ein Dutzend Salzmandeln, das muß Ihnen die Ehe wert sein, meine Damen und Herren, dazu drei Jahre Garantie ...«
Natürlich wußte ich sofort, daß mir ein gütiges Geschick den sonnengebräunten Redekünstler über den Weg geschickt haben mußte. Ich erstand auf der Stelle fünf Portionen der Wundertinktur einschließlich fünf Gebrauchsanweisungen, die Dr. Finkelstein aus Amerika handsigniert hatte. Ich eilte heimwärts, goß sofort eine Büchse Schmieröl über unser bestes Damasttischtuch und die liebe Frau Gemahlin schreit, tobt, droht mit Scheidung, aber nicht verzagen, Weib, ich gebe nur ein Quentchen von Dr. Finkelsteins Wundertinktur direkt aus Amerika auf den Fleck, kurz mit klarem Wasser durchspülen, und der Fleck ist wie neu, der Fleck überstrahlt alles, der Fleck bleibt ... Dann erst fiel mir ein, daß die Wundertinktur vermutlich nur eine ganz bestimmte Spezies von Wunderflecken beseitigen kann, und daß der Wunderfleck sicherlich ebenfalls von Dr. Finkelstein aus Amerika erfunden wurde.
Ich eilte zurück zur Hauptstraße, aber der Sonnengebräunte hatte sich vermutlich mit seiner Wundertinktur bestrichen, denn er war spurlos verschwunden. Sollte er dies lesen, dann ersuche ich ihn hiermit, mir fünf Portionen Wunderflecken zuzusenden.

Per Eilpost.
Das alles spielt sich auf der Straße ab, meine Damen und Herren, auf öffentlichen Verkehrswegen, nicht auf der Bühne eines Theaters. Und jetzt nähern wir uns einem zweiten Straßenverkäufer, der soeben begonnen hat, seine garantiert unzerbrechlichen Wunderteller anzupreisen. Die Wunderteller sind auf einem zusammenlegbaren Tisch zur Schau gestellt, das ist wichtig für den Fall, daß ein Polizist auftaucht; dann legt der Verkäufer im Hui den Tisch zusammen und läßt die Wunderteller in einem Wundersack verschwinden und verschwindet selbst. Jetzt aber ist er in voller Aktion, jetzt sprudelt es in pausenloser Suada aus ihm hervor:
»Der garantiert unzerbrechliche Wunderteller garantiert bruchfest splitterfest kratzfest ein wahres Wunder aus Amerika nicht aus gewöhnlichem Plastik nicht aus Spezialplastik nicht aus Superplastik sondern aus Superspezialplastik meine Damen und Herren Sie können auf diesen Wunderteller mit der geballten Faust losdreschen Sie können mit Ihren schweren Stiefeln auf ihm herumspringen natürlich nur die Herren die Damen haben ja keine schweren Stiefel nicht wahr die können statt dessen aus nächster Nähe in den Wunderteller hineinschießen aber es hilft nichts der Teller bleibt ein Teller ein Wunderteller aus Amerika ein amerikanisches Wunder Mutti wird wütend und knallt den Teller an die Wand hahaha die Wand zerbricht der Teller bleibt ganz hahaha Mutti bricht in ein fröhliches Gelächter aus und küßt Vati auf beide Wangen hahaha alles freut sich alles lacht und jetzt passen Sie auf meine Damen und Herren geben Sie acht und sehen Sie her jetzt nehme ich einen schweren Hammer kein Holz

kein Papier kein doppelter Boden ein schwerer eiserner Hammer und diesen Hammer lasse ich jetzt auf den Teller niedersausen und der Wunderteller wird nicht zerbrechen wird nicht zersplittern wird keinen Kratzer zeigen geben Sie acht –«

Und er hebt den Hammer und läßt ihn niedersausen, und der Teller zersplittert in tausend Scherben, allerdings ohne Kratzer, und der Wunderverkäufer glotzt auf den Hammer in seiner Hand und auf die Scherben zu seinen Füßen, aber nach ein paar Schrecksekunden hat er sich gefaßt und hält den Hammer hoch und sprudelt los:

»Der amerikanische Wunderhammer der garantiert alles zerbricht und alles zerschmettert ein Wunderprodukt aus Amerika...«

Bügeln leicht gemacht

Dienstag nachmittags erkrankte unser Bügeleisen und verschied kurz danach. Da sämtliche Haushaltsutensilien, die auch nur im entferntesten mit Elektrizität zu tun haben, meinem Ressort unterstehen, machte ich mich auf den Weg zu unserem Elektrogeschäft.
Der Besitzer bediente mich persönlich. Er schleppte eine Anzahl von Bügeleisen in den verschiedensten Farbschattierungen herbei. Gleichzeitig versicherte er mir mit patriotischem Stolz, er führe nur einheimische Ware, denn diese sei robuster in der Ausführung und daher weit zuverlässiger als der ganze importierte Schrott. Ich wählte ein zinnoberrotes Modell und fragte, ob ich es ausprobieren könne. Der Fachmann meinte, daß dies eigentlich nicht nötig sei, da das Bügeleisen bereits im Werk geprüft wurde. Aber wenn mir so viel daran läge, hätte er nichts gegen eine kurze Vorführung. Er tat den Stecker in die Dose und sagte: »Nun, was habe ich Ihnen gesagt? Ich würde niemals etwas verkaufen, das nicht hundertprozentig...«
In diesem Augenblick gab das rote Ding ein seltsames Geräusch von sich, das an das Knurren eines jungen Hundes erinnerte. Gleich darauf entwich ihm eine Rauchwolke und das Bügeleisen begann zu donnern und zu blitzen. Mein Patriot warf die stinkende Leiche hinter die Ladentheke:
»Jetzt bin ich schon dreißig Jahre lang in diesem Gewerbe, aber so etwas ist mir noch nie passiert«, ent-

schuldigte er sich und steckte ein grünes Bügeleisen an. »Dieses ist sicherlich in Ordnung.«
Wir warteten fünfundzwanzig Minuten lang und tatsächlich, es rauchte nicht und stank nicht. Kein Blitz, kein Donner. Es wurde auch nicht heiß. Nicht einmal lauwarm. Es blieb eiskalt und teilnahmslos, sozusagen mausetot. Der Elektrofachmann schenkte mir einen vorwurfsvollen Blick, warf das grüne Eisen dem roten nach und versuchte sich an einem rosafarbenen.
»Ich muß schon sagen, Sie sind ein wenig wählerisch, mein Herr«, bemerkte er bitter. »Aber dieses hier wird zweifellos...
Das Rosafarbene begann wie eine Zeitbombe zu tikken. Wir warfen uns blitzschnell auf den Boden, steckten die Finger in die Ohren und waren auf das Schlimmste gefaßt. Nach einer knappen Minute ertönte ein lauter Knall, und das einheimische Qualitätsprodukt gab seinen Geist auf.
Ein viertes Exemplar war an der Reihe, blütenweiß und jungfräulich. Es stank und keuchte.
Dann griff der Fachmann nach einem himmelblauen Bügeleisen und stellte es vor mich hin, ohne es anzustecken.
»Dieses hier ist ganz sicher in Ordnung«, zischte er mich an. »Es besitzt eine gültige Fabriksgarantie. Nehmen Sie es oder nicht?«
Ich murmelte irgend etwas von einem Versuch. Da brüllte mich der Fachmann an:
»Das hier ist ein Elektrogeschäft, mein Herr, und keine öffenliche Versuchsanstalt! Wenn Sie nicht die Absicht haben, etwas zu kaufen, warum vergeuden Sie dann meine Zeit?«

Er warf mich kurzerhand hinaus. Draußen hörte ich, wie er mir nachrief:
»Kommen Sie mir bloß nicht wieder! Von Ihnen lasse ich mich nicht mehr schikanieren!«

Als uns der Strom gesperrt wurde

Das Bügeleisen war aber nur eine der tiefgreifenden Erfahrungen, die wir mit der Energiequelle Strom machten. Vor vielen Jahren, am Höhepunkt der weltweiten Energiekrise, ging uns das Stromproblem an den Lebensnerv, sprich den Magennerv. Damals, als die israelische Regierung zu Stromsparmaßnahmen aufgerufen hatte, die vor allem das Kochen auf elektrischen Herden betrafen. Längst nämlich hatten die israelischen Hausfrauen ihre Gasherde aus der Pionierzeit durch elektrische Platten ersetzt, auf denen sie jetzt nicht kochen sollten, es aber naturgemäß weiterhin heimlich taten.
Und da schlug die Staatsgewalt zu.
Es war, ich erinnere mich genau, an einem Mittwoch, als in unserer Straße ein in Khaki gekleideter Mann erschien und sich den Stromzählern des Hauses Nr. 4 näherte. Der Zähler von Frau Schapira beeindruckte ihn so sehr, daß er den Strom sofort sperrte. Frau Schapira stand ohne Elektrizität da und mußte viele Male die Korridore der Amtsräume durchwandern, wo der elektrische Strom verwaltet wird, mußte an zahllose Türen klopfen und vor zahllosen Amtstischen ihren Text aufsagen, ehe es ihr gelang, die Regierung mit Hilfe eines ärztlichen Zeugnisses davon zu überzeugen, daß sie in jener schicksalsschweren Stunde nur deshalb elektrisch gekocht hatte, weil sie andernfalls gestorben wäre. Erst dann bekam sie ihren elektrischen Strom wieder zurückgeschaltet.

Als sich herumsprach, daß die Verwendung verbotener Elektrizität eine bittstellerische Tätigkeit von mehreren Tagen nach sich zöge, bemächtigte sich der Hausfrauen große Erregung. Sie beriefen eine vertrauliche Sitzung ein und beschlossen, geeignete Maßnahmen zu ergreifen, um einer Wiederholung des Falles Schapira vorzubeugen. Die Kinder aller in Betracht kommenden Häuser wurden angewiesen, beim Herannahen eines in Khaki gekleideten Fremden sofort und in voller Stärke das Fliegeralarm-Signal nachzuahmen. Ihnen machte es Spaß, und die Mütter waren gewarnt.
Die junge Bürgerwehr bezog Stellung und paßte scharf auf. Dennoch gelang es der Exekutive, hindurchzuschlüpfen, allerdings nur dank einer Kriegslist: Ein Zittergreis in schwarzem Anzug passierte die gestaffelten Abwehrformationen, richtete sich vor dem Haus Nr. 5 zu voller Größe auf und nahm, wie Augenzeugen berichteten, drei Stufen auf einmal.
Zu spät wurden die Verteidiger gewahr, daß man sie getäuscht hatte. Zu spät brachen sie in ihr lautstarkes Warnsignal aus. Frau Bajit, eine Bewohnerin des Hauses Nr. 5, fiel dem tückischen Vorgehen der Regierung zum Opfer. Sie brauchte vier Tage und drei Nächte, ehe sie nachweisen konnte, daß nicht sie, sondern ihre Schwägerin, die sich im Besitz der belgischen Staatsbürgerschaft und folglich in Unkenntnis der israelischen Energiesparvorschriften befand, vom Strom widerrechtlich Gebrauch gemacht hatte. Auf Grund einer Bescheinigung des belgischen Generalkonsuls nahm man von einer Geldstrafe Abstand und schaltete den Strom wieder ein. Dieser zweite Überfall hatte den Hausfrauen die ganze Schwere der Situation vor

Augen geführt. Den Jungbrigaden wurden neue Anweisungen erteilt. Sie sollten fortan beim Auftauchen jeder fremden Gestalt zwischen acht und fünfzig Jahren, ungeachtet ihrer Kleidung, sofort Signal geben. Um den Feind zu verwirren, wurde auch das Signal gewechselt, und zwar vom Fliegeralarm zu unserer Nationalhymne.
Die Regierung überlistete uns abermals.
Gegen Ende der Woche drang eine brillentragende Weibsperson in die Befestigungsanlagen ein, nahm Richtung auf das Haus Nr. 4, warf einen kurzen Blick auf den Stromzähler und stürmte in die Wohnung des Ehepaares Malensky.
Diesmal lag der Fall für die Exekutive nicht ganz so günstig. Frau Malensky hatte zwar elektrisch gekocht, aber sie verwendete dazu ein umgekehrtes Bügeleisen.
Dennoch belegte man unsere Nachbarin mit einer eintägigen Bittstellerei und mit dem ausdrücklichen Verbot, ihre Kochgeräte zu bügeln.
Am folgenden Sonntag errang die Regierung einen durchschlagenden Erfolg.
Gegen zehn Uhr vormittags stimmten die Kinder plötzlich die Nationalhymne an, die Hausfrauen traten prompt in Aktion, zogen sämtliche Stecker aus den Kontakten und verbargen die elektrischen Kochplatten in verschiedenen Winkeln ihrer Wohnungen. Dann stellten sie die Töpfe und Pfannen auf den Gasherd und begannen ihrerseits zu singen.
Der Spion hatte sich die Wohnung von Frau Kalanijot in Nr. 7 ausgesucht, schnupperte ein wenig umher und war alsbald der brennenden Matratze im Schlafzimmer auf die Spur gekommen.

Frau Kalanijot wurde zu einer vollen Woche Bittstellerei verurteilt.
Und dann gerieten wir selbst in den Würgegriff des Schicksals.
Ich hatte immer geahnt, daß auch uns einmal die Stunde schlagen würde. Jetzt war es soweit. Wir saßen gerade beim Mittagessen, die beste Ehefrau von allen und ich, auf der elektrischen Herdplatte brutzelte es lustig – als plötzlich, mitten im besten Schmaus, dicht unter unserem Fenster die feierliche Weise der Nationalhymne erklang.
Wie sich nachher herausstellte, hatte der Elektrizitäts-Spion die Reihen unserer Verteidiger in der Verkleidung eines Postboten durchbrochen und sich direkt in unser Haus eingeschlichen. Dem aufgeweckten Söhnchen der Familie Malensky war es jedoch nicht entgangen, daß der vorgebliche Briefträger keine Tasche mit Briefen trug, sondern lediglich ein Notizbuch und einen Bleistift. Daraufhin hatte der pfiffige Kleine sofort die Nationalhymne angestimmt und uns gewarnt.
Das ermöglichte es mir, den elektrischen Stecker herauszuziehen, während der Feind den Hausflur durchquerte. Jetzt erklomm er die Stiegen.
In diesem Augenblick überkam mich eine meiner genialen Inspirationen. Ich stürzte zum Gasherd, zündete ihn an, nahm die elektrische Kochplatte, stellte sie auf die Gasflamme und stellte die Pfanne auf die Platte. Erst als das geschehen war, gab ich der besten Ehefrau von allen das Zeichen, die Wohnungstür zu öffnen.
Der Regierungsvertreter kam hereingestürzt, stand im nächsten Augenblick auch schon in der Küche und griff nach der elektrischen Platte. »Aha! Sie ist heiß!«

»Was haben Sie erwartet?« sagte ich. »Sie steht ja auch auf einer Flamme, oder nicht?«
Der Mann schien ein wenig verwirrt, was ihn zu lautem Brüllen veranlaßte.
»Eine elektrische Platte auf einer Gasflamme? Sind sie verrückt?«
»Und wenn ich es wäre?« replizierte ich schlagfertig. »Ist das vielleicht verboten?«
Ein paar Sekunden lang glotzte mich der Spion mit aufgerissenem Mund an, dann machte er kehrt und entfloh.
Einige Tage später wurde er auf eigenes Ersuchen in eine andere Abteilung versetzt. Er konnte es nicht verwinden, daß ein gewöhnlicher Bürger im elektrischen Kleinkrieg die Oberhand über die Behörde behalten hatte.

Telefonpremiere

Ich habe zu Hause ein Telefon. Ich habe ein Telefon zu Hause. Zu Hause habe ich ein Telefon. Ich kann's mir gar nicht oft genug wiederholen. Ich bin noch ganz verrückt vor Freude darüber, daß ich zu Hause ein Telefon habe. Endlich ist es soweit. Jetzt brauche ich nicht mehr zu meinem widerwärtigen Wohnungsnachbarn zu gehen, um ihn anzuflehen, er möchte mich doch bitte noch ein Mal – ein letztes Mal, Ehrenwort – sein Telefon benützen lassen. Dieser entwürdigende Zustand ist zu Ende. Ich habe ein Telefon zu Hause. Ein eigens tadelloses, prächtiges Telefon.
Niemand, nicht einmal ich, könnte die Ungeduld beschreiben, mit der ich auf den ersten Anruf wartete. Und dann kam er. Gestern kurz nach dem Mittagessen wurde ich durch ein gesundes, kräftiges Läuten aus meinem Nachmittagsschlaf geweckt, stolperte zum Telefon, nahm den Hörer ab und sagte:
»Ja.«
Das Telefon sagte:
»Weinreb. Wann kommen Sie?«
»Ich weiß noch nicht«, antwortete ich. »Wer spricht?«
»Weinreb.« Offenbar war das der Name des Anrufers.
»Wann kommen Sie?«
»Ich weiß es noch immer nicht. Mit wem wünschen Sie zu sprechen?«
»Was glauben Sie mit wem? Mit Amos Kaminski, natürlich.«
»Sie sind falsch verbunden. Hier Kishon.«

»Ausgeschlossen«, sagte Weinreb. »Welche Nummer haben Sie?«
Ich sagte ihm die Nummer.
»Richtig. Diese Nummer habe ich gewählt. Es ist die Nummer von Amos Kaminski. Wann kommen Sie?«
»Sie sind falsch verbunden.«
Ich wiederholte die Nummer.
»Stimmt«, wiederholte Weinreb. »Das ist Amos Kaminskis Nummer.«
»Sind Sie sicher?«
»Hundertprozentig sicher. Ich telefoniere jeden Tag mit ihm.«
»Ja, also dann... Dann sind Sie wahrscheinlich doch mit Kaminski verbunden.«
»Selbstverständlich. Wann kommen Sie?«
»Einen Augenblick. Ich muß meine Frau fragen.«
Ich legte den Hörer ab und ging zu meiner Frau ins Zimmer:
»Die Weinrebs wollen wissen, wann wir zu ihnen kommen.«
»Donnerstag abend«, antwortete meine Frau. »Aber erst nach dem Essen.«
Ich ging zum Telefon zurück, zum eigenen, tadellosen, prächtigen Telefon, nahm den Hörer auf und sagte:
»Paßt Ihnen Donnerstag abend?«
»Ausgezeichnet«, sagte Weinreb.
Damit war das Gespräch beendet. Ich erzählte es meiner Frau mit allen Details. Sie behauptete steif und fest, daß ich nicht Amos Kaminski sei. Es war sehr verwirrend. »Wenn du mir nicht glaubst, dann ruf die Auskunft an«, sagte meine Frau.
Ich rief die Auskunft an. Sie war besetzt.

Das TELEFON DEIN FREUND und HELFER

Ein vielversprechender Anfang

Nun hatte ich also ein Telefon. Zu Hause. Der gegenseitige Gewöhnungsprozeß begann ganz harmlos.
Ich brauchte nämlich eine Bewilligung, und der Mann, an den ich mich zu wenden hatte, war Dr. Slutzky von der Abteilung Nahrungsmittelkonserven im Ministerium für Volksernährung. Das traf sich gut, weil Dr. Slutzkys Jüngster und mein Sohn Amir dieselbe Schule besuchen, so daß mein Gesuch eigentlich schon im voraus bewilligt war. Das Problem bestand lediglich darin, wie ich mit Dr. Slutzky persönlichen Kontakt aufnehmen sollte. Zu ihm ins Amt gehen und stundenlang in einer Schlange anstehen, bis man aufgerufen wird? Kommt nicht in Frage. Wozu hatte ich endlich ein Telefon zu Hause? Anruf ist besser als Aufruf, telefonieren besser als Zeit vergeuden. Was könnte nicht alles geschaffen werden in den vielen Stunden unproduktiven Schlange stehens. Ich nahm den Hörer zur Hand.
Ich nahm den Hörer zur Hand, aber ich bekam keine Leitung. Ein sonderbares Geräusch klang an mein Ohr, eine Art Gurgeln, gluck-gluck-gluck. Wahrscheinlich ist das Netz überlastet.
Ich lege den Hörer wieder auf, warte eine Weile, nehme ihn wieder ab, aber das Sodawasser gluckst noch immer, und als die Flasche sich endlich leert, setzt große Stille ein. Ich lege auf, streichle den Hörer, sichere den Kontakt, hebe ab – nichts. Sollte sich das Telefon zu seinem Schöpfer, Mr. Graham Bell, versam-

melt haben? Nein, denn es wendet sich plötzlich an mich und sagt: »Krrr-krrr-krx«.
Und wieder nichts. Aber jetzt weiß ich wenigstens, daß noch Leben in ihm steckt.
Ich wähle ein paar Nummern, die mir gerade einfallen. Vergebliche Mühe. Ich versuche es mit vier Sechsern, rasch hintereinander – nichts. Sechs Vierer – ebenso. Ich lege den Hörer auf die Tischplatte und warte, bis ein Lebenszeichen aus ihm dringt. Es dringt keines. Ich lege den Hörer wieder auf die Gabel und wünsche ihm eine gute Nacht.
Plötzlich läutet das Telefon.
Klar und deutlich. Ich hebe ab und habe eine Leitung. Ganz glatt, als wäre es das Selbstverständlichste von der Welt.
Hocherfreut über die unvermutete Glätte, wähle ich die Nummer der Nahrungsmittelkonserven. Sie ist besetzt. Ich lege auf, gebe mir den Anschein, als ob ich etwas anderes zu tun hätte, ergreife plötzlich den Hörer und wähle. Besetzt. Bei meinen nächsten Versuchen bekomme ich das Besetztzeichen noch ehe ich gewählt habe. Ich bekomme es auch zwischendurch und hinterher.
Jetzt nehme ich meine Zuflucht zu härteren Erziehungsmethoden und versetze dem Instrument zwei saftige Schläge mit der flachen Hand. Sie erinnern mich an den liebenden Vater, dem die Züchtigung seines unfolgsamen Söhnchens größeren Schmerz bereitet als dem Söhnchen. Im übrigen habe ich nichts weiter erreicht, als daß sich das Telefon totstellt. Nun, solche Tricks ziehen bei mir nicht. Ich erhebe mich, gehe pfeifend im Zimmer auf und ab – und aus heiterem Himmel, ehe der Hörer sich dessen versieht, reiße ich

ihn an mein Ohr. Er ist so überrascht, daß er mir eine Leitung gibt.
Vorsichtig wähle ich die Nummer, eine Ziffer nach der anderen, nicht zu schnell, nicht zu langsam. Das Unglaubliche geschieht. Die Verbindung wird hergestellt, jemand hebt ab, eine weibliche Stimme meldet sich und sagt: »Firma Stern, Trikotagen.« Ich kann gerade noch eine Entschuldigung stammeln. Dann packt mich die Verzweiflung, leckt ihre Lippen, verlangt nach mehr. Zum Glück ist das Telefon in sein altes Schweigen verfallen. Vielleicht ohnmächtig geworden. Aus Überarbeitung.
Nach ein paar Minuten hat es sich erholt. Ich bekomme eine Leitung. Ich wähle die Nummer. Sie ist besetzt. Aber die Leitung bleibt offen. Und die Nummer bleibt besetzt. Da stimmt etwas nicht. Ich rufe die Auskunft an und muß zu meiner Verblüffung feststellen, daß auch die Auskunft besetzt ist. Beim nächstenmal höre ich statt des mir schon bekannten Sodawasser-Glucksens das Gurren einer Taube, beim drittenmal höre ich nichts, und beim viertenmal wage ich meinen Ohren nicht zu trauen: »Auskunft, Schalom«, sagt ein freundliches Fräulein.
Ich bitte um die Nummer der Nahrungsmittelkonservenabteilung im Ministerium für Volksernährung. Das Fräulein heißt mich warten. Ich warte. Es vergehen fünf Minuten. Es vergehen zehn Minuten. Im Hintergrund wird das Geräusch einer Schreibmaschine vernehmbar, das Geräusch weiblichen Lachens, das Geräusch strickender Nadeln. Fünfzehn Minuten. In einem jähen Ausbruch aufgestauter Pein brülle ich Unartikuliertes in die Muschel – und habe Erfolg. Jemand kommt an den Apparat. Diesmal ist es ein Mann. Was

ich wünsche, fragt er. Die Nummer der Nahrungsmittelkonserven, sage ich. Warten Sie, sagt er. Ich warte. Nach drei Minuten erfolgt direkt an meinem Ohr eine fürchterliche Explosion, die in eine Serie von krrr-krrr-krrr übergeht.
Ich lege auf.
Um die Zeit auszunützen, gehe ich in die Küche, fertige eine Sandwich an, schlafe ein wenig, dusche mich, rasiere mich und kehre erfrischt an die Arbeit zurück. Gleichmäßig nehme ich die unvermeidlichen Schicksalsschläge hin, das Glucksen, das Gurren, das krrr-krrr-krrr, streichle das Kabel, kitzle den Hörer, lege ihn halb auf, hebe ihn halb ab und warte geduldig, bis er mir das Zeichen gibt, daß eine Leitung frei ist. Dann betätige ich die Drehscheibe – und halleluja, vom anderen Ende des Drahts ertönt eine Stimme: »Firma Stern, Trikotagen.«
Möge ihr Lager in Flammen aufgehen. Ich weiß genau, daß ich die richtige Konservennummer gewählt hatte. Oder wäre es gar nicht die richtige?
Die Auskunft ist besetzt. Als sie beim sechsten Versuch nicht mehr besetzt ist, hebt niemand ab. Nichts auf Erden ist so deprimierend wie eine endlich hergestellte Verbindung, welche einseitig bleibt.
Also nochmals die bisher gewählte Nummer. Sie ist frei! Sie antwortet! Das heißt, ein Tonband antwortet: »Die Nummer unserer Abteilung wurde geändert. Bitte notieren Sie die neue Nummer. Sie lautet–« Jawohl. Sie lautet ganz genauso wie die, die ich immer gewählt habe.
Hauptsache, daß es die richtige Nummer ist. Ich wähle sie und begegne eisigem Schweigen. Es gluckst nicht einmal.

Ein Blick auf die Uhr. Wie die Zeit vergeht...
Eine kurze Erholungspause. Ein neuer Anlauf.
Nein, diesmal ist die Nummer nicht besetzt. Ich höre das beseligende Verbindungssignal.
So hebt doch endlich ab, um Himmels willen!
»Ordination Doktor Perez. Der Herr Doktor ist nicht zugegen. Wer spricht?«
Was geht das dich an, alte Hexe. Misch dich nicht in meine Konserven. Ende der Durchsage.
Habe ich vielleicht doch eine falsche Nummer?
Zurück zur Auskunft. Besetzt. Vorwärts zur Beschwerdestelle. Besetzt.
Ein letzter, garantiert letzter Versuch mit der gewohnten Nummer.
Und da – wirklich und wahrhaftig – noch lebt der alte jüdische Gott:
»Abteilung für Nahrungsmittelkonserven. Schalom.«
»Ich möchte Herrn Doktor Slutzky sprechen.«
»In welcher Angelegenheit?«
»Sagen Sie ihm nur: wegen Amir.«
Krrr-krrr-krx.
»Hallo! Hallo!«
»Herr Doktor Perez ist nicht zugegen. Wer spricht?«
»Gehen Sie aus der Leitung, zum Teufel!«
»Gehen Sie selber!«
»Fällt mir nicht ein. Ich will mit Doktor Slutzky sprechen.«
»Der Herr Doktor ist nicht zugegen. Er wird –«
Rrrx-krrr-pschsch. Wieder eine Explosion. Schon die zweite. Aber auch sie nimmt ein Ende. Sie wird sogar von einer freien Leitung abgelöst, und ich kann die Konservennummer wählen. Sie ist besetzt.
Natürlich ist sie besetzt. Durch meinen Anruf.

Nur nicht auflegen. Nur die Verbindung nicht unterbrechen.
Wäre ich ein Telefon, dann würde ich jetzt in Ohnmacht fallen. Graue Schleier schwimmen vor meinen Augen, verdichten sich immer mehr. Ich muß die heiß ersehnte, endlich erreichte Verbindung aufgeben und die Unfallstation anrufen. Sie hat drei Nummern. Die erste ist besetzt. Die zweite ist besetzt.
Die dritte hebt ab. Ich kann nur noch stöhnen:
»Hilfe! Kommen Sie rasch! Ich sterbe!«
»Bedaure, Sie sind falsch verbunden. Hier ist die Abteilung für Nahrungsmittelkonserven.«
»Gehen Sie aus der Lei – nein, n-e-i-n! Gehen Sie nicht! Bleiben Sie! Verbinden Sie mich mit Doktor Slutzky!«
»Augenblick.«
Lieber Gott, tu ein Wunder!
Der liebe Gott ist besetzt. Aus dem Hörer ertönt das Turteln einer Taube. Dann wird die Leitung unvermittelt frei.
»Doktor Perez?« flüstere ich. »Hier spricht Amirs Vater.«
Eine metallische Frauenstimme antwortet:
»Es ist siebzehn Uhr zwölf Minuten und fünfundvierzig Sekunden. Beim nächsten Summerton wird es...«
An die folgenden Ereignisse habe ich keine klare Erinnerung. Irgendwann drangen Nachbarn bei mir ein. Wie sie mir später erzählten, lag ich ohnmächtig über meinem Schreibtisch, das Telefonkabel um den Hals, und brachte noch stundenlang, nachdem ich zu Bewußtsein gekommen war, nichts anderes heraus als krrr-krx – rrrx – pschsch – krrr...
Klingeln konnte ich damals noch nicht.

Variation auf Rumänisch

Auch andere haben Telefon zu Hause. Und Probleme.
An einem besonders staubigen Nachmittag rief ich bei Weinreb an – in einer ganz bestimmten Angelegenheit, die hier keine Rolle spielt. Jedenfalls hatte ich die Absicht, ihm gründlich die Meinung zu sagen.
Der Hörer wurde abgehoben.
»Hallo«, sagte eine zaghafte Frauenstimme. »Hallo.«
»Hallo«, antwortete ich. »Wer spricht?«
»Weiß nicht. Niemanden kennen.«
»Ich habe gefragt, wer spricht.«
»Hier?«
»Ja, dort.«
»Dort?«
»Auch dort. Mit wem spreche ich?«
»Weiß nicht. Niemanden kennen.«
»Sie müssen doch wissen, wer spricht!«
»Ja.«
»Also wer?«
»Ich.«
»Wer sind Sie?«
»Ja. Neues Mädchen.«
»Sie sind das neue Mädchen?«
»Ich.«
»Gut. Dann rufen Sie bitte Herrn Weinreb.«
»Herrn Weinreb. Wohin?«
»Zum Telefon. Ich warte.«
»Ja.«

»Haben Sie verstanden? Ich warte darauf, daß Sie Herrn Weinreb zum Telefon rufen!«
»Ja. Ich – rufen. Du – warten.«
Daraufhin geschah zunächst gar nichts. Dann räusperte sich etwas in der Muschel.
»Weinreb?« fragte ich hoffnungsfroh.
»Nein. Neues Mädchen.«
»Aber ich habe Sie doch gebeten, Herrn Weinreb zu rufen.«
»Du sprechen Rumänisch?«
»Nein! Rufen Sie Herrn Weinreb!!«
»Kann nicht rufen.«
»Dann holen Sie ihn!«
»Kann nicht. Weiß nicht. Kann nicht holen.«
»Warum nicht? Was ist denn los? Ist er nicht zu Hause?«
»Weiß nicht. Hallo.«
»Wann kommt er zurück?«
»Wer?«
»Weinreb! Wann er wieder nach Hause kommt! Wo ist er?«
»Weiß nicht«, schluchzte das neue Mädchen. »Ich kommen aus Rumänien. Jetzt. Niemanden kennen.«
»Hören Sie, mein Kind. Ich möchte mit Herrn Weinreb sprechen. Er ist nicht zu Hause. Gut. Sie wissen nicht, wann er zurückkommt. Auch gut. Dann sagen Sie ihm wenigstens, daß ich angerufen habe, ja?«
»Angerufen habe ja.« Abermals ertönte das Schluchzen des neuen Mädchens. »Hallo.«
»Was gibt es jetzt schon wieder?«
»Kann Weinreb nicht sagen.«
»Warum nicht?«
»Was ist das: Weinreb?«

»Was heißt das: was ist das? Kennen Sie ihn nicht?«
»Du sprechen Rumänisch? Bißchen Rumänisch?«
»Sagen Sie mir, mit wem ich verbunden bin. Mit welcher Wohnung.«
»Kostelanetz. Emanuel. Hallo.«
»Welche Nummer?«
»Dreiundsiebzig. Zweiter Stock.«
»Ich meine: welche Telefonnummer?«
»Weiß nicht.«
»Ist sie denn nicht auf dem Telefon aufgeschrieben?«
»Was?«
»Die Nummer!«
»Wo?«
»Auf dem Telefon!«
»Hier ist kein Telefon.«

Dingsda

Die Tür wurde aufgerissen, und Glick, der Ingenieur Glick, stürzte herein. Er atmete schwer, seine Augen waren die eines weidwund geschossenen Rehes, wie sie nur Inhaber erkrankter Telefone haben.

»Angefangen hat es an einem Wochenende«, berichtete er keuchend, »als das Telefon bei mir im Büro kaputtging. Ich benachrichtigte die Störungsstelle, und ein paar Tage darauf kam ein Fachmann vom Fernmeldeamt, der den Apparat auseinandernahm. ›Mein Herr‹, eröffnete er mir, ›mit dem Telefon ist alles in Ordnung. Wir müssen nur so ein Dingsda auswechseln.‹ Ich sagte ihm, ich hätte nichts dagegen, worauf er entschwand. Da er nie wieder auftauchte, informierte ich die Störungsstelle, daß mein Telefon immer noch kaputt wäre...«

Glick holte tief Atem:

»Ein paar Tage später kam ein zweiter Fachmann, nahm den Apparat auseinander und stellte fest: ›Mein Herr, wir müssen so ein Dingsda auswechseln.‹ Ich bestätigte: ›Natürlich müssen Sie das Dingsda auswechseln. Ihr Kollege hat mir ja bereits mitgeteilt, daß es am Dingsda liegt.‹ Der Mann ließ mich wissen, daß er über kein Dingsda verfüge. Und ging. Ich wartete eine volle Woche. Dann bat ich die Störungstelle, man möge mir jemand schicken...«

»Und man hat nicht!«

»Man hat doch. Ein dritter Fachmann kam, nahm den Apparat auseinander und sagte: ›Mein Herr, ich

möchte, daß Ihnen die Situation klar ist. In meinem Arbeitsauftrag hier ist vermerkt, daß dieses Dingsda in Ihrem Telefon angeblich nicht mehr funktioniert. Ich habe Ihren Apparat nachgeprüft und festgestellt, daß das stimmt. Das Dingsda funktioniert nicht. Schalom.‹ Damit ging er. Ich stürzte zum nächsten Telefonhäuschen, rief die Störungsstelle an und forderte sie auf, mir ein Dingsda zu bringen, tot oder lebendig. Ich kündigte an, andernfalls jede Stelle der Störungsstelle zu zerstören. Also – ein Fachmann ... ein vierter ... kam zu mir ins Büro ...«
»Und Sie teilten ihm mit, daß Ihr Dingsda nicht funktioniert!«
»Nein. Das wußte er schon. Er nahm nur den Apparat auseinander und fragte mich, woher, meiner Meinung nach, er um diese Tageszeit ein Dingsda herbekommen solle. Ich sagte ihm: ›Das weiß ich doch nicht, ich habe kein Ersatz-Dingsda hier im Büro herumliegen. Kaufen Sie eins auf dem Schwarzmarkt, klauen Sie eins, ermorden Sie jemanden, um eins zu bekommen. Aber wagen Sie ja nicht, ohne Dingsda wiederzukommen!‹ Daraufhin ging er. Ich schrieb an meine Verwandten im Ausland und bat sie dringend, mir ein Dingsda zu schicken. Sie verbaten sich diese Anzüglichkeiten und brachen jede Verbindung mit mir ab. In meinen Träumen wurde ich von einem Dingsda rund um den Straßenblock gejagt. Es sah aus wie ein Drache, nur anstatt eines Kopfes hatte er so ein Dingsda. Meine Nerven drohten gerade vollends zu versagen, als mir der rettende Einfall kam: Ich rief die Störungsstelle an und beantragte, den ganzen Apparat auszuwechseln. Sie haben sofort gierig nach dieser Lösung gegriffen ...«

»Haben sie gewechselt?«
»Warten Sie ab. Ein Fachmann kam mit einem neuen Apparat. Aber als er den alten abmontierte, fragte er: ›Wozu brauchen Sie einen neuen Apparat? Der alte ist völlig in Ordnung, da muß nur das Dingsda ausgewechselt werden.‹ Ohne ein einziges Wort ging ich ins Nebenzimmer und lud meinen Revolver. Aber in der Zwischenzeit hatte der Mann ein Dutzend Dingsdas aus seiner Tasche geholt und das kaputte Dingsda ausgewechselt. Seitdem funktioniert mein Telefon einwandfrei.«
»Und warum sind Sie dann so nervös?«
»Das macht das Wetter.«

Terzett

Eine der vordringlichsten Eigenschaften von Fernsprechapparaten ist die Tatsache, daß man sich seinen Anrufer nicht aussuchen kann. Ich beklage mich nicht. Im Gegenteil, was mich betrifft, so respektiere ich im großen und ganzen meine Mitmenschen, im Sinne der UNO-Charta, samt Zubehör. Aber auch meine Geduld hat Grenzen. Zum Beispiel dann, wenn mein Telefon wieder einmal sein Eigenleben führt. Ich sitze also gemütlich an meinem Tisch, um zu schreiben. Da fällt mir plötzlich ein, daß ich dringend meinen guten Freund Joshka anrufen muß. Ich hebe den Hörer ab, aber noch bevor ich wählen kann, sagt mir eine besorgte Stimme:
»Die ganze Ladung ist schon im Hafen von Haifa, Gusti. Geh gleich zu Birnbaum und sag ihm, er soll sich um die Papiere kümmern.«
Ich sage: »Sie sind falsch verbunden, gehen Sie sofort aus der Leitung.:«
Da meldet sich eine zweite Stimme und sagt tief und heiser: »Wer ist das?«
Ich lege den Hörer auf und versuche es noch einmal. Sofort informiert mich die heisere Stimme:
»Die im Hafen haben überhaupt kein Recht, Zoll zu verlangen.«
»Natürlich haben sie ein Recht dazu«, äußere ich mich zum Problem. »Zumindest Sie sollten das wissen, Gusti.«
»Klappe«, sagt die besorgte Stimme.

»Ich will meine freie Leitung«, erkläre ich. »Legen Sie auf. Beide.«
»Legen Sie selber auf«, schlägt der Heisere vor und fügt hinzu: »Ein Neueinwanderer hat doch schließlich das Recht auf zollfreie Einfuhr.«
»Das schon«, imitiere ich den Sorgenvollen, »aber seit wann, lieber Gusti, bist du ein Neueinwanderer?«
»Sag mal, spinnst du?« antwortet Gusti. »Ich meinte natürlich Birnbaum.«
»Moment«, unterbricht uns der Besorgte, »das war nicht ich! Da mischt sich schon wieder dieser Dussel in unser Gespräch.«
Ich verstelle von neuem meine Stimme und spreche nun im schrillen Diskant: »Hallo, hier Zentrale. Alle Teilnehmer sind aufgefordert, ihre Gespräche zu beenden. Die Leitung muß überprüft werden.«
»Nur noch einen Moment, Fräulein«, fleht mich der Besorgte an, »wir sind gleich fertig.«
»Trottel«, sagt der Heisere, »merkst du denn nicht, daß uns der Kerl zum Narren hält?«
»Natürlich merke ich es, Gusti«, antworte ich sorgenvoll. »Laß uns das Gespräch lieber abbrechen, wir sehen uns ja morgen in Haifa. Adieu!«
»Halt!« brüllt der Besorgte. »Leg nicht auf, Gusti! Das war doch wieder dieser Irre! Hören Sie zu, Sie Telefonpirat, wenn ich Sie erwische...«
»Es wird mir ein Vergnügen sein«, erwidere ich, »hier spricht der Zollinspektor von Haifa.«
»Schon gut, ignorier den Kerl«, sagt der Heisere dem Besorgten. »Man muß Birnbaum sagen, daß er als Neueinwanderer Privilegien hat...«
Während ich mir den Hörer zwischen Ohr und Schulter klemme, hole ich die gesammelten Werke meines

Kollegen Shakespeare hervor und schlage bei »Macbeth«, V. Akt, letzte Szene nach:
»Schweige, du Höllenhund, schweig still. Von allen Menschen mied ich dich allein«, lege ich meinen Gesprächspartnern meinen Standpunkt dar. »Mit Blut der Deinen ist meine Seele schon zu sehr beladen.«
»Wie bitte?« erkundigen sich die heisere und die besorgte Stimme erschöpft, aber unisono. »Was will denn der Kerl eigentlich von uns?«
In diesem Moment gesellt sich eine vierte Stimme zu unserem Trialog:
»Hallo«, ruft eine Telefonistin. »Hier Zentrale.«
»Scheren Sie sich zum Teufel!« platzt dem Besorgten der Kragen. »Verduften Sie aus der Leitung, Sie Vollidiot!«
Da wirft uns das Fräulein von der Zentrale endlich alle aus der Leitung.
Shakespeare hat sich wieder einmal bewährt.

Im Dienst der Völkerverständigung

Gedächtnisprotokoll, erstellt im Auftrag des bundesdeutschen Ministers für das Post- und Fernmeldewesen. Betrifft: Aufnahme des direkten telefonischen Durchwahldienstes zwischen der Bundesrepublik und Israel.
Bonn 10.55 Uhr.
Pünktlich zur vereinbarten Uhrzeit griff seine Exzellenz der Minister für das Post- und Fernmeldewesen der Bundesrepublik nach dem Telefon, das auf dem Schreibtisch stand. Rundfunk- und Fernsehreporter waren zugegen, die Kameraleute der Tagesschau schalteten ihre Geräte ein, und Seine Exzellenz der Minister wählte unter atemloser Spannung aller Anwesenden auf direktem Weg die Nummer seines Amtskollegen, des israelischen Ministers für Post- und Fernmeldewesen in Jerusalem.
Im Monitor der Kamera erschien in Großaufnahme der Zeigefinger Seiner Exzellenz, und man konnte die von ihm gewählte Nummer genau verfolgen: 009722/3044512307. Doch die Leitung war leider besetzt.
Um 11.02 Uhr wählte der Minister erneut die Nummer 009722/3044512307, doch die Leitung war noch immer besetzt.
Seine Exzellenz lächelte verlegen in die surrenden Kameras und begann wieder die obige Nummer zu wählen. Um Punkt 11.09 Uhr meldete sich Jerusalem.
»In diesem langersehnten Moment, der den guten Willen unserer beiden Völker dokumentieren soll«,

sagte der Postminister in deutscher Sprache, »da die erste direkte Fernmeldeverbindung zwischen unseren beiden durch ein weites Mittelmeer getrennten Ländern eröffnet wird, ist es mir ein Bedürfnis, Ihnen, Exzellenz, zum Ausdruck zu bringen, daß dieses Ereignis von höchst politischer Tragweite dem Verständnis unserer freundlichen Beziehungen für immer...«
»Alle Anschlüsse sind besetzt«, meldete sich über die Direktleitung eine hebräische Stimme. »Bitte warten, bitte warten.«
»Danke«, sagte der Minister. »Ich glaube, im Namen unserer beiden Völker zu sprechen, Exzellenz, daß dieser Moment der Beginn einer immer enger werdenden Zusammenarbeit zwischen unseren beiden Ministerien werden könnte...«
An dieser Stelle meldete sich der Chefdolmetscher des deutschen Postministeriums, Rabbi Fledermaus, zu Wort und lenkte die Aufmerksamkeit seiner Exzellenz des Ministers auf den nebelhaften Charakter des empfangenen hebräischen Textes.
Der Postminister schluckte einmal kurz, lächelte beherzt in die Kameras und wählte wieder mit eigenem Zeigefinger die Nummer 009722/3044512307. Zum großen Erstaunen aller Umstehenden wurde die direkte Verbindung zum Amtssitz des israelischen Ministers für das Post- und Fernmeldewesen sofort hergestellt.
»In diesem langersehnten Moment, der den guten Willen unserer beiden Völker dokumentieren soll...«, begann der Minister, aber weiter kam er nicht, denn er wurde von einer resoluten Frauenstimme unterbrochen.
Im Folgenden wird der genaue Wortlaut der Unterhal-

tung wiedergegeben, die teils hebräisch, teils in einem mediterranen Gebrauchsenglisch geführt wurde.
Fräulein Zippi: »Legen Sie sofort den Hörer auf. Shimon erwartet jetzt einen Anruf aus Deutschland! Sie sollen auflegen, oder sind Sie schwerhörig?«
Minister: »Ich melde mich aus Bonn...«
Fräulein Zippi: »This ist direct line, you hear? Away with you!«
Minister: »Ich bin der Minister für Post- und Fernmeldewesen der Bundesrepublik Deutschland.«
Fräulein Zippi: »Warum haben Sie das nicht gleich gesagt? Ich verbinde!«
Minister: »Exzellenz, in diesem langersehnten Moment, der den guten Willen unserer beider Völker...«
Fräulein Zippi: »Wait a little, Mister Minister, ich hab meinen Chef noch nicht gefunden. Wo kann er nur sein? Jossel, hast du eine Ahnung, wo Shimon steckt? Ich halt das mit den Nerven nicht aus, alle gehn fort und lassen mich da allein ohne Techniker in der Zentrale sitzen. Wie komm ausgerechnet ich dazu, mit einem deutschen Bonzen reden zu müssen. Mein Ehrenwort, wenn das noch einmal passiert, schmeiß ich alles hin...«

Bonn 11.17 Uhr.
Im Protokoll ist vermerkt, daß an dieser Stelle die direkte Fernmeldeverbindung unterbrochen wurde.
Der Herr Minister wählte ein weiteres Mal die direkte Durchwahlnummer (009722/3044512307), woraufhin der diensthabende Arzt den Finger des Ministers mit einem Verband essigsaurer Tonerde versah. Aus der

Leitung kam dezente Unterhaltungsmusik. Der Chefdolmetscher Rabbi Fledermaus verlieh seiner Meinung Ausdruck, daß in Jerusalem die Telefonnummer geändert worden sein könnte.
Die Kameras wurden abgestellt, und die Festgäste wurden ans Buffet gebeten. Da läutete das Telefon:
Fräulein Zippi: »Pinchas, sag mir, ist Shimon vielleicht bei euch? Mensch, warum sagt denn keiner was! Shimon, hör zu, der Bonner Jecke will mit dir reden... mach dir keine Sorgen, er kann dich nicht hören, ich habe die Leitung gesperrt... Hallo, ich verbinde! Mister Minister, I make the connection now.«
Israels Postminister: »Exzellenz, es ist mir eine Ehre, Ihnen den freundschaftlichen Gruß unserer Hauptstadt Jerusalem übermitteln zu dürfen...«
Minister: »In diesem langersehnten Moment des guten Willens, da unsere beiden Völker...«
In dieser Phase des hochoffiziellen Gespräches zwischen den beiden Ministerexzellenzen war plötzlich eine weitere Stimme in der Direktverbindung zu vernehmen:
»Hör zu, Rappaport, wenn ich nicht bis Montag den Kaufvertrag habe, kannst du Platschek sagen, daß er nicht einen Piaster zu sehen bekommt!« Darauf antwortete eine nicht näher zu identifizierende Stimme:
»Robitschek, ich hab immer schon gewußt, daß du ein mieser Baldower bist. Mich brauchst du nicht mehr zu grüßen, Schalom!«
Fräulein Zippi: »Mir scheint, da ist jemand in die Leitung hineingekommen. Bitte um Entschuldigung, ich werde ihn sofort hinauswerfen.«

★

11.44 Uhr.
Das Protokoll vermerkt, daß an dieser Stelle der telefonische Kontakt zwischen den beiden Ministerien endgültig abbrach.
Nach einigen weiteren Minuten meldete sich der israelische Postminister über die konventionelle Fernvermittlung und sagte dem Herrn Minister in feierlichem Tonfall: »Verehrter Herr Kollege, es freut mich aufrichtig, daß die modernen Errungenschaften der Technik sowie die hochentwickelten elektronischen Apparaturen, die uns neuerdings zur Verfügung stehen, die Kommunikation zwischen unseren beiden Ländern zu einem Kinderspiel machen. Gestatten Sie mir, Exzellenz, auf diesem Wege meiner Hoffnung Ausdruck zu verleihen, daß dies erst der Beginn...«
Fräulein Zippi: »Ferngespräch! Auflegen! You stop speak now, Mister.«
Und damit endete die feierliche Einweihungszeremonie. In beiderseitigem Einvernehmen wurde beschlossen, alle weiteren Kontakte auf brieflichem Wege abzuwickeln.

Sparmaßnahme

Neulich besuchte ich meinen Freund Jossele, der im Sinne des Kriegslogans »Lerne den Feind kennen!« dem Staatsapparat beigetreten war und nun als Beamter in irgendeinem Regierungsbüro saß. Jossele war gerade ins Feilen seiner Nägel vertieft, als ich sein Büro betrat. Er bot mir einen Stuhl an und wir unterhielten uns eine Weile über dies und jenes, bis uns plötzlich das Läuten des Telefons unterbrach.
»Eins... zwei...« zählte Jossele die Klingelzeichen, machte aber keine wie immer gearteten Anstalten, den Hörer abzuheben. »Drei... vier... fünf...«
Nach sechzehn Klingelzeichen beruhigte sich das Telefon. Jossele nahm den Hörer ab, wählte eine Nummer, wartete einige Augenblicke lang und legte dann den Hörer wortlos wieder auf. Dann begann das Telefon wieder zu läuten und zwar genau 43mal...
»Typisch Weiber«, erklärte Jossele. »Das war Hortensia. Sie hat mir eben mitgeteilt, sie sei gestern nicht zu Simons Party gekommen, weil sie sich mit den Chilibohnen in der Kantine den Magen verdorben hätte. Diesen Mädchen könnte auch einmal eine bessere Ausrede einfallen!«
Und so wurde ich in Josseles Methode eingeweiht, die Ausgaben der öffentlichen Hand zu reduzieren.
Das Ganze begann mit einem internen Rundschreiben, das ab sofort den Telefongebrauch für Privatzwecke strikt verbot. Die Angestellten der Telefonzentrale wurden angewiesen, Zuwiderhandelnde zu melden.

»Anfangs war ich wirklich besorgt«, erzählte mir Jossele. »Schließlich war ich daran gewöhnt, täglich ein, zwei Stunden mit Hortensia zu plaudern. Wir mußten uns deshalb ein System ausdenken, um die neue Verordnung zu umgehen. Wir erfanden also einen Code, der aus Klingelsignalen besteht. Und nun können wir uns, ohne dem Steuerzahler zur Last zu fallen, in unserer Klingelsprache genausogut wie in den alten Tagen unterhalten. Einmal läuten zum Beispiel bedeutet ›Wie geht es dir heute, was gibt's Neues‹, sechs Klingelzeichen: ›Mach keine blöden Witze‹, neun: ›Wollen wir heute abend ins Kino gehen? Ich habe gehört, daß der neue Woody-Allen-Film recht komisch sein soll.‹ Zehnmal: ›Schon gesehen, mich hat er eher gelangweilt.‹ Achtzehnmal: ›Was hast du gesagt? Sprich ein bißchen deutlicher Mädl, ich kann dich nicht verstehen.‹ Zweiundzwanzigmal klingeln: ›Gib nicht so an!‹ Fünfundzwanzigmal: ›Schon gut, Hortensia, von mir aus, geh mit Simon, mir kann es nur recht sein.‹ Einunddreißigmal: ›Ich? Eifersüchtig? Mach dich nicht lächerlich.‹ Zweiunddreißigmal: ›Merk dir endlich, ich bin schließlich kein Baby mehr!‹ Siebenundfünfzigmal: ›Nein?‹ Und so weiter bis zum neunzigsten Klingelzeichen, und das bedeutet: ›Glaub ja nicht, daß ich auf dich angewiesen bin, hallo, warte einen Moment, häng nicht auf! Zum Teufel, jetzt hat sie aufgehängt!‹«

»Wirklich nicht schlecht«, mußte ich zugeben. »Aber wie kannst du wissen, daß Hortensia und nicht jemand anderer anruft?«

»Dumme Frage«, lächelte mich Jossele an. »Ich hebe den Hörer erst nach dem neunzigsten Klingelzeichen ab.«

»Hält denn jemand überhaupt solange durch?«
»Aber klar. Schließlich sind wir eine staatliche Institution.«

Ein abwechslungsreiches Telefonat

Vor einigen Tagen suchte ich das Büro einer großen Fluggesellschaft auf, bei der ich einen Flug buchen wollte, und sprach mit einer der Damen am Buchungsschalter. Sie hatte ein sehr junges Gesicht, das einen reizvollen Kontrast zu ihrem grauen, in einen Pferdeschwanz gebundenen Haar ergab. Zum Abschluß unseres Gesprächs bat sie mich, meine Adresse zurückzulassen, worauf ich meiner Brieftasche eine Visitenkarte entnahm und sie ihr übergab. Am nächsten Tag mußte ich feststellen, daß bei dieser Gelegenheit die Notizblätter mit den Telefonnummern herausgefallen waren, kleine, rechteckig geschnittene Blätter, blau liniert, mit einem roten Querstreifen, sehr übersichtlich. Und sehr wichtig. Ich rief sofort im Büro der Fluggesellschaft an. Eine weibliche Stimme sagte: »Guten Morgen.«

»Guten Morgen«, antwortete ich, »Ich war gestern bei Ihnen und habe mit einer Ihrer Beamtinnen gesprochen, ihren Namen weiß ich nicht mehr, sie hat ein sehr junges Gesicht und trägt ihr graues Haar in einem Pferdeschwanz. Sie bat mich, meine Adresse zurückzulassen, und als ich meiner Brieftasche eine Visitenkarte entnahm, müssen einige Papiere herausgefallen sein, mit Telefonnummern, die ich dringend brauche. Bitte würden Sie –«

»Einen Augenblick, mein Herr. Ich bin nur die Telefonistin. Ich verbinde Sie mit dem Sekretariat.«

»Danke.«

»Hallo.« Das war jetzt eine männliche Stimme. »Hier das Sekretariat.«

»Es handelt sich um folgendes«, begann ich. »Ich war gestern bei Ihnen und habe mit einer Ihrer Beamtinnen gesprochen, ihren Namen weiß ich nicht mehr, sie hat ein sehr junges Gesicht und trägt ihr graues Haar in einem Pferdeschwanz. Sie bat mich, meine Adresse zurückzulassen, und ich erinnere mich sehr deutlich, daß ich meine Brieftasche herauszog und ihr eine Visitenkarte entnahm. Zu Hause habe ich festgestellt, daß bei dieser Gelegenheit auch einige Blätter mit wichtigen Notizen herausgefallen waren, und –«

»Bitte warten Sie«, unterbrach mich die männliche Stimme. »Ich gebe Sie zum Buchungsschalter durch.«

Es vergingen nur wenige Minuten, bis eine weibliche Stimme sich am Buchungsschalter meldete.

»Ich weiß nicht, ob Sie es waren, mit der ich gestern vormittag gesprochen habe«, begann ich. »Es war jedenfalls eine Ihrer Beamtinnen, eine Dame mit sehr jungem Gesicht und grauen Haaren in einem Pferdeschwanz. Sind Sie das?«

»Leider nicht. Aber vielleicht kann ich Ihnen trotzdem helfen?«

»Danke vielmals. Also die Dame, mit der ich zu tun hatte, bat mich, meine Adresse zurückzulassen, und ich erinnere mich deutlich, daß ich meine Brieftasche herausgezogen habe, um ihr eine Visitenkarte zu entnehmen. Bei dieser Gelegenheit sind einige wichtige Notizblätter –«

»Wann ist das passiert?«

»Gestern vormittag. Am frühen Vormittag, Fräulein.«

»Ich bedaure. Gestern hatte ich keinen Dienst. Sie

müssen mit Alissa sprechen. Bitte bleiben Sie am Apparat.«
Nach einer Pause meldete sich eine neue Frauenstimme: »Guten Morgen.«
»Guten Morgen, Fräulein. Ich war gestern in Ihrem Büro und sprach mit einer Ihrer Buchungsbeamtinnen, an ihren Namen erinnere ich mich nicht mehr, aber sie hat ein junges Gesicht mit einem grauen Ponyschwanz und bat mich, meine Adresse –«
»Verzeihen Sie, daß ich unterbreche. Hier ist wieder die Telefonistin. Sie haben heute schon einmal angerufen, nicht wahr? Mit wem wollen Sie jetzt verbunden werden?«
»Mit Fräulein Alissa.«
»Sofort... Alissa! Du wirst am Telefon verlangt... Bitte sprechen Sie.«
»Guten Tag, Fräulein Alissa. Man hat mich wegen dieser herausgefallenen Notizblätter an Sie gewiesen. Ich war gestern in Ihrem Büro und habe am Buchungsschalter mit einer Ihrer Damen gesprochen, ihren Namen weiß ich nicht mehr, ich erinnere mich nur, daß sie ein junges Gesicht und graue Haare in einem Pferdeschwanz hatte und daß ich meine Brieftasche herausnahm, um ihr eine Visitenkarte zu geben, weil sie meine Adresse haben wollte, und –«
»Welche Alissa meinen Sie? Alissa von der Luftfracht oder Alissa von der Buchung?«
»Von der Buchung.«
»Das bin nicht ich. Ich gebe Sie an die Zentrale zurück.«
»Hallo?« flötete die Zentrale. »Was wünschen Sie?«
»Alissa von der Buchung.«
Ein kurzes Geräusch, ein kurzes Knacken, ein abgehobener Hörer.

»Fräulein Alissa von der Buchung?« fragte ich.
»Ja.«
»Endlich. Ich habe eine Anfrage, weiß aber nicht, ob ich mit der richtigen Abteilung verbunden bin.«
»Sagen Sie mir bitte, um was es sich handelt. Dann werden wir's wissen.«
»Ich war gestern bei Ihnen. Gestern vormittag. Eine Ihrer Beamtinnen, ich erinnere mich nicht mehr an ihren Namen, sie hat ein sehr junges Gesicht und trägt ihr graues Haar in einem Pferdeschwanz, also diese Dame bat mich, meine Adresse zurückzulassen –«
»Nein, nein«, unterbrach mich Alissa. »Das war nicht meine Abteilung. Haben Sie schon mit dem Sekretariat gesprochen?«
»Ja. Mit einem Herrn.«
»Mit Stern?«
»Möglich. Ich konnte das durchs Telefon nicht erkennen.«
»Sicherlich war es Stern. Ich verbinde.«
»Guten Abend«, sagte Stern. »Hier Stern.«
»Habe ich vor einigen Stunden mit Ihnen gesprochen, Herr Stern?«
»Worüber?«
»Über die Visitenkarte aus meiner Brieftasche, gestern vormittag, und über die verlorenen Notizblätter mit den Telefonnummern.«
»Nein, das muß jemand anderes gewesen sein. Um was handelt es sich?«
»Es handelt sich um folgendes. Gestern vormittag war ich bei Ihnen, das heißt am Buchungsschalter, wegen einer Buchung. Die Beamtin, eine Dame mit sehr jungem Gesicht und grauem Haar in einem Pferdeschwanz, wollte meine Adresse haben –«

»Entschuldigen Sie, hier herrscht ein solcher Lärm, daß ich Sie nicht hören kann. Bitte bleiben Sie am Apparat. Ich melde mich aus einem anderen Zimmer.«
Tatsächlich meldete er sich etwas später aus einem anderen Zimmer:
»Hallo? Ja, jetzt ist es besser. Also wenn ich richtig verstanden habe, dann waren Sie gestern bei uns...«
»Stimmt. Gestern vormittag. Und ich habe mit einer Ihrer Beamtinnen gesprochen, ihren Namen weiß ich nicht mehr, sie hat ein sehr junges Gesicht und trägt ihr graues Haar in einem Pferdeschwanz. Sie bat mich, meine Adresse zurückzulassen, und als ich meiner Brieftasche eine Visitenkarte entnahm, müssen einige sehr wichtige Notizblätter herausgefallen sein –«
»Das kann vorkommen«, tröstete mich Stern. »Ich nehme an, daß diese Blätter irgendwo bei uns liegen. Lassen Sie mich doch einmal herumfragen...«
Ich hörte seine gedämpfte Stimme, die der Belegschaft im Nebenraum bekanntgab, daß gestern vormittag jemand hier gewesen sei und mit einem der Mädchen gesprochen hätte, einem Mädchen mit jungem Gesicht und grauem Ponyschwanz, wahrscheinlich Stella, er wollte ihr seine Adresse geben und hatte sein Taschenbuch herausgenommen und bei dieser Gelegenheit sein Notizbuch verloren oder die Blätter mit den wichtigen Telefonnummern...
»Augenblick«, hörte ich eine andere Stimme rufen. »Ich glaube, der Portier hat etwas davon gesagt, daß er ein Notizbuch gefunden hat.«
Es dauerte nicht lange, und ich war mit dem Portier verbunden.
»Waren es rechteckige Blätter, blau liniert?« fragte er.
»Richtig. Und es standen Telefonnummern drauf.«

»Ich habe die Blätter heute an Ihre Adresse geschickt. Sie müßten morgen in der Post sein.«
»Danke. Danke vielmals.«
»Was war denn eigentlich los?«
»Nichts Besonderes. Ich hatte vorgestern in Ihrem Büro mit einer Ihrer Damen gesprochen, ihren Namen weiß ich nicht mehr, sie hat ein sehr junges Gesicht und trägt ihr graues Haar in einem Pferdeschwanz. Sie bat mich, meine Adresse zurückzulassen, und als ich meiner Brieftasche eine Visitenkarte entnahm, müssen diese Papiere herausgefallen sein, mit Telefonnummern, die ich sehr dringend brauche –«
»Na, Hauptsache, daß sich die Blätter gefunden haben«, sagte der Portier.
»Ja, wirklich. Das ist die Hauptsache. Gute Nacht.«
»Gute Nacht«, sagte der Portier.

Mord durch den Draht

Wir sitzen in meiner Wohnung, Jossele und ich, summen die befreite Nationalhymne von Ruanda-Urundi vor uns hin, ohne Text, und langweilen uns. Plötzlich geht das Telefon, und irgendein Kerl will mit der Viehmarktzentrale Nord sprechen. Ich sage, »Falsch verbunden«, und lege auf. Ein paar Sekunden später geht das Telefon, und es ist schon wieder der Kerl, der mit der Viehmarktzentrale Nord sprechen will. Ich lasse ihn abermals, und diesmal schon etwas schärfer, wissen, daß ich keine Viehmarktzentrale bin, und wenn er noch einmal –
»Warte«, flüstert Jossele und nimmt mir den Hörer ab.
»Hier Viehmarktzentrale Nord«, sagt er in die Muschel.
»Endlich!« Der Anrufer atmet hörbar auf. »Bitte, Herrn Sulzbaum.«
»Sulzbaum arbeitet nicht mehr bei uns.«
»Wieso? Was ist passiert?«
»Man hat seine Machenschaften aufgedeckt.«
»Was Sie nicht sagen!«
»Er war fällig. Oder haben Sie geglaubt, es würde ewig so weitergehen?«
»Natürlich nicht!« Die Stimme des andern klang freudig bewegt. »Ich habe es schon längst kommen gesehen.«
»Eben. Er hat das Ding überdreht. Und das muß er jetzt büßen, mitsamt seinen Komplizen.«
»Was? Auch Slutzky?«

»Ein Jahr Gefängnis.«
»Recht geschieht ihm. Wer übernimmt seinen Posten?«
»Heskel.«
»Kenn' ich nicht.«
»Der kleine Dicke mit der Knollennase.«
»Der? Sie glauben, der ist besser als Slutzky? Alles dieselbe Bande.«
»Als ob ich's nicht wüßte« seufzte Jossele. »Über diesen Punkt mache ich mir keine Illusionen. Sonst noch etwas?«
»Nein, danke. Sagen Sie Heskel nichts von meinem Anruf.«
»Ich werde mich hüten.«
Und damit legt Jossele befriedigt den Hörer hin.
»Bist du nicht ein wenig zu weit gegangen?« fragte ich zaghaft.
»Du denkst immer nur an dich selbst und nie an meine Nerven. Wenn du noch einmal ›falsch verbunden‹ gesagt hättest, wäre der Kerl wütend geworden und hätte uns immer wieder belästigt. Jetzt ist er glücklich, weil er als einziger weiß, daß es Sulzbaum und seine Freunde erwischt hat – und wir haben unsere Ruhe. Aber auch Sulzbaum hat seine Ruhe. Er und seine Freunde können ungestört weitermachen. Kurz und gut: es ist allen geholfen.«

Falsche Nummer – richtig verbunden

Kaum hatte ich ein eigenes Telefon bekommen, da bemerkte ich plötzlich, daß die Umwelt ihre Einstellung zu mir geändert hatte. Gute Bekannte hörten auf, mich zu grüßen, oder wechselten im Kaffeehaus, wenn ich mich zu ihnen setzen wollte, den Tisch – kurzum: Wo immer ich ging und stand, umgab mich ein dichter Nebel von Feindseligkeit. Die beste Ehefrau von allen behauptete, daß mein miserabler Charakter daran schuld wäre, und ich hätte ihr beinahe zugestimmt, weil ich bei näherer Betrachtung ja wirklich ein widerwärtiger Mensch bin... Bis mich ein Zufall auf die Lösung des unheimlichen Rätsels brachte. Ich fand mich in ein Schicksal verwickelt, das noch düsterer war als die griechischeste aller antiken Tragödien. Unser Rundfunk hatte mich zusammen mit einem hervorragenden Wissenschaftler zu einer hervorragenden wissenschaftlichen Sendung eingeladen und ließ uns vom Studiowagen abholen, zuerst meinen Kollegen, dann mich. Als ich einstieg, begrüßte er mich mit einer Kälte, aus der sonst nur Spione zu kommen pflegen, aber keine Wissenschaftler. Minutenlang saß er stumm neben mir. Erst an einer Kreuzung, die uns zu längerem Aufenthalt nötigte, brach er sein eisiges Schweigen:
»Eins sag ich Ihnen, Herr. Wäre dieses Programm nicht schon vor Wochen festgelegt worden, dann hätte ich aus der unverschämten Art, wie Sie mit meiner Frau am Telefon gesprochen haben, die Kon-

sequenz gezogen und hätte es abgelehnt, mit Ihnen gemeinsam aufzutreten.«

Bestürzt und ratlos sah ich ihn an. Verheiratete Frauen zu beleidigen, ist keine Leistung, auf die man stolz sein dürfte, am allerwenigsten, wenn man sich nicht erinnern kann, mit der betreffenden Dame überhaupt gesprochen zu haben. Demgemäß informierte ich meinen Kollegen, daß seine Gattin sich nicht auf der Liste jener Personen befand, die ich für telefonische Grobheiten vorgemerkt hatte.

»Erzählen Sie mir nichts«, gab er wütend zurück. »Heute vormittag hat meine Frau bei Ihnen angerufen, um Sie zu fragen, wann der Wagen vom Studio käme. Sie empfahlen ihr, zum Teufel zu gehen, und fügten hinzu, daß Sie kein Informationsbüro sind. Halten Sie das für eine höfliche Antwort?«

Ich fühlte mein Blut erstarren. Sollte es bei mir schon so weit sein? Noch kennt und schätzt mich die Welt als hochgradig produktiven Schriftsteller... und in Wahrheit durchrieselt mich bereits der Kalk der Senilität. Bei allem, was mir heilig ist – und das ist wenig genug –, hätte ich schwören können, daß ich noch nie im Leben mit der Gattin meines Programmpartners ein Telefongespräch geführt hatte. Außerdem war ich heute vormittag gar nicht zu Hause. Was ging hier vor?

»Ihre Frau hat mich angerufen?« fragte ich.

»Jawohl. Heute vormittag.«

»Zu Hause?«

»Wo denn sonst? Und Ihre Nummer hatte sie aus dem Telefonbuch.«

An dieser Stelle begann sich das Geheimnis zu entschleiern. An dieser Stelle entdeckte ich meinen Doppelgänger, mein gestohlenes Ich. Wäre das Ganze ein

Kriminalfall, er hieße: »Der Mann, der zweimal war«, und Michael Douglas würde die Hauptrolle spielen. Da es sich jedoch um ein simples menschliches Drama handelt, sei hiermit klargestellt, daß es das Israelische Postministerium war, das diese infame Persönlichkeitsspaltung an mir vorgenommen hat.

Wie man weiß, ist unser Postministerium keineswegs konservativ und wünscht seinem fortschrittlichen Ruf vor allem dadurch gerecht zu werden, daß es alle paar Monate einen Teil der Telefonnummern ändert. Es beruft sich dabei auf die fortschreitende Automatisierung des Telefonnetzes, die hauptsächlich darin besteht, daß beispielsweise alle mit 37 beginnenden Nummern plötzlich mit 6 beginnen und alle mit 6 beginnenden plötzlich mit 37. Ich spreche aus Erfahrung. Meine eigene Nummer wurde im Verlauf der letzten drei Jahre dreimal in ihr Gegenteil verwandelt, unter strikter Beobachtung der ungeschriebenen Gesetze des hebräischen Post- und Telefonverkehrs, die folgendermaßen lauten:

1. Du sollst im voraus keine Daten und Details angeben. Du sollst lediglich verlautbaren, daß »in der nächsten Zeit eine Anzahl von Telefonnummern geändert wird«.

2. Du sollst diese Änderungen immer kurz nach Erscheinen des neuen Telefonbuchs durchführen.

Aus diesen beiden Fundamentalgesetzen ergeben sich eine Unmenge vergeblicher Telefonanrufe und eine beträchtliche Steigerung der Einnahmen für das Postministerium. Mein eigener Fall ist ein gutes Beispiel dafür. Der Anrufer hat dem jetzt gültigen Telefonbuch meine Nummer entnommen, wählt die Anfangsziffer 44 und noch vier weitere Ziffern dazu und fragt:

»Ist Herr Kishon zu Hause?«
Worauf er die Antwort bekommt:
»Nicht für Sie.«
Als nächstes hört er das »Klick«, das vom abrupten Auflegen des Hörers herrührt, und der den Hörer aufgelegt hat, bin natürlich nicht ich. Es ist der Teilnehmer, der beim letzten Nummernwechselspiel meine Nummer bekommen hat. Und man kann ihm nicht einmal jede Sympathie versagen. Zweifellos hat er auf die ersten irrigen Anrufe noch sehr höflich reagiert. Aber nach einiger Zeit wurde es ihm zuviel, und seine Antworten wurden immer kürzer:
»Bedaure, Herr Kishon ist verreist.«
»Herr Kishon wurde verhaftet.«
»Kishon ist tot.«
Dann kommt das bewußte Klick.
Einer meiner Freunde berichtete mir, daß er drei Tage lang eine Verzweiflungsschlacht mit meinem Doppelgänger ausgefochten hatte und von ihm in einer Weise beschimpft wurde, die sich mit meinem Charakter einfach nicht vereinbaren ließ. Das brachte ihn endlich auf die Vermutung, daß er tatsächlich nicht mit mir sprach. Er fragte nach meiner neuen Telefonnummer und bekam von der alten folgendes zu hören:
»Sie wollen Kishons neue Nummer haben, Herr? Dann stecken Sie doch bitte Ihren rechten Zeigefinger in das kleine Loch Ihrer Drehscheibe, das durch die Ziffer 1 gekennzeichnet ist, dann in das Loch mit der Ziffer 2, und dann sind Sie mit dem Kundendienst verbunden, den Sie nach der neuen Nummer von Kishon fragen können. Ich, lieber Herr, habe nicht die Zeit, jedem hergelaufenen Plappermaul mit Auskünften zu dienen, das merken Sie ja.«

Klick.
Aber wer wollte ihm das übelnehmen. Es wäre ja wirklich zu viel von ihm verlangt, jedem Anrufer immer wieder zu sagen: »Kishons Nummer beginnt jetzt mit 41.« Der Mann ist schließlich keine Maschine. Schwer zu entscheiden, gegen wen er seinen Haß richten soll: gegen mich, dessen Nummer geändert wurde, oder gegen die Anrufer, die das nicht wissen. Wahrscheinlich verteilt Herr Klick seine Abneigung gleichmäßig auf beide Parteien. In der letzten Zeit antwortet er überhaupt nicht mehr, sondern legt den Hörer wortlos auf. Und im Grunde geschieht den Anrufern ganz recht. Wer dumm genug ist, eine im Telefonbuch verzeichnete Nummer zu wählen, hat sich alles Weitere selbst zuzuschreiben.
Wie ich von meinen erfolglosen Kontaktsuchern höre, verhält sich Frau Klick ein wenig menschlicher als ihr Mann:
»Falsch verbunden, rufen Sie die Auskunft!« sagt sie unwirsch. Aber sie sagt es.
Daß sie oder er dem Irrläufer meine neue Nummer verraten, hat sich noch nie ereignet. Und bei der Auskunft sind im Augenblick alle Nummern besetzt, werden Sie bitte nicht ungeduldig, auch wenn der Augenblick eine Ewigkeit dauert. Unsere Telefonverwaltung hat einen neuen elektronischen Apparat eingerichtet, der dafür sorgen soll, daß die Auskunft nicht ununterbrochen besetzt ist. Bisher war die Sorge vergebens.
Seit einigen Wochen hat mein Doppelgänger seine Antworten auf ein absolutes Minimum reduziert. Er sagt: »Krepier!« und macht klick.
Das spricht sich natürlich herum. Die halbe Stadt ist sich darüber einig, daß ich ein arroganter, ungezoge-

ner Flegel bin und obendrein nicht ganz richtig im Kopf. Manchmal pirscht sich auf der Straße jemand an mich heran und zischt mir ein Schimpfwort ins Ohr. Dann weiß ich, daß er in die Kategorie 44–41 fällt.

Das Postministerum hat gegeben, das Postministerium hat genommen, fern sei es von mir, mit ihm zu hadern. Nächste Woche kann ich mich wieder in der Öffentlichkeit zeigen. Nächste Woche erscheint das neue Telefonbuch, das meine richtige Nummer angibt. Genauer gesagt: meine vorübergehend richtige Nummer. Denn sie wird kurz nach Erscheinen des neuen Telefonbuchs automatisch geändert werden.

Bitte nicht am Telefon

Ein überwältigender Gedanke: Man muß sich nur vorstellen, wie Oberstleutnant Weizmann, unser erster Raumfahrer, in seiner schönsten Sabbatuniform zwischen den Sternen einherschwebt, mit seinem Raumschiff »Golda I« nur durch Funk und einen Oxygenschlauch verbunden. Und wir hier unten können die Gespräche zwischen ihm und seinem Mutterschiff mithören.
»Hallo, hallo. Hier Kommandant von Golda I. Hören Sie mich?«
»Hier Weizmann. Ich höre.«
»Wie fühlen Sie sich?«
»Ausgezeichnet.«
»Instrumente funktionieren?«
»Hervorragend.«
»Wie hoch ist die Außentemperatur?«
»Bitte nicht am Telefon!«
Genauso wird sich das abspielen. Wir wissen aus Erfahrung, daß es sich so abspielen wird. Es geht gar nicht anders. Warum sollte ein israelischer Astronaut von der israelischen Zwangsneurose frei sein, die sich in den Worten »Nicht am Telefon« äußert? Jedes Telefongespräch unter Israelis endet früher oder später mit diesen Worten. Ich rufe Weinreb an, wir sprechen über alles mögliche, und im Verlauf des Gesprächs, an einer mir geeignet scheinenden Stelle, sage ich:
»Übrigens, Weinreb – wann geben Sie mir den Tausender zurück, den ich Ihnen geborgt habe?«

Daraufhin höre ich zuerst einmal nichts, und dann Weinrebs flüsternde Stimme:
»Bitte nicht am Telefon.«
Angenommen, ich gebe mich mit dieser Antwort ausnahmsweise nicht zufrieden und brülle zurück:
»Warum nicht, Weinreb? Warum nicht am Telefon? Warum gerade am Telefon nicht? Warum?«
»Ich habe meine Gründe«, lautet Weinrebs Auskunft.
»Was für Gründe, zum Teufel? Sagen Sie mir, welche Gründe Sie haben!«
»Nicht am Telefon.«
Es ist zum Verzweifeln. Aber was steckt dahinter? Eine allgemein grassierende Sicherheits-Hysterie? Eine tief verwurzelte jüdische Angst vor Provokateuren? Niemand weiß es. Wir wissen nur, daß jedesmal, wenn ein Israeli am Telefon auf Geld, Ziffern, Namen, Steuern, Kartenspiele, Zollvorschriften, Auslandsreisen oder dergleichen zu sprechen kommt, der andere Israeli sofort verstummt und mit den Worten »Bitte nicht am Telefon« das Gespräch abbricht.
Vielleicht liegt der Ursprung dieses nationalen Verhängnisses in grauer, biblischer Vorzeit, als von oben her die Stimme des Herrn ertönte: »Hast du nicht gegessen von dem Baum, davon ich dir gebot, du solltest nicht davon essen?«
Adam aber antwortete und sprach: »Bitte nicht am Telefon!«
Vielleicht hat dieses erste Ferngespräch alles weitere verursacht bis auf den heutigen Tag.

PLX 45 L

Was mich betrifft, so gestehe ich offen, daß ich keine wie immer gearteten Neidkomplexe gegen irgendeine Gesellschaftsschicht, Kaste, Klasse oder Berufssparte in mir trage – außer natürlich gegen Politiker. Schließlich haben wir alle genügend eigene Sorgen und dazu auch noch etliche unserer Mitmenschen.

Nachdem das geklärt ist, muß ich allerdings zugeben, daß immerhin eine kleine Gruppe von Leuten ein recht beneidenswertes Leben führt: die Amateurfunker. Sie formieren sich in kleinen Cliquen, irgendwo zwischen 1256 und 1270 Kilo-Hertz, und führen faszinierende Zwiegespräche, wie zum Beispiel das folgende:

»Hallo! Hallo! Hier spricht Gamma-0-Delta Doppel-Zwölf Westminster Niagara. Ich rufe Mikro-2-Makro Intercom Rappaport. Ich wiederhole. (Und genau das tut er.) Bitte kommen. Bitte kommen. Hier spricht Gamma-0-Delta Doppel-Zwölf Westminster Niagara, bitte sprechen!« Worauf einige Bips und Bups zu vernehmen sind, gefolgt von der Antwort:

»Hier spricht Mikro-2-Makro Intercom Rappaport. Wie geht's, Fritzi? Kannst du mich gut hören? Mikro-2-Makro Intercom Rappaport Ende.«

»Hier spricht Gamma-0-Delta Doppel-Zwölf Westminster Niagara. Ich kann dich gut verstehen, aber mir kommt vor, daß der Frequenz-Converter von deiner 3PLX Modulationseinheit eine leichte Rückkopplung hat. Gamma-0-Delta Doppel-Zwölf Westminster Niagara Ende.«

Zu diesem Zeitpunkt wird die Stimme von Mikro-2-Makro brüchig und ist kaum noch zu verstehen:
»Hier spricht Mikro-2-Makro Intercom Rappaport. Danke für den Tip, Freund, ich habe den frontalen Sende-Entzerrer auf Impuls F-12 gestellt. Kannst du mich jetzt besser hören, Fritzi? Mikro-2-Makro Intercom Rappaport Ende.«
»Hier spricht Gamma-0-Delta Doppel-Zwölf Westminster Niagara. Dein Zykloston ist nicht richtig zentriert. Außerdem glaube ich, daß dein Elektroden-Verwutzler überheizt ist. Weißt du was, ich komme mit dem Lötkolben runter. Gamma-0-Delta...«
Worauf Gamma-0-Delta eine Treppe hinuntereilt, wo ihn Mikro-2-Rappaport an der offenen Tür erwartet. Nachdem der Schaden behoben ist, begibt Fritzi sich wieder in das obere Stockwerk, setzt sich an seinen Elektroden-Verwutzler und beginnt wieder zu senden, Gamma-0-Delta Doppel-Zwölf Westminster...
Das, liebe Freunde, sind die einzigen Menschen in der Welt, die ich wirklich beneide.

Die Massen und das Medium

An diesem folgenschweren Tag ging ich zeitig zu Bett, weil ich am Morgen schon um halb zehn aufstehen mußte. Es glückte mir, verhältnismäßig rasch einzuschlafen. Aber nach etwa einer Stunde wurde ich rüde geweckt.
»Wir wollen schlafen!« brüllte eine haßerfüllte Stimme. »Es ist zehn Uhr vorbei. Stellen Sie das Radio ab, Sie Idiot!«
Ich setzte mich im Bett auf. Von fern, aus der äußersten Ecke unseres Häuserblocks, glaubte ich leise Musikklänge zu vernehmen. Ganz sicher war ich nicht, weil das zornig anschwellende Stimmengewirr alles übertönte:
»Wir wollen schlafen! Ruhe! Das Radio abdrehen! Ruhe!« Nach und nach erwachten auch die Bewohner der angrenzenden Häuser. In vielen Fenstern wurde es hell. Der Delikatessenhändler uns gegenüber formte aus seiner Zeitung einen Schalltrichter und verlangte Respekt vor der neuen Anti-Lärm-Verordnung. Der jemenitische Eisverkäufer Salah im Stockwerk unter uns stieß mehrmals den Namen Ben Gurion hervor, was bei ihm ein sicheres Zeichen hochgradiger Erregung ist. Ich selbst schlüpfte rasch in meinen Schlafrock, um mich besser hinausbeugen zu können. Ich liebe es über alles, Leute streiten zu sehen. Das ist ein menschlicher Zug von mir. »Ruhe!« brüllte ich in die Nacht hinaus. »Wo ist das Hauskomitee? Komitee!!«
Manfred Toscanini, den meine Leser bereits aus frühe-

ren Geschichten kennen und der mit dem gleichnamigen Dirigenten noch immer nicht verwandt ist, erschien auf dem Balkon seiner Wohnung und murmelte etwas Unverständliches. Manfred Toscanini ist Vorsitzender unseres Hausverwaltungskomitees. Aufmunternde Zurufe klangen ihm entgegen.
»Auf was warten Sie? Sind Sie der Vorsitzende des Komitees oder sind Sie es nicht? Rühr dich! Mach was! Rufen Sie die Polizei! Für diese Art von Ruhestörung gibt es heute bis zu einem Jahr Gefängnis! Los!«
»Einen Augenblick!« schrie Toscanini. »Wenn ihr so einen Lärm macht, kann ich ja gar nicht feststellen, wo der Lärm herkommt!«
Wir verstummten. Es zeigte sich, daß die Musik aus der rechten Eckwohnung im Parterre kam.
»Katzenmusik!« Das war Salah. Seine Stimme überschlug sich. »Sofort die Katzenmusik abstellen! Ben Gurion!« Toscanini stieg nervös von einem Fuß auf den andern. Er ist keine Kämpfernatur. Wir haben ihn nur gewählt, weil er eine schöne Handschrift hat und leicht zu behandeln ist.
»Bitte das Radio abstellen«, stammelte er. »Bitte. Wirklich.«
Nichts geschah. Die Musik strömte in unverminderter Stärke durch die laue Nacht.
Manfred Toscanini merkte, daß sein Prestige, sein Schicksal, seine Zukunft und das Glück seiner Kinder auf dem Spiel standen. Er hob die Stimme:
»Wenn diese Katzenmusik nicht sofort aufhört, rufe ich die Polizei.«
Einige Augenblicke atemloser Spannung folgten. Der Zusammenstoß zwischen Staatsgewalt und Rebellion schien bevorzustehen.

Plötzlich wurde die Musik noch lauter: die Tür der Wohnung, aus der sie kam, hatte sich geöffnet. Im Türrahmen erschien Dr. Nathaniel Birnbaum, Seniorchef der nahegelegenen Zweigstelle des Staatlichen Israelischen Reisebüros.

»Wer ist der Ignorant«, fragte Dr. Birnbaum mit volltönender Stimme, »der die Siebente von Beethoven als Katzenmusik bezeichnet?«

Stille. Tiefe, lautlose Stille. Beethovens Name schwebte zwischen den Häusern einher, drang den Bewohnern in Mark und Bein. Manfred Toscanini, das Gesicht zu einer entsetzten Grimasse verzerrt, krümmte sich wie ein Wurm. Ich meinerseits trat einen Schritt vom Fenster zurück, um klarzustellen, daß ich mich mit seinem niveaulosen Verhalten in keiner Weise identifizierte.

Während all dieser Zeit blieb die himmlische Musik diskret hörbar. Dr. Birnbaum verabsäumte es nicht, seinen Sieg bis zur Neige auszukosten:

»Nun? Wo steckt der Analphabet? Für wen ist Beethovens Siebente eine Katzenmusik? Beethovens Siebente!« Verlegenes Räuspern. Beschämtes Husten. Schließlich flüsterte der schurkische Delikatessenhändler mit verstellter Stimme:

»Es war der Vorsitzende des Komitees ...«

»Ich gratuliere!« Der Hohn in Dr. Birnbaums Stimme war nur zu berechtigt. »Ich gratuliere uns allen zu einem solchen Vorsitzenden!«

Damit drehte er sich um und verschwand gelassenen Schritts in seiner Wohnung. Eine schwer zu beschreibende Welle kultureller Überlegenheit ging von ihm aus. Kläglich und vereinsamt blieb Manfred Toscanini auf der Walstatt zurück, ein geschlagener Mann.

»Ich war so zornig«, sagte er entschuldigend, »ich war vor Wut so zornig, daß ich vor Zorn die Siebente von Beethoven nicht erkannt habe...«

»Pst!« zischte es von allen Seiten auf ihn los. »Ruhe! Mund halten! Man kann die herrliche Musik nicht hören!«

Mit gesenktem Kopf zog sich Manfred Toscanini in seinen Bau zurück. Wir anderen lauschten im Zustand völliger Verzauberung dem Titanenwerk jenes größten aller Musikgenies. Zahlreiche Hausbewohner streckten sich behutsam auf ihren Liegestühlen aus und schlossen die Augen, um sich den unsterblichen Klängen besser hingeben zu können. Und ich? Ich sah zum sternenbedeckten Himmel empor, und meine Lippen formten leise und demütig ein einziges Wort: »Beethoven.«

Nur der Jemenite Salah und sein Weib Etroga störten die weihevolle Stille mit ihrem Getuschel.

»Wer ist das?« fragte Etroga.

»Wer ist wer?«

»Dieser Herr... wie heißt er nur... Betovi...«

»Ich weiß nicht.«

»Muß ein wichtiger Mann sein, wenn alle solche Angst vor ihm haben.«

»Ben Gurion«, sagte Salah. »Ben Gurion.«

»Und warum hast du geschrien, wenn du nichts weißt?«

»Alle haben geschrien.«

»Alle dürfen. Du darfst nicht. Deine Verkaufslizenz ist nicht in Ordnung. Hast du vergessen, was deinem Freund Shimuni passiert ist, weil er sein großes Maul zu weit aufgerissen hat?«

Salah schlotterte vor Angst.

»Herrlich!« rief er so laut, daß jeder es hören konnte. »Eine herrliche Musik!«
Uri, der Sohn des Apothekers, den die plötzliche Stille geweckt hatte, kam auf dem Balkon gestürzt und zeterte: »Katzenmusik!«
Er bekam von seinem Papa sofort eine Ohrfeige, was allgemeine Billigung fand. Ein Kind, dem man nicht schon im zarten Alter den nötigen Respekt für die großen Kunstschöpfungen beibringt, kann niemals ein nützliches Mitglied der menschlichen Gesellschaft werden und endet am Galgen.
Der Professor in der Wohnung rechts von uns, der seit dem letzten Streit mit seiner Frau, also seit ungefähr vierzig Jahren, kein Wort mehr mit ihr gesprochen hatte, stand jetzt friedlich neben ihr am Fenster. Beethovens Himmelsmusik hatte die entzweiten Ehepartner wieder vereint.
Im Bestreben, seine Blamage gutzumachen, summte Manfred Toscanini demonstrativ ein paar Takte mit. Aber seine schamlose Unterwürfigkeit ging noch weiter.
»Doktor Birnbaum!« rief er. »Bitte drehen Sie den Apparat noch ein wenig stärker auf! Man kann von hier aus nicht so gut hören... Danke vielmals!«
Die Musik war lauter geworden. Wie eine große, glückliche Familie saßen die Hausbewohner beisammen und lauschten. Wir alle liebten einander.
»Gigantisch, dieses Rondo«, flüsterte der Apotheker, dessen ältester Sohn Harmonika-Unterricht nahm.. »Obwohl ich nicht ganz sicher bin, ob es nicht vielleicht ein Scherzo ist...«
Der Delikatessenhändler äußerte einige verächtliche Worte über gewisse Zeitgenossen, die zwischen einem

Rondo und einem Scherzo nicht unterscheiden können.
Die Gattin des Professors flüsterte mehrmals hintereinander: »A-Dur... A-Dur...«
Salah beugte sich weit aus dem Fenster und legte beide Hände an die Ohren.
Ich schlug verstohlen meinen »Konzertführer« auf und suchte nach der Siebenten von Beethoven. Der »Konzertführer« ist ein handliches Büchlein, das man mühelos vor den Blicken Neugieriger verbergen kann.
»Bekanntlich«, so ließ ich mich vernehmen, »gehört die Symphonie in A-Dur zu Beethovens gewaltigsten Meisterwerken. Die einleitenden Akkorde werden in verschiedenen Variationen wiederholt, ehe sie in das Hauptthema des ersten Satzes übergehen. Moderne Kritiker finden an dieser Exposition etwas auszusetzen...«
Mein Ansehen unter den Hausbewohnern stieg sprunghaft, ich fühlte das ganz deutlich. Bisher, wohl irregeführt durch mein übertrieben bescheidenes Wesen, hatten sie mich nicht richtig eingeschätzt. Um so zündender wirkte jetzt das Feuerwerk meiner profunden Musikalität. Die Gärtnerstochter von gegenüber schickte ihren kleinen Bruder zu mir und ließ fragen, ob ich ihr nicht mein Opernglas leihen könnte.
In einem lendenlahmen Versuch, mir zu widersprechen, sagte der Apotheker:
»Die Exposition ist vollkommen in Ordnung. Auch ein Bartók hätte sie nicht anders aufbauen können.«
Gleich bei seinen ersten Worten hatte ich eilig in meinem »Konzertführer« zu blättern begonnen.

»Vergessen Sie nicht«, hielt ich dem wichtigtuerischen Tölpel jetzt entgegen, »daß der vierte Satz sich zu unwiderstehlicher Rasanz emporschwingt und besonders im Finale alle irdischen Maße sprengt!«
Der ganze Häuserblock lag mir zu Füßen. Beethovens Genius und meine eigene Brillanz flossen zu sphärischer Einheit zusammen. So stellte ich mir das Nirwana vor.
»Auch Bach ist nicht schlecht«, brummte der Apotheker und hoffte damit sein Gesicht zu wahren.
Die Musik kam noch einmal auf das Hauptthema zurück. Bläser und Streicher entfalteten sich in einer letzten, vollen Harmonie, ehe die unsterblichen Klänge endgültig verschwebten.
Ein Seufzer namenlosen Entzückens entrang sich den Lippen der Zuhörer. Augenblicke einer nahezu heiligen Stille folgten. Dann meldete sich der Ansager:
»Sie hörten die Suite ›An den Mauern von Naharia‹ von Jochanan Stockler, gespielt von der Kapelle der Freiwilligen Feuerwehr Petach Tikwah. Im zweiten Teil unseres Abendkonzertes bringen wir klassische Musik auf Schallplatten. Als erstes hören Sie Beethovens Siebente Symphonie in A-Dur.«
Abermals Stille. Unheilschwangere Stille.
Manfred Toscaninis Gestalt wurde im Fensterrahmen sichtbar und schien gespenstisch über sich hinauszuwachsen.
»Katzenmusik!« röhrte er, besessenen Triumph in der Stimme. »Hören Sie mich, Birnbaum, Katzenmusik! - He, Birnbaum! Das nennen Sie Beethoven? Ich nenne es Katzenmusik!«
Die Empörung griff unter den Hausbewohnern um sich wie ein Waldbrand.

»Beethoven!« kreischte die Gattin des Professors und eilte zu einem anderen Fenster. »Was jetzt Birnbaum?« Der Jemenite Salah packte sein Weib am Arm:
»Sie haben uns betrogen!« zischte er. »Wieder einer von ihren schäbigen Tricks!«
»Wenn die Polizei kommt, dann haben wir nichts gesehen«, schärfte ihm seine Gattin ein.
»Ben Gurion«, sagte der Jemenite Salah.

Sollte Dr. Birnbaum in seiner lächerlichen Überheblichkeit einem guten Ratschlag noch zugänglich sein, dann sucht er sich eine andere Wohnung. Bei uns hat er ausgespielt.

Bildhaft gesprochen

Rundfunkgeräte senden aber nicht nur Musik, sondern auch Hörspiele. Auch ich produziere manchmal welche, vor allem als Demonstration gegen den siegestrunkenen Großen Bruder Fernsehen. Aber es ist nicht so einfach, wie es sich anhört.
Wo die Schwierigkeiten liegen?
Ganz einfach: während man auf der Bühne oder im Fernsehen auf den ersten Blick feststellen kann, wo und wie die Handlung abläuft, wer da mitspielt, wie die Leute aussehen und wie alt sie sein sollen, tappt der Hörer bei einer so veralteten Medienart wie dem Hörspiel im Dunkel der Ätherwellen. Wie also kann der Hörer von den äußeren Details in Kenntnis gesetzt werden?
Hier ein Beispiel:
»... und nun senden wir unser Hörspiel ›Endstation Bienenkorb‹« (Musik, lautes Klopfen, noch sind wir in Ungewißheit)
Dröhnende Männerstimme (gehört dem Mann, der klopft): »Mischa, Mischa, darf ich in deine geschmackvoll eingerichtete Dreizimmerwohnung eintreten?«
Leise Männerstimme: »Mischa Armansky würde nie die Türe vor dem Bruder seines Vaters verschließen, selbst wenn es kurz vor Mitternacht wäre.« (Quietschen einer Türe, die geöffnet wird. Wir hören, daß draußen ein Sturm tobt. Dazu einige Donnerschläge, falls jemand den Sturm überhört haben sollte.)
Dröhnende Männerstimme (schließt die Tür mit obliga-

tem Quietschen): »Schrecklich der Sturm da draußen.«
(Diese Zeile hat der Regisseur eingefügt, um auf Nummer Sicher zu gehen.) »Ich bin überzeugt, daß dieser Tag, der 10. November 1934, in die Geschichte der Meteorologie eingehen wird. Fürwahr, ich will nicht Mosche Armansky heißen und Orangenplantagenbewässerer sein, wenn ich in meinen dreiundsechzig Lebensjahren ein solches Wetter erlebt habe.«
Leise Männerstimme: »Auch ich, wenn auch in Tucson, Arizona, geboren, als stämmiger Dreißiger mit meiner sechsjährigen Universitätsausbildung und derzeit Besitzer einer drei Hektar großen Hühnerfarm nahe der syrischen Grenze, wo ich nebenbei Spinat anbaue, kann mich nicht erinnern, je so ein Wetter erlebt zu haben.«
Weibliche Stimme (tritt auf, Türquietschen, Zuschlagen): »Guten Abend, Onkel Moses. Erinnerst du dich nicht an mich? Ich bin Bella, Mischas leichtlebige Gattin, im achten Monat schwanger.«
Dröhnende Männerstimme: »Natürlich erinnere ich mich an dich. Du hast dich überhaupt nicht verändert. Du bist noch immer die kleine, dicke Bella mit den slawischen Gesichtszügen, den blauen Augen, der kecken Nase und dem langem schwarzen Haar. Du siehst sehr hübsch aus in deinem braunen Pullover und dem buntgemusterten Schottenrock. Ich kann nur hoffen, daß du dir dein musikalisches Talent sowie deine Begabung für Fremdsprachen erhalten hast.«
Leise Männerstimme: »Oja, das ist ihr gelungen, obwohl wir schon acht Jahre verheiratet sind und zwei Knaben und drei Mädchen haben, die alle hier in unserem kleinen Dorf Kiriath Epstein, gegründet 1923, zur Schule gehen.«

Dröhnende Männerstimme: »Übrigens, ich trage eine Brille. Ist jetzt alles klar? Gut, dann können wir mit der Handlung beginnen. Aber rasch, wir haben nur mehr 3 Minuten...«

Hit muß man schreiben können

Wir alle kennen die Namen der Koryphäen, die allwöchentlich die Radiohitparade anführen. Aber haben wir auch eine richtige Vorstellung von der unendlichen Mühe und Arbeit, die sie dorthin gebracht hat?
Wir haben keine richtige Vorstellung.
Daher die Kulturkrise.
Sie begann vor einigen Jahren, als der Rundfunksender der israelischen Armee eine Publikumsbefragung veranstaltete, die über den populärsten Schlager der Woche entscheiden sollte. Die Rundfunkhörer wurden aufgefordert, ihren Favoriten auf einer Postkarte namhaft zu machen und diese einzusenden. So einfach war das.
Ein begabter junger Komponist namens Gideon Wiesel wurde daraufhin von einer genialen Inspiration überkommen. Er setzte sich ans Klavier, klappte den Deckel zu und schrieb 23 Postkarten, im Stil ein wenig verschieden, aber jede mit dem Titel seines letzten Schlagers versehen. »Schließlich bin ja auch ich ein Rundfunkhörer«, sagte er sich. »Also habe ich das Recht, an der Abstimmung teilzunehmen.«
Zu seiner maßlosen Enttäuschung erreichte der von ihm sowohl komponierte als auch genannte Schlager nicht den ersten Platz. Der erste Platz ging an die ebenfalls junge und begabte Ruthi Ron, die mit Hilfe ihrer Eltern, ihres Schwagers, des Telefonbuchs und eines untrüglichen musikalischen Instinkts insgesamt 88 Postkarten abgeschickt hatte, mit dem Ergebnis, daß ihre jüngste Platte sich wie warme Semmeln verkaufte.

An diesem Punkt betrat der international bekannte Impresario Emil Jehuda Beltzer die Szene.
»Wir dürfen das Feld nicht länger den Amateuren überlassen«, wandte er sich an seinen Lakai, den Dichter Tola'at Shani. »Es wird Zeit, daß wir Profis ins Hitparade-Geschäft einsteigen.«
Das gesamte Personal der Firma Beltzer, bestehend aus Tola'at Shani, drei Sekretärinnen und dem Laufburschen Tuval, trat in Aktion und legte einen Index aller erreichbaren Rundfunkhörer sowie einen Vorrat von Kugelschreibern, Federn, Tinte, Bleistiften und Farbbändern an. Ein Gremium geschulter Psychologen verfaßte die nötigen Texte, die von Tuval in einer Mischung aus kindlicher Handschrift und eingeborenem Niveau verwertet wurden. Hier ein Muster:
»Ich glaube, das ich daß schöne Lied ›Küß mich, Mummi‹ von Tola'at Shani für daß schönste Lied halte und es gehöhrt auf den ersten und zweiten und driten Platz. Hochachtungsvoll Uzzi Porat, Schüler, Tel Aviv.«
Binnen kurzem erreichte der Stab der Firma Beltzer den imposanten Ausstoß von 135 Postkarten pro Stunde. Tuval bekam eine Gehaltserhöhung, und Tola'at Shani bekam die Goldene Schallplatte, was dem von ihm textierten Schlager eine Verkaufsziffer von mehr als 50000 Exemplaren einbrachte. Der Minister für Unterricht und Volksbildung eröffnete die feierliche Preisverteilung und stellte in seiner Ansprache fest, daß »der einfache Mann auf der Straße durch sein Postkarten-Votum die künstlerisch-folkloristischen Werte unserer heimischen Produktion richtig erkannt und beurteilt hat«.
Tola'at Shani vergoß Tränen des Glücks und umarmte

seinen Partner, den Komponisten Mordechai Schulchan, mehrmals vor mehreren Kameras.
Das Team hielt lange Zeit die Spitze. Seine Hauptrivalen, Gideon Wiesel und der begabte Textdichter Gogo, kamen niemals über 6000 Postkarten hinaus. Zum Teil lag das an ihrer minderwertigen Propagandatechnik, zum Teil an internen Streitigkeiten. Jeder bezichtigte den anderen der Zeitvergeudung und warf ihm vor, Songs statt Postkarten zu schreiben.
Eines Abends attackierten die beiden den berühmten Popsänger Gershon Schulz in einem Café auf der Dizengoffstraße und verlangten von ihm, daß auch er sein Teil zum gemeinsamen Ringen um den Erfolg beitragen solle:
»Du verdienst ja ganz schön an unseren Platten, oder nicht? Da könntest du dich wenigstens mit hundert schäbigen Postkarten wöchentlich beteiligen!«
Schulz berief sich auf seine untaugliche Handschrift und behauptete, daß es ausschließlich Sache der Komponisten und Textdichter sei, Postkarten zu schreiben.
»So? Wer sagt das?« begehrten Wiesel & Gogo zu wissen.
Es stellte sich heraus, daß niemand etwas dergleichen gesagt, festgelegt, stipuliert oder vorgeschrieben hatte. Die Rundfunkstation hatte keine Regeln verlautbart und nirgends angegeben, ob die Abstimmungskarten von Komponisten, Textern oder Sängern kommen sollten.
Die Beendigung dieses anarchischen Zustands schien um so dringlicher geboten, als der Zweite Kanal eine eigene Postkarten-Parade ankündigte, wobei jede Karte aus Registrationsgründen zweifach auszufertigen war. Der Verkauf von Briefmarken und Telefonbüchern stieg sprunghaft.

Als die Namensreserven des Telefonbuchs erschöpft waren, wandte man sich dem reichen Quellenmaterial der Bibel zu. Ein pfiffiger Tonsetzer ging so weit, ein Exemplar von »Archipel Gulag« käuflich zu erwerben und schob sich mit Einsendern wie Sergej Vavilov (Haifa) oder Michail Dimitrewitsch Krapotkin (Ramat-Gan) auf den fünften Platz vor.

Damit nicht genug, nahm eine neugegründete »Top-Pop-GmbH« den Betrieb auf. Ihre Reklameslogans lauteten: »Unser Schall fördert die Platte!« und »Mit Top-Pop zum Pop-Top«. Anstelle der bisherigen zeitraubenden Geschäftsmethoden verwendete die Firma einen hochorganisierten Computer, der jede Adresse auf ihre geographische Authentizität und jeden Text auf seine Glaubhaftigkeit prüfte, ehe die Karten nach Postleitzahlen gestapelt und ihr Versand in praktisch unbegrenztem Umfang aufgenommen wurde. »Erfolg garantiert!« hieß es im Prospekt. »Sondergebühren für Jahresabonnenten, Studenten und Militär.«

Die Rationalisierung des Kunstbetriebs in den Sendeanstalten hatte einen neuen, gewaltigen Schritt nach vorne getan. Fortan blieb es unseren ausübenden Künstlern erspart, ihr Talent und ihren Erfindungsgeist von so altmodischen Arbeitsprozessen wie dem Anfeuchten von Briefmarken behindern zu lassen.

Schallplatten ohne Schall

Einem alten jüdischen Brauchtum folgend, kaufe ich alljährlich eine Langspielplatte. Es ist schön, am feiertäglich zugerichteten Tisch zu sitzen und eine neue Langspielplatte zu hören. Es ist ein kleines Wunder für sich. Und es hält genauso lange vor wie das große: Nach acht Tagen haben wir die Platte satt und begraben sie bei den anderen, die wir satt haben und nie mehr hören wollen.
So muß ich Jahr für Jahr eine neue Platte kaufen, und dazu schickte ich mich auch diesmal wieder an.
Die gewaltige Anzahl der inzwischen auf den Markt geworfenen Produkte ließ mich erbleichen.
»Entschuldigen Sie«, wandte ich mich an eine der Verkäuferinnen, ein anmutiges junges Mädchen, und wies auf einen Plattenumschlag, der unter dem Titel »Gezwitscher aus dem Wienerwald« ein anmutiges junges Mädchen auf einer Waldlichtung zeigte. »Was ist das?« »Das ist eine Orginalaufnahme aus dem Wienerwald«, antwortete das anmutige Mädchen hinter dem Verkaufspult. »Hauptsächlich für Städter, die zu Hause gerne ein wenig Vogelgezwitscher hören möchten. Eine volle Stunde Zirpen und Zwitschern, Stereo. Wollen Sie es haben?«
»Eigentlich nicht«, gab ich zurück. »Mir genügt das Zirpen und Zwitschern meines Töchterchens Renana.«
Eine weitere Durchsicht des aufgehäuften Materials förderte immer unwahrscheinlichere Extreme zutage.

Das Feld der klassischen Musik mit all seinen Langspiel-Opern, Symphonien, Ouvertüren und Oratorien ist ja längst abgegrast, Jazz, Beat und Pop haben ihre Ein-Stunden-Schuldigkeit getan, Chöre, Sängerknaben, Wunderkinder und liturgische Gesänge sind von Tanz- und Turnplatten abgelöst worden. Jetzt hält man bei Bestsellern in Prosa und bei den großen Dramen der Weltliteratur.
»Vielleicht wollen Sie zu Hause den Hamlet spielen?« fragte das anmutige Mädchen. »Wir haben gerade die einstündige Langspielaufnahme der Old-Vic-Produktion hereinbekommen. Eine interessante Novität: Hamlets Text ist ausgespart, so daß ihn der Zuhörer selbst sprechen kann, und die größten englischen Schauspieler antworten ihm auf Stichwort...«
»Vielen Dank«, sagte ich. »Ich suche eine Platte für meine Frau.«
»Leider«, sagte die Anmutige. »Eine Ophelia-Ausführung haben wir nicht.«
Wir gingen durch die weiteren Vorräte und stießen auf »Nixons Rede in Ostberlin«, »Yehudi Menuhin liest das Alte Testament« und »Original-Tonaufnahmen von der Rennbahn in Ascot«.
»Halt – haben Sie vielleicht das Fußballmatch England gegen Ungarn?«
»Bedaure. Ausverkauft.«
Das anmutig Mädchen schlug mir eine Trappistenplatte vor: »Stille im Kloster von Grâce de Dieu«. Ich log ihr vor, daß wir diese Platte schon hätten. Und die Langspielplatte »Die Wiener Sängerknaben knabbern Erdnüsse« war zwar angekündigt, aber noch nicht ausgeliefert.
Das Neue Jahr kam immer näher. Ich mußte eine

Entscheidung treffen und entschied mich für etwas
Politisches:
»Henry Kissinger denkt bei Harfenbegleitung nach.«

Stereo aus siebenter Hand

Allmählich mußten wir einsehen, daß unser alter Stereo-Plattenspieler, den wir für bare 3000 Israelische Shekel gekauft hatten, nicht mehr der beste war. Genauer gesagt: Er war unbrauchbar geworden. Zum Beispiel beschleunigte er um die Mitte jeder Darbietung seine Drehgeschwindigkeit so rasant, daß Schaljapin sich in einen strahlenden Sopran verwandelte und die ausdrücklich als »solemnis« bezeichnete Missa in ein zirpendes Kinderlied. Die Versuche, sein Tempo durch Auflegen eines schweren gläsernen Aschenbechers zu bremsen, erwiesen sich als unfruchtbar. Erfolgreicher waren die Mahnungen der besten Ehefrau von allen, das Wrack zu verkaufen. Ich gab ein Inserat folgenden Wortlauts auf: »Erstklassiger Stereo-Plattenspieler, in hervorragendem Zustand, wie neu, familiärer Umstände halber um 4000,– abzugeben. Einmaliger Gelegenheitskauf!«
Da wir jedoch auf unsere gewohnte musikalische Erbauung nicht verzichten wollten, begannen wir uns vorsorglich nach einem Ersatz für das stillgelegte Gerät umzusehen, wobei uns klar war, daß wir uns nicht etwa an die Verkaufs-Inserate der Tagespresse halten durften, denn diese sind unzuverlässig. Statt dessen bat ich Freunde und Bekannte, ihre Augen offenzuhalten und uns zu benachrichtigen, falls sie etwas Passendes entdeckten.
Alsbald erschien unser Nachbar Felix Seelig mit froher Botschaft: »Ich hab's!« verkündete er jauchzend. »Ein

phantastischer Apparat, höchste Qualität, aus erster Hand. Allerdings nicht ganz billig. Der Besitzer verlangt 4000 Shekel. Überflüssig zu sagen, daß ich selbst mit keinem roten Heller beteiligt bin.«

»Laß es gut sein, Felix«, antwortete ich. »Wer ist der Besitzer?«

Felix ließ es gut sein und gab den Namen des Besitzers mit Uri an, und ich sollte nur ja nicht vergessen, ihm, Uri, zu sagen, daß er, Felix, mich geschickt hatte, vielleicht ginge Uri dann ein wenig mit dem Preis herunter. Außerdem sollte ich unbedingt die Worte »Felix fünf« hinzufügen. Nichts weiter, nur »Felix fünf«. Uri wüßte Bescheid.

Er war, als ich kam, leider nicht zu Hause, aber sein kleiner Bruder versprach mir, ihn zu verständigen. Tatsächlich erschien Uri am nächsten Tag bei mir in der Redaktion, wo er keine langen Umschweife machte: Da ich mit seinem Freund Felix befreundet sei, würde er selbst keinen roten Heller für sich beanspruchen, und der Plattenspieler koste nur 4300 Shekel.«

»Felix fünf«, sagte ich vereinbarungsgemäß. »Felix fünf.«

»Das braucht Sie nicht zu kümmern«, beruhigte mich Uri. »Das macht keinen Unterschied. Es bleibt bei 4800.«

Damit übergab er mir einen verschlossenen Briefumschlag für einen gewissen Friedländer in Jaffa und wünschte mir viel Glück.

Jetzt griff mit blinder Gewalt das Schicksal ein. Die Nagelfeile der besten Ehefrau von allen geriet am Abend zufällig in die Nähe des Briefumschlags, glitt unversehens unter den dürftig gummierten Rand und nötigte mich somit, den Inhalt des Briefs zur Kenntnis

zu nehmen. Es waren nur wenige Zeilen, gerichtet von Uri an Friedländer.
»Überbringer ist ein Freund von Felix. Sucht einen Stereo-Plattenspieler. Felix verlangt 500 Shekel. Ich bekomme 300 und eine Draufgabe für meinen kleinen Bruder, der die Sache vermittelt hat.«
Ich verschloß den irrtümlich geöffneten Brief und trug ihn am folgenden Morgen zu Friedländer nach Jaffa.
»Einem Freund von Uri bin ich immer gern gefällig«, sagte Friedländer. »Der Plattenspieler, den ich für Sie im Auge habe, ist ein wahrer Fund. Ich werde sofort meine Braut anrufen. Ihr Mann kennt den Besitzer.«
Friedländer begab sich ins Nebenzimmer und versperrte die Tür, aber einige Gesprächsfetzen drangen doch an mein Ohr: »Hallo, Liebling... alten Plattenspieler auftreiben... Uri will 400... ich möchte 300 haben... also gut, 200... wir müssen auch Mama beteiligen... und natürlich deinen Mann... alles klar.«
Anschließend gab mir Friedländer die Telefonnummer des Gatten seiner Braut – der, wie sich zeigte, Platzanweiser in einem Kino in Beersheba war – und erklärte mir, daß der Preis des Apparats ein wenig gestiegen sei, Inflation und so, das müßte ich verstehen, und ihm persönlich bringe die Sache keinen roten Heller.
Nachts telefonierte ich mit Beersheba.
»Da Sie mit dem Bräutigam meiner Frau befreundet sind«, sagte der Platzanweiser, »bekommen Sie diesen hervorragenden Plattenspieler um 5700 Shekel.«
Ich nahm einen raschen Überschlag vor: Felix – 500. Uri – 300. Kleinerer Bruder – 100. Friedländer – 200. Mama – 50. Braut – 250. Platzanweiser – 100. Rechnete man den Apparat hinzu, der ja auch etwas kostete, so ergab

sich eine Gesamtsumme von 5500 Shekel, nicht 5700. Auf die Differenz aufmerksam gemacht, führte mein neuer Geschäftspartner die Anwaltskosten seiner Scheidung von Friedländers Braut ins Treffen und meinte, daß für einen fabrikneuen Stereo-Plattenspieler selbst 5700 Shekel ein lächerlich geringer Preis wären.

Meine zurückhaltende Reaktion veranlaßte den Platzanweiser, am nächsten Tag eigens aus Beersheba herüberzukommen, um den Kontakt zwischen mir und dem in Tel Aviv wohnhaften Besitzer des Apparates persönlich herzustellen.

»Der Idiot hat keine Ahnung von den Preisen, die jetzt gezahlt werden«, informierte er mich unterwegs. »Lassen Sie mich unter vier Augen mit ihm reden, und der Fall ist erledigt.«

An dieser Stelle erwachte mein Geschäftssinn. Ich erklärte, daß auch ich eine kleine Beteiligung haben möchte.

»Aber Sie sind doch der Käufer?« wunderte sich der Mann aus Beersheba.

»Macht nichts«, beharrte ich. »Schlagen Sie zum Preis noch 325 Shekel dazu, und die geben Sie mir dann unterm Tisch. Wenn alle beteiligt sind, will auch ich beteiligt sein.«

Wir hatten die angegebene Adresse erreicht. Meine Frau öffnete die Tür und führte uns zu dem Apparat, den wir, vielleicht erinnert man sich noch, loswerden wollten.

»Ein wunderbares Gerät!« flüsterte mir der Platzanweiser zu. »Warten Sie, bis ich mit der Dame gesprochen habe.«

»Sie können auch mit mir sprechen«, sagte ich. »Der Apparat gehört mir.«

»Schön. Was wollen Sie haben?«
»4000 netto.«
Nach einer kurzen Pause, die er für seine Kopfrechnung brauchte, erklärte sich der Platzanweiser einverstanden: »In Ordnung. Mit Freunden handle ich nicht. Ziehen Sie den Preis des Apparats, also 4000 Shekel, von der Gesamtsumme ab, zahlen Sie mir 2025 Shekel, und ich gebe Ihnen Ihre 325 Shekel zurück.«
Das war eine faire Lösung. Außerdem halte ich nichts davon, ein Geschäft scheitern zu lassen, an dem so viele Leute, noch dazu lauter gute Freunde, beteiligt sind. Es gelang mir, noch 25 Shekel für mich herauszuholen. Dann besiegelten wir den Abschluß der Transaktion mit einem Umtrunk.

Soundtrack total

Vor kurzem haben die in Hollywood beheimateten Filmexperten einen höchst aufschlußreichen Test veranstaltet. Sie führten einem sorgfältig ausgewählten Querschnittpublikum eine Szene aus einem romantischen Kostümfilm vor, in der der König von Schottland inne wird, daß das arme, jedoch liebreizende Mädchen, das er soeben aus den Fluten eines reißenden Wildbachs gerettet hat, seine eigene, lang vermißte, von Zigeunern geraubte Tochter ist. Die Zuschauer zeigten sich maßvoll beeindruckt. Das Beben ihrer Nasenflügel erreichte die Stärke 6,5 auf der Emotions-Skala.
Anschließend wurde ihnen die gleiche Szene mit Hintergrundmusik von Tschaikowsky vorgeführt. Ergebnis: lautes Schluchzen seitens der Anwesenden; zwei von ihnen richteten briefliche Heiratsanträge an die Prinzessin, einer emigrierte nach Schottland. Und das alles war das Werk dreier Violinen, zweier Flöten und eines Cellos. Ein komplettes Salonorchester hätte, wie die Experten sofort berechneten, mindestens drei Selbstmordversuche zur Folge gehabt.
Bei Shakespeare heißt es, daß die Musik der Liebe Nahrung ist. Er meinte natürlich die Hintergrundmusik, das geht aus der betreffenden Szene in »Was ihr wollt« eindeutig hervor. Und diese nahrhafte Eigenschaft der Musik bewährt sich auch in anderen Zusammenhängen. Man wußte das schon zur seligen Stummfilmzeit, als der Repräsentant des Guten seinen schur-

kischen Widerpart noch zu Pferd verfolgte und der Klavierspieler ihn unweigerlich mit der »Leichten Kavallerie« von Suppé begleitete (in besseren Kinos spendierte man ihm die Ouvertüre zu Rossinis »Wilhelm Tell«). Auch heute, da das Pferd von den Pferdekräften unter der Kühlerhaube verdrängt wurde, hat sich an diesem Prinzip im Grunde nichts geändert. Die übliche Verfolgungsjagd in den Straßen von San Francisco wäre undenkbar ohne die erregenden Staccati einer Combo-Band, und Leutnant Kojak weiß sehr gut, daß seine Glatze nichts taugt, wenn sie nicht von Klarinetten überrieselt wird. Kein Unterseeboot darf ohne Trompetenklang auftauchen, kein Nelson verzichtet, wenn er Lady Hamilton trifft, auf Untermalung durch Gitarrenklänge...

Genauer besehen gab es das alles sogar vor der Erfindung des Kinos, vom Fernsehen ganz zu schweigen. Die Kirche, weitblickend wie immer, entdeckte als erste die Wechselbeziehung zwischen Musik und höheren Gefühlsaufwallungen – oder warum hätte sie die Orgel samt Johann Sebastian Bach für himmlische Zwecke beschlagnahmt? Wir dürfen weiters auf das alte Brauchtum verweisen, demzufolge Staatsoberhäupter – gekrönt oder nur gewählt, gewählt oder nur gekrönt – ihren Fuß erst dann auf den roten Teppich setzen, wenn sie sich vergewissert haben, daß dazu die markige Marschmusik einer Militärkapelle ertönen wird.

Indessen ist nicht nur Musik, wie schon erwähnt, der Liebe Nahrung, sondern die Nahrung als solche profitiert ihrerseits von der Musik. Die Oberkellner vornehmer Restaurants werden bestätigen, daß der Gast für sich und seine Begleiterin viel kostspieligere Speisen bestellt und daß er der Rechnung viel geringere Aufmerksamkeit zuwendet, wenn im Hintergrund der beliebte Barpianist Charlie »Ich küsse Ihre Hand, Madame« klimpert. Ähnlich günstige Meldungen kommen aus der Industrie. Fabriken, die ihre Arbeiter mit Schallplattenmusik versorgen, werden seltener und kürzer bestreikt. Eine Ausnahme bildet lediglich die Schallplattenindustrie.

Gedanken solcher Art gingen mir durch den Kopf, als ich meiner zuständigen Steuerbehörde auf ihren Wunsch einen Besuch abstattete. Die Behörde amtiert im 14. Stockwerk des Finanzministeriums, und während man mit dem Aufzug zu ihr emporstrebt, säuselt ein unsichtbarer Lautsprecher diskret ergreifende Zionslieder, die von unserer Heimkehr nach Jerusalem und unserer nach Jahrtausenden wiedererrungenen Freiheit singen und sagen. Damit soll auf dem Weg zur Nationalkassa der Patriotismus des kleinen Steuerzahlers geweckt werden. Da ich guten Einfällen immer zugänglich bin, beschloß ich, diese Idee auch für mich nutzbar zu machen. Wenn der Steuerprüfer das nächstemal meine Einkommensteuererklärung für den Zeitraum 1980–1986 einer Kontrolle unterzieht, werde ich taktvoll und unauffällig eine Tonbandkassette auf seinen Schreibtisch praktizieren und ihm das Leitmotiv aus »Dr. Schiwago« vorspielen, das mit den vielen Balalaikas. Er wird, wenn noch ein Funken Menschlichkeit in ihm schlummert, nicht über das Jahr 1982 hinauskommen.

Wirklich, warum sollte dem einzelnen Bürger – den man doch immer wieder auffordert, Privatinitiative zu entfalten – die Verwendung von Hintergrundmusik verwehrt sein? Was dem alten Sam Goldwyn recht

war, ist mir billig, zumal seit es diese wohlfeilen kleinen Kassettenrecorder gibt, die man bequem in der Tasche tragen und überall durch den Zoll schmuggeln kann. Es führe jeder Bürger fortan seine eigene Hintergrundmusik mit sich und gebrauche sie im Umgang mit dem Steuerprüfer, dem Zivilrichter, dem Schuhverkäufer und vor allem im Umgang mit dem weiblichen Geschlecht.
Hier eröffnen sich besonders verheißungsvolle Perspektiven, und hier hat die moderne Jugend einen gewaltigen Vorteil vor dem Junggesellen von einst, der auf den altväterlichen, statischen Plattenspieler angewiesen war. Das Instrument des jungen Mannes von heute ist das Sexophon. Er nimmt seine Tonkassette mit auf die Parkbank, und während er mit der einen Hand dem Geheimnis der Knöpfe auf Ruthis Bluse nachforscht, stellt er mit der anderen Hand etwas Zweckdienliches von Chopin oder Clayderman ein. O glückliche Transistorgeneration! Wäre zu meiner Zeit das Tonband schon erfunden gewesen – ich hätte mindestens viermal geheiratet.
Kein Zweifel: die Zukunft gehört der Hintergrundmusik. Bald werden die Bankräuber, während sie ihre Beute einstreifen, Schalterbeamte und Kunden vermittels schmissiger Operettenpotpourris vor unbedachten Nervositätsausbrüchen bewahren, und die nächste Sammelaktion der »Jewish Agency« wird ungeahnte Summen abwerfen, weil den Spendern beim Ausschreiben des Schecks »A jiddische Mamme« mit Vibrato ins Ohr geträufelt wurde...
Und Sie selbst, lieber Leser: Haben Sie daran gedacht, zur Lektüre dieser kleinen Abhandlung eine passende Hintergrundmusik einzuschalten? Nein? Dann lesen

Sie das Ganze noch einmal zum Klang der neuesten »Rolling Stones«. Und sobald Sie zur Schlußpointe kommen, drehen Sie auf volle Lautstärke. Jetzt! Vielen Dank.

Die vollautomatische Seuche

Als ich noch ein kleiner Junge war, da gab es nichts auf der ganzen Welt, das ich lieber getan hätte als fotografieren. Aber leider hatte ich keine Kamera, denn sie war noch nicht erfunden worden. Oder doch, irgend etwas gab es schon, eine Art von schwarzem Schuhkarton, aus dem man eine Ziehharmonika hervorholen konnte. Gefüttert wurde das Unding nicht mit Film, sondern mit irgendwelchen Glasplatten, die die unangenehme Neigung hatten zu zerbrechen, bevor man noch ein Bild daraus machen konnte.

Der Akt des Fotografierens stellte hohe geistige Anforderungen an den Lichtbildner. Er mußte immer kurz vor dem Knipsen in sprühende Laune ausbrechen:
»Alles herschauen, gleich kommt da ein Vögelchen heraus!«

Aus unerfindlichen Gründen konnte man mit solchen Aussprüchen Menschen zum Lachen bringen. Danach allerdings mußte der Fotograf bis zehn zählen, was zur Folge hatte, daß das Lachen vollkommen einfror.

In dieser eben geschilderten Steinzeit der Lichtbildkunst pflegte man diesen schwarzen Schuhkarton noch nicht Kamera zu nennen, sondern »Box«, wenn er aus Deutschland, und »Kodak«, wenn er aus Amerika kam. Was die Japaner betrifft, so waren sie in jenen goldenen Tagen noch mit dem Fischen von Fischen präokkupiert.

Besagte Japaner fischen noch immer. Nur heutzutage verwenden sie Kameras als Köder, und die Beute sind

wir. Ich selbst wurde vor gar nicht so langer Zeit geangelt, als mein Auge auf ein farbenprächtiges Inserat fiel:
»Ab jetzt können Sie mit geschlossenen Augen knipsen! Endlich ist sie da! Eine vollautomatische Kamera, die für Sie denkt!«
Na also, dachte ich mir. Ich falle nämlich prinzipiell auf alles herein, was automatisch ist, weil ich von Natur aus faul bin. Außerdem hatte ich immer schon eine Abneigung gegen das Denken, denn es macht mich müde. Kurz, ich ging hin und kaufte das kleine Wunderding mit geschlossenen Augen.
Sehr bald entdeckte ich, daß meine neue Kamera einen abnormal hohen Intelligenzquotienten besaß. Sie konnte das Licht messen und die Blende verstellen, sie konnte ebenso perfekt die Entfernung einstellen und den Film weiterspulen, automatisch Motive finden und losknipsen, ohne mich um Erlaubnis zu fragen. Das Ding hatte etliche Mikroprozessoren in seinem Bauch, womit eigentlich alles erklärt wäre, unter anderem auch, warum es mir ständig ein Minderwertigkeitsgefühl vermittelte.
Ich hegte immer noch eine stille Hoffnung, daß mir mein kleiner Alleswisser wenigstens gestatten würde, den Auslöser zu betätigen, wie ich es von meinen alten Modellen gewohnt war. Doch es stellte sich heraus, daß auf meine diesbezüglichen Gelüste keine Rücksicht genommen wurde. Kein Auslöser war zu betätigen, es gab nichts zu knipsen. Meine einzige Aufgabe bestand darin, mit irgendeiner Fingerspitze an einem roten Sensor anzukommen, und mein japanischer Kamerad besorgte den Rest.

★

»Manchmal frage ich mich wirklich, wozu ich noch da bin«, teilte ich der besten Ehefrau von allen mit, während ich von ihr in der Küche einige beiläufige Schnappschüsse machte. »Ich komme mir so blöd vor wie ein werdender Vater während der Geburtswehen seiner Frau.«
»Das bist du auch«, sagt die beste Ehefrau von allen. »Ich habe dir schon einige Male gesagt, daß ich keine Fotos von mir beim Geschirrspülen brauche, und schon gar nicht sechs Dutzend. Also schau, daß du rauskommst.«
Woraus zu entnehmen ist, daß meine Familie nicht bereit ist, meine Fotografierleidenschaft zu teilen. Oder zumindest nicht zehn Stunden pro Tag.
Natürlich leide ich unter dieser Verständnislosigkeit. Man muß doch bitte Rücksicht darauf nehmen, daß ein Mensch eine neue Kamera hat. Er muß doch auch irgend etwas knipsen, oder?
Wir begannen, mein Roboter und ich, am häuslichen Herd. Dann gingen wir auf die Stühle über, Profil und en face. Als nächstes machten wir uns über die Bilder an der Wand her, worauf wir uns auf Franzi, unsere Hündin, stürzten, um schließlich, wie erwähnt, einige Familienserien zu kreieren. Letzteres bedingte einige Gewaltmaßnahmen meinerseits, aber das ist letzten Endes der Preis, den man für demokratische Mitbestimmung zu bezahlen hat.
»Vati«, sagte meine Tochter Renana, während ich sie gerade verewigte, beziehungsweise ihre Beine, da der Rest von ihr anläßlich einer Kopfwäsche im Waschbecken verschwunden war, »ich glaube, daß du einen Vogel hast.«
Vogel oder nicht, darauf konnte ich keine Rücksicht

nehmen. Ich war zu diesem Zeitpunkt unsterblich in meine Kamera verliebt. Ich bewunderte den roten Sensorknopf, das flinke Klicken des automatischen Verschlusses sowie das professionelle Surren des mikroprozessorengesteuerten Motors. Alles an dieser Kamera riß mich zu Begeisterungsstürmen hin. Mit Ausnahme der Ergebnisse. Ich meine die Bilder, beziehungsweise das, was im Labor aus meinen Negativen gemacht wurde.

Die Bilder kamen per Post. Mengen und Unmengen in großen Paketen. Mir verursachten sie Enttäuschung, dem Rest meiner Familie Heiterkeit. Nicht daß es schlechte Bilder gewesen wären. Im Gegenteil, es waren auf ihre vollautomatische Art sogar sehr gute Bilder. Aber, wie soll ich es nur sagen, sie waren irgendwie uninteressant. Die Tische waren einfach Tische, die Stühle waren Stühle, Renana war Renana, und die Hündin war Franzi. Irgend etwas fehlte, das gewisse Etwas, die Aussage.

»Diese Kamera ist technische Zauberei, aber sonst nichts«, entschuldigte ich mich bei meinen Freunden, während ich sie durch die Stadt begleitete, um von ihnen Schnappschüsse zu machen. »Die Bilder, die da herauskommen, sind unheimlich einfallslos. Das Ergebnis ist bestenfalls ein Leonardo da Vinci, aber niemals ein echter Beuys...«

Meine Freunde blickten auf ihre Uhren und sagten mir, daß sie es eilig hätten. Also bat ich sie, noch schnell von mir ein Bild zu knipsen, und zwar mit der Frau Gemahlin. Und dann mit den Kindern. Und mit Franzi. Und jetzt alle zusammen. Dann sagte ich, das wäre wirklich das letzte Bild – Ehrenwort! – nur schnell noch ein Gruppenbild von euch allen da drüben, wo die Sonne

scheint. Und noch ein allerletztes, wo ich auch drauf bin. Wartet, bis ich den Selbstauslöser eingestellt habe...
In diesen Tagen habe ich viele Freunde verloren.

Was die vielen Fotos betrifft, es sind inzwischen etliche tausend geworden, so klebte ich die besten davon, Negative und Vergrößerungen gesondert, in etliche japanische Fotoalben. Selbstverständlich habe ich bei jedem Bild genau notiert, wann und wo es aufgenommen wurde, die Blendenzahl sowie die Belichtungszeit, wozu, weiß ich nicht.
Die nicht so ganz erstklassigen Bilder sandte ich mit freundlichen Grüßen an die Leute, die auf den Bildern zu sehen waren. Seltsamerweise bekam ich nie eine Antwort. Also verschickte ich die erstklassigen Bilder und klebte die nicht so ganz besonders guten in die japanischen Alben, doch ich bekam noch immer keine Antwort. Danach ging ich wieder dazu über, die weniger guten Bilder loszuschicken, aber schon ohne freundliche Grüße. Einige dieser Bilder kamen wieder zurück mit dem Vermerk: »Adressat verweigert Annahme.« Somit gab ich den erniedrigenden Postversand meiner Bilder auf und stopfte sie einfach in meine Taschen, um sie jedem, der mir über den Weg lief, zeigen zu können. Meine Freunde begannen, beim Anblick meiner Person zu erschauern, aber das ist ihr Problem.
Auch die Hündin begann mir aus dem Weg zu gehen. Wann immer Franzi witterte, daß ich ihr mit meinem Roboter nachzustellen beabsichtigte, zog sie den

Schwanz ein und verkroch sich unter dem Bett. Ich mußte sehr hochempfindlichen Film verwenden, um sie dort knipsen zu können.

Die beste Ehefrau von allen hingegen entfernte eines Tages alle ihre Bilder aus meinen Alben und verbrannte sie im Garten. Wenn ich ehrlich sein will, kann ich ihr daraus keinen wirklichen Vorwurf machen. Während die Bilder, die ich von mir selbst schoß, einer Ein-Mann-Verbrecher-Galerie ähnelten, erinnerten die Fotos, die ich von der besten aller Ehefrauen machte, irgendwie an jene kleinen Geschöpfe, die man zu sehen bekommt, wenn man im Garten einen großen Stein aufhebt. Auch die Bilder, die ich von andern Leuten machte, trugen das Stigma der totalen Automation. Es war immer dieselbe steife Pose mit vielen Zähnen, immer dasselbe dumme Lächeln eines Totenschädels mit dem gewissen »Na, mach schon!« im Blick. Zum Berühmtwerden waren sie alle miteinander nicht geeignet, wenn auch einige dieser Bilder einen gewissen Hauch von Surrealismus verrieten. Zum Beispiel jenes, wo der Kopf von Felix Seelig aus dem Körper von Franzi herauszuwachsen schien. Vermutlich war es ein Defekt im Aufziehmechanismus. Es kann aber auch sein, daß die Batterie schon schwach war, oder temporäre Geistesschwäche oder sonst was.

Was Wunder also, daß ich das Sortieren und Einkleben meiner Bilder etwas vernachlässigte. Der endlose Strom von Fotografien war ganz einfach nicht mehr zu bewältigen. Also ging ich zu einem anderen System der Aufbewahrung über. Ich warf die Pakete, so wie sie

der Briefträger brachte, in die Schuhablage bei der Eingangstür, ohne sie überhaupt anzusehen. Sie sehen ohnehin alle gleich aus.
Hin und wieder kommt mir der Gedanke, daß ich wenigstens vorübergehend aufhören sollte, Bilder zu knipsen. Aber meine Kamera ist, wie erinnerlich, eine vollautomatische und pflegt mich nicht zu fragen.
Vorige Woche war die beste Ehefrau von allen einem Wutanfall nahe.
»Genug!« brüllte sie. »Ich dulde es nicht mehr, daß du auch nur ein einziges Bild von mir machst! Wenn ich wissen will, wie ich aussehe, kann ich in den Spiegel blicken...«
Also schoß ich eine Serie von ihr durch den Spiegel. Ferner beschlagnahmte ich zwei weitere Schubfächer im Vorzimmer. Tatsache ist, daß auch ich ein bißchen nervös werde. Es scheint, daß ich nicht mehr dieser ausgeglichene Mensch bin, der ich noch vor vierzig Jahren war. Freitag nacht zum Beispiel erschien mir ein greises Skelett im Traum.
»Ich bin der Tod«, stellte er sich vor. »Ich bin gekommen, um dich mitzunehmen, Ephraim. Hast du irgendeinen letzten Wunsch?«
»Ja, bitte«, sagte ich, »ich möchte Sie fotografieren.«
Er ergriff sogleich die Flucht. Dank meines automatischen Schnellaufzugs ist es mir gelungen, ein halbes Dutzend Bilder von ihm zu schießen. Gestern kamen die Abzüge. Er sieht genauso aus wie jeder andere. Dieselbe steife Pose, dasselbe dumme Lächeln, derselbe Totenschädel. Auch er schien zu denken: Na mach schon!
Danach gab ich es auf.
Vielleicht liegt es daran, daß ich mich für die automati-

sche Fotografie nicht mehr eigne. Demnächst werde ich meine denkende Kamera verkaufen. Und eine neue erwerben. Möglichst mit einem automatischen Sensor, den ich nicht mehr berühren muß. Er berührt mich.

Schnappschütze

Der Leser wird gebeten, sich die Situation vorzustellen: einen heißen Sommertag, eine öffentliche Badeanstalt und mich, der ich mich an der Sonne und an den knapp geschneiderten Bikinis ringsum freue.
Plötzlich steht ein vollständig angekleideter Mensch vor mir, bringt eine Kamera in Anschlag und fragt:
»Aufnahme?«
Im allgemeinen komme ich den Angehörigen freier und insbesondere künstlerischer Berufe freundlich entgegen, nicht nur, weil sie ihr Brot durch harte Arbeit verdienen, sondern weil sie sehr leicht ausfällig werden, wenn man ihre Bestrebungen nicht unterstützt.
Deshalb sagte ich mit aller mir zu Gebote stehenden Milde:
»Nein, danke.«
»Drei Postkarten vier Shekel«, antwortete der Fotograf und ging in Schnappschußposition. »Legen Sie den Arm um Ihre Frau, und Sie bekommen das schönste Familienporträt.«
Durch unmißverständliche Zeichen forderte er die neben mir sitzende Dame auf, ein frohes Lächeln zur Umarmung beizusteuern.
»Einen Augenblick!« rief ich. »Erstens habe ich Ihnen gesagt, daß ich keine Aufnahme haben will, und zweitens ist diese Dame nicht meine Frau. Ich kenne sie gar nicht.«
Die Unbekannte, die mich bereits heftig umschlun-

gen hielt und ebenso heftig in die Kamera grinste, ließ sichtlich gekränkt von mir ab. Nicht so der Fotograf:
»Zwei Bilder matt sechs mal neun kosten nur 3,50, wenn Ihnen das lieber ist. Vielleicht wollen Sie einen Handstand machen?«
»Nein. Und lassen Sie mich endlich in Ruhe.«
»Warum?«
»Was heißt warum? Weil ich nicht fotografiert werden will!«
»Ein Erinnerungsbild zum Einkleben ins Album um lumpige 2,70. Auf Glanzpapier. Acht mal vierzehn. Sie können's auch einrahmen lassen.«
»Ich will nichts einrahmen und ich will nichts einkleben. Ich will, daß Sie mich in Ruhe lassen.«
»Die Badesaison geht zu Ende. Drei Abzüge matt vier mal acht um 2,50.«
»Nein!! Ich bin nicht neugierig auf mich.«
»Das sehe ich ein. Ich mache Ihnen einen Vorschlag, Herr. Sie brauchen jetzt nichts zu zahlen. Sie zahlen erst, wenn die Bilder fertig sind. Zwei matt elf mal fünf.«
»Nein, zum Teufel! Schauen Sie, daß Sie weiterkommen.«
»Schon gut, schon gut. Warum sagen Sie nicht gleich, daß Sie nicht geknipst werden wollen? Ich habe keine Zeit, mit Ihnen zu debattieren.«
Er entfernte sich ungehalten. Ich mietete einen Liegestuhl, streckte mich aus und schloß die Augen. Nach einer kleinen Weile überkam mich jenes unangenehm kribbelnde Gefühl, das sich immer dann einstellt, wenn man mit geschlossenen Augen in einem Liegestuhl liegt und fotografiert werden soll. Infolgedessen

öffnete ich die Augen und sah den Fotografen dicht vor mir, Kamera in Stellung, Finger am Abzug.
»Schon wieder?! Verstehen Sie denn kein – k'k – Hebräisch?«

Das »k'k« rührte nicht etwa von einem plötzlichen Schluckauf her, sondern vom meuchlings betätigten Auslöser der Kamera.

Ich erhob mich und trat auf den Heckenschützen zu:
»Sie wußten doch, daß ich nicht fotografiert werden will. Warum haben Sie es trotzdem getan?«
»Aus künstlerischen Gründen«, antwortete mein Widersacher, während er sein Gerät versorgte. »Es war eine so schöne Abendbeleuchtung und ein so interessanter Schatten auf Ihrem Gesicht.«
»Ist Ihnen klar, daß ich das Bild nicht kaufen werde?«
»Habe ich Sie gebeten, es zu kaufen?«
»Ohne meine Zustimmung hätten Sie mich gar nicht aufnehmen dürfen. Auch aus künstlerischen Gründen nicht.«
»Das können Sie mir nicht verbieten. Künstler dürfen sich in diesem Land frei betätigen. Wir leben in einer Demokratie.«
»Möglich. Aber ich bin kein Modell.«
»Sind Sie aus Polen?«
»Nein.«
»Dann bestellen Sie drei Abzüge, sieben mal dreiundzwanzig, Glanzpapier, fünf Shekel.«
»Nein! Verschonen Sie mich!«
»Dreizehn mal sechs?«
Er zielte – ich ließ mich zu Boden fallen – k'k – der Schnappschuß verfehlte mich – ich sah seine blutunterlaufenen Augen und faßte Mut – rannte zum Bassin – er hinter mir her – ich springe ins Wasser – k'k – er mir

nach – ich tauche – er versucht eine Unterwasseraufnahme – ich entwische ihm – tauche auf – klettere an Land – sause zu meinem Lehnstuhl und bedecke mein Gesicht mit einem Badetuch.
Es ist still.
Aber ich fühle, daß der schnappschußfreudige Gangster wieder vor mir steht.
Unendlich langsam kriecht die Zeit dahin.
Eines ist klar: Wenn das Badetuch verrutscht und auch nur einen Zentimeter meines Gesichts freigibt, schießt er.
Ich beginne zu schnarchen. Vielleicht täuscht ihn das.
Plötzlich fühle ich, daß jemand an meinem Badetuch zieht. Ohne im Schnarchen innezuhalten, wende ich blitzschnell den Kopf und beiße in die fremde Hand.
»Auweh!« Eine dicke Dame schreit vor Schmerz laut auf. »Ich hab geglaubt, Sie sind mein Sami.«
Und noch dazu ein abermaliges K'k.
Ich springe auf und zerschmettere ihm die Kamera. Das heißt: Ich will sie zerschmettern. Aber er muß etwas geahnt haben. Und jetzt bin's *ich*, der *ihn* verfolgt.
»Drei... neun mal zehn... 1,50...« ruft er mir über die Schulter zu.
»Nicht einmal... wenn Sie... bezahlen...«
»Ein Shekel... matt...«, röchelt er im Rennen und streut dabei kleine weiße Kärtchen um sich. »Die Adresse... meines Ateliers... täglich geöffnet... Kinder die Hälfte... auch in Farbe... sechzehn mal einundzwanzig...«
Der verzweifelte Sprung, mit dem ich ihn knapp vor dem Ausgang abzufangen versuche, kommt zu spät.

Er ist draußen. Und ich kann ihm nicht folgen, ohne öffentliches Ärgernis zu erregen.

Gestern ging ich ins Atelier. Warum auch nicht. Ich meine: Warum soll ich nicht ein paar von den Bildern kaufen, vielleicht sind sie ganz gut geworden. Man sagt mir, daß ich sehr fotogen bin, und die beste Ehefrau von allen wird sich bestimmt freuen, wenn sie mich in einer ungezwungenen Pose zu sehen bekommt.
Der Fotograf begrüßte mich wie einen alten Freund, aber er hatte leider kein einziges Foto von mir. Es sei, so erklärte er verlegen, professionelle Gepflogenheit, die ersten Schnappschüsse immer mit einer leeren Kamera zu machen. Der Film wird erst eingelegt, wenn die Kundschaft weichgeklopft und zur Aufnahme bereit ist...
Ich bedauerte seine vergebliche Mühe, er bedauerte meine Enttäuschung. Ich würde eine kleine Geschichte darüber schreiben, tröstete ich ihn zum Abschied. »Wie klein?« fragte er. »Fünf mal acht«, sagte ich. »Matt.«

Fernsehen als Erziehungsanstalt

»Wunder dauern höchstens eine Woche«, heißt es im Buche Genesis. Wie wahr!
Nehmen wir zum Beispiel das Fernsehen: Während der ersten Wochen waren wir völlig in seinem Bann und saßen allnächtlich vor dem neu erworbenen Gerät, bis die letzte Versuchsstation im hintersten Winkel des Vorderen Orients ihr letztes Versuchsprogramm abgeschlossen hatte. So halten wir's noch immer – aber von »gebannt« kann keine Rede mehr sein. Eigentlich benützen wir den Apparat nur deshalb, weil unser Haus auf einem freiliegenden Hügel steht; und das bedeutet guten Empfang von allen Seiten.
Dieser Spielart des technischen Fortschritts ist auch Amir zum Opfer gefallen. Es drückt uns das Herz ab, ihn zu beobachten, wie er fasziniert auf die Mattscheibe starrt, selbst wenn dort eine Stunde lang nichts andres geboten wird als das Inserat »Pause« oder »Israelische Television«. Etwaigen Hinweisen auf sein sinnloses Verhalten begegnet er mit einer ärgerlichen Handbewegung und einem scharfen »Psst!«
Nun ist es für einen Fünfjährigen nicht eben bekömmlich, Tag für Tag bis Mitternacht vor dem Fernsehkasten zu hocken und am nächsten Morgen auf allen Vieren in den Kindergarten zu kriechen. Und die Besorgnisse, die er uns damit verursachte, sind noch ganz gewaltig angewachsen, seit der Sender Zypern seine lehrreiche Serie »Die Abenteuer des Engels« gestartet hat und unsern Sohn mit schöner Regelmäßig-

keit darüber unterrichtet, wie man den perfekten Mord begeht. Amirs Zimmer muß seither hell erleuchtet sein, weil er sonst vor Angst nicht einschlafen kann. Andererseits kann er auch bei heller Beleuchtung nicht einschlafen, aber er schließt wenigstens die Augen – nur um sie sofort wieder aufzureißen, aus Angst, daß gerade jetzt der perfekte Mörder erscheinen könnte.

»Genug!« entschied eines Abends mit ungewöhnlicher Energie die beste Ehefrau von allen. »Es ist acht Uhr. Marsch ins Bett mir dir!«

Der als Befehl getarnte Wunsch des Mutterherzens ging nicht in Erfüllung. Amir, ein Meister der Verzögerungstaktik, erfand eine neue Kombination von störrischem Schweigen und monströsem Gebrüll.

»Will nicht ins Bett!« röhrte er. »Will fernsehen. Will Fernsehen sehen!«

Seine Mutter versuchte ihn zu überzeugen, daß es dafür schon zu spät sei. Umsonst.

»Und du? Und Pappi? Für euch ist es nicht zu spät?«

»Wir sind Erwachsene.«

»Dann geht arbeiten!«

»Geh du zuerst schlafen!«

»Ich geh schlafen, wenn ihr auch schlafen geht.«

Mir schien der Augenblick gekommen, die väterliche Autorität ins Gespräch einzuschalten:

»Vielleicht hast du recht, mein Sohn. Wir werden jetzt alle schlafen gehen.«

Ich stellte den Apparat ab und veranstaltete gemeinsam mit meiner Frau ein demonstratives Gähnen und Räkeln. Dann begaben wir uns selbdritt in unsere Betten. Natürlich hatten wir nicht vergessen, daß Kairo um 20.15 Uhr ein französisches Lustspiel aus-

strahlte. Wir schlichen auf Zehenspitzen ins Fernsehzimmer zurück und stellten den Apparat vorsichtig wieder an.
Wenige Sekunden später warf Amir seinen Schatten auf den Bildschirm:
»Pfui!« kreischte er in nicht ganz unberechtigtem Zorn. »Ihr habt ja gelogen!«
»Pappi lügt nie«, belehrte ihn seine Mutter. »Wir wollten nur nachsehen, ob die Ampexlampe nach links gebündelt ist oder nicht. Und jetzt gehen wir schlafen. Gute Nacht.«
So geschah es. Wir schliefen sofort ein.
»Ephraim«, flüsterte nach wenigen Minuten meine Frau aus dem Schlaf, »ich glaube, wir können hinübergehen...«
»Still«, flüsterte ich ebenso schlaftrunken. »Er kommt.« Aus halb geöffneten Augen hatte ich im Dunkeln die Gestalt unseres Sohnes erspäht, der sich – offenbar zu Kontrollzwecken – an unser Zimmer herantastete.
Er nahm mein vorbildlich einsetzendes Schnarchen mit Befriedigung zur Kenntnis und legte sich wieder ins Bettchen, um sich vor dem perfekten Mörder zu fürchten. Zur Sicherheit ließen wir noch ein paar Minuten verstreichen, ehe wir uns abermals auf den Schleichweg zum Fernsehschirm machten.
»Stell den Ton ab«, flüsterte meine Frau.
Das war ein vortrefflicher Rat. Beim Fernsehen, und daher der Name, kommt es ja darauf an, was man sieht, nicht darauf, was man hört. Und wenn's ein Theaterstück ist, kann man den Text mit ein wenig Mühe von den Lippen der Agierenden ablesen. Allerdings muß dann das Bild so scharf wie möglich heraus-

kommen. Zu diesem Zweck drehte meine Frau den entsprechenden Knopf, genauer: den Knopf, von dem sie glaubte, daß es der entsprechende wäre. Er war es nicht. Wir erkannten das daran, daß im nächsten Augenblick der Ton mit erschreckender Vollkraft losbrach.
Und schon kam Amir herbeigestürzt:
»Lügner! Gemeine Lügner! Schlangen! Schlangenlügner!« Und sein Heulen übertönte den Sender Kairo.
Da unsere Befehlsgewalt für den heutigen Abend rettungslos untergraben war, blieb Amir nicht nur für die ganze Dauer des dreiaktigen Lustspiels bei uns sitzen, sondern genoß auch noch, leise schluchzend, die Darbietungen zweier Bauchtänzerinnen aus Amman.
Am nächsten Tag schlief er im Kindergarten während der Gesangstunde ein. Die Kindergärtnerin empfahl uns telefonisch, ihn sofort in ein Spital zu bringen, denn er sei möglicherweise von einer Tse-Tse-Fliege gebissen worden. Wir begnügten uns jedoch damit, ihn nach Hause zu holen.
»Jetzt gibt's nur noch eins«, seufzte unterwegs meine Frau.
»Nämlich?«
»Den Apparat verkaufen.«
»Verkauft ihn doch, verkauft ihn doch!« meckerte Amir. Wir verkauften ihn natürlich nicht. Wir stellten ihn nur pünktlich um 8 Uhr abends ab, erledigten die vorschriftsmäßige Prozedur des Zähneputzens und fielen vorschriftsmäßig ins Bett. Unter meinem Kopfkissen lag die auf 21.30 eingestellte Weckuhr.
Es klappte. Amir konnte auf seinen zwei Kontrollbesuchen nichts Verdächtiges entdecken, und als der Wekker um 21.30 Uhr sein gedämpftes Klingeln hören ließ,

zogen wir leise und behutsam die vorgesehenen Konsequenzen. Der dumpfe Knall, der unsere Behutsamkeit zuschanden machte, rührte daher, daß meine Frau mit dem Kopf an die Türe gestoßen war. Ich half ihr auf die Beine:
»Was ist los?«
»Er hat uns eingesperrt.«
Ein begabtes Kind, das muß man schon sagen; wenn auch auf andrer Linie begabt als Frank Sinatra, dessen Film vor fünf Minuten in Zypern angelaufen war.
»Warte hier, Liebling. Ich versuch's von außen.«
Durchs offene Fenster sprang ich in den Garten, erkletterte katzenartig den Balkon im ersten Stock, zwängte meine Hand durch das Drahtgitter, öffnete die Türe, stolperte ins Parterre hinunter und befreite meine Frau. Nach knappen zwanzig Minuten saßen wir vor dem Bildschirm. Ohne Ton, aber glücklich.
In Amirs Region herrschte vollkommene, fast schon verdächtige Ruhe.
Auf der Mattscheibe sang Frank Sinatra ein lautloses Lied mit griechischen Untertiteln.
Und plötzlich...
»Achtung, Ephraim!« konnte meine Frau mir gerade noch zuwispern, während sie das Fernsehgerät ins Dunkel tauchen ließ und mit einem Satz hinter die Couch sprang. Ich meinerseits kroch unter den Tisch, von wo ich Amir, mit einem langen Stock bewehrt, durch den Korridor tappen sah. Vor unserem Schlafzimmer blieb er stehen und guckte, schnüffelnd wie ein Bluthund, durchs Schlüsselloch.
»Hallo!« rief er. »Ihr dort drinnen! Hallo! Schlaft ihr?«
Als keine Antwort kam, machte er kehrt, und zwar in Richtung Fernsehzimmer. Das war das Ende. Ich knip-

ste das Licht an und empfing ihn mit lautem Lachen: »Hahaha«, lachte ich, und abermals: »Hahaha! Jetzt bist einmal *du* hereingefallen, Amir, mein Sohn, was?« Die Details sind unwichtig. Seine Fausthiebe taten mir nicht weh, die Kratzer schon etwas mehr. Richtig unangenehm war, daß man in den Nachbarhäusern alles hörte. Dann holte Amir sein Bettzeug aus dem Kinderzimmer und baute es vor dem Fernsehapparat auf.
Irgendwie konnten wir ihn verstehen. Wir hatten ihn tief enttäuscht, wir hatten den Glauben an seine Eltern erschüttert, wir waren die eigentlich Schuldigen. Er nennt uns seither nur »Lügenpappi« und »Schlangenmammi« und zeltet vor dem Bildschirm, bis der Morgen dämmert. In den ersten Nächten sah ich noch ein paarmal nach, ob er ohne uns fernsieht, aber er schlief den Schlaf des halbwegs Gerechten. Wir ließen es dabei. Wir machten erst gar keinen Versuch, ihn zur Übersiedlung in sein Bett zu bewegen. Warum auch? Was tat er denn Übles? Fliegenfangen oder Katzenquälen wäre besser? Wenn er fernsehen will, soll er fernsehen. Morgen verkaufen wir den verdammten Kasten sowieso. Und kaufen einen neuen.

Das Teletaxi

Auf den ersten Blick unterschied sich das Taxi, das ich an der Ecke der Frischmannstraße genommen hatte, durch nichts von den meisten seinesgleichen im Nahen Osten: ein wenig zerbeult, aber noch fahrbar, die Aschenbecher vollgestopft mit Nahrungsresten und Papierschnitzeln, an den Unterteilen der Sitzplätze fragmentarische Überbleibsel von Kaugummi, und auf den Sitzplätzen selbst, dort wo sich die von Zigaretten gebrannten Löcher befanden, ein paar hervorstehende Sprungfedern. Kurzum: ein ganz normales israelisches Taxi. Das einzig Ungewöhnliche war der Fahrer, ein stämmiger Bursche von vermutlich osteuropäischer Herkunft, nach seinem Profil zu urteilen. Ich urteilte nach seinem Profil, weil ich es deutlich sehen konnte. Er hielt es schräg, auch während der Fahrt, und sein Blick war starr nach unten gerichtet. Nach rechts unten. Auch während der Fahrt.
Plötzlich hörte ich einen vertrauten Staccato-Ton, ein kurzes, rhythmisches »tatata-ta-tata«. Es war genau 21 Uhr.
»Was gibt's im Radio?« fragte ich.
»Keine Ahnung«, lautete die Antwort. »Ich hab das Fernsehen an. Simon Templar.«
Ich beugte mich ein wenig vor und sah ihm über die Schulter. Tatsächlich: zu seinen Füßen lag ein kleiner Fernsehapparat, über den gerade »Der Boß und die 40 Räuber« ihren Einzug hielten, tatata-ta-tata. Bild und Ton kamen verhältnismäßig deutlich, nur manchmal

hüpfte der kleine Kasten auf und nieder, denn die Stadtverwaltung von Tel Aviv hatte sich endlich zu den überfälligen Reparaturarbeiten ihrer Hauptverkehrsadern entschlossen.
Als wir die Ben-Jehuda-Straße entlangholperten, streckte der Boß einen intellektuellen Schurken zu Boden und umarmte eine weibliche Gefangene. Aber da nahte in einem Helikopter der dicke Spion.
»Setzen Sie sich schon endlich«, sagte der Fahrer, ohne die Haltung seines Profils zu verändern. »Sie verstellen mir ja die Aussicht auf das Rückfenster.«
Ich ließ mich widerwillig in den Fond fallen:
»Wieso stört Sie das? Sie schauen ja ohnehin die ganze Zeit auf Ihre Füße.«
»Das geht Sie nichts an. Ich kenne meine Fahrbahn, auch ohne sie ständig zu beobachten.«
»Deshalb haben Sie gerade ein rotes Licht überfahren, was?«
»Pst. Sie kommen...«
Meinem neuerlichen Spähversuch begegnete der Wagenlenker auf höchst unfaire Art, indem er den Kasten in einen für mich unzugänglichen Winkel schob. Dabei sehe ich Simon Templar sehr gerne, noch lieber als die Kojak-Serie.
Auf unsicheren Rädern kurvten wir in den Nordau-Boulevard ein. Soviel ich hören konnte, ging auf dem Bildschirm gerade ein wütender Kampf vor sich.
»Setzen!« herrschte das Profil mich an. »Das ist ein Mini-Apparat, nur für den Fahrer.«
Ganz knapp verfehlten wir in diesem Augenblick ein Moped in psychedelischen Farben, aber sichtlich noch ohne Fernsehapparat.
Das Profil beugte sich zum Fenster hinaus. Sein Tonfall

erreichte die Stärke eines mittleren Nebelhorns im Hafen von Haifa:
»Wo brennt's denn, du Idiot? Lern zuerst fahren, du Trottel! Willst du uns alle umbringen?«
Während das Kind auf dem Roller – nach kurzer Einschätzung der Körperkräfte seines Widersachers – eilends das Weite suchte, verschaffte ich mir rasch einen Blick auf den Bildschirm: Simon war gerade dabei, dem dicken Kerl, der den Mikrofilm bei sich trug, mit dem Revolver den Schädel zu spalten, mit der anderen Hand hielt er den Agenten der Gegenseite auf Distanz, und alles das in einem ziemlich rasch dahinschlitternden Taxi.
»Ein miserables Gerät«, beschwerte sich das Profil. »Japanisches Fabrikat, kostet in Amerika 80 Dollar, aber hier verlangen sie 2000 Shekel. Nicht von mir, hehe. Da können sie lange warten. Mein Schwager aus Brooklyn hat's durch den Zoll geschmuggelt.«
Er schüttelte sich vor Lachen, hielt aber jählings inne, weil Simon soeben dem feindlichen Millionär in die Falle zu gehen drohte.
Und weil das rechte Vorderrad auf den Gehsteig aufgefahren war, von wo es mit hartem Krach wieder die Fahrbahn erreichte.
Allmählich verlor ich die Geduld:
»Warum, zum Teufel, fahren Sie nur mit einer Hand?«
»Mit der anderen muß ich den Draht halten, sonst setzt der Empfang aus. Der Mechaniker hat mir gesagt, daß ich eine Art Antenne bin, wenn ich den Draht halte. Er lebt bei meiner Schwester. Schon seit zwei Jahren. Der Mechaniker. Ein feiner Kerl.«
Wir glitten in einer Entfernung von höchstens eineinhalb Millimetern an einem langen, schweren Trans-

portlaster vorbei. Wenn das so weiterging, würde uns Simon noch in einen Unfall verwickeln.

»Das Gesetz«, stieß ich zwischen zwei wilden Sprüngen des Wagens hervor, »das Gesetz verbietet Fernsehapparate in Personenkraftwagen!«

»Das ist eine Lüge. Sie werden in keinem Gesetzbuch eine solche Vorschrift finden. Hingegen ist es streng verboten, mit dem Fahrer zu sprechen.«

»Warten Sie ab, die Polizei wird's Ihnen schon zeigen!«

»Polizei? Wieso Polizei? Simon muß immer alles allein machen. Die Polizei kommt immer erst dann, wenn man sie nicht mehr braucht. Genau wie bei uns. Und dafür werden sie auch noch dekoriert. Erzählen Sie mir nichts von der Polizei, Herr.«

Der Boß mußte in eine entscheidende Auseinandersetzung geraten sein, denn das Profil starrte unbeweglich zu Boden. Wir fuhren im Zickzack.

»Ein harter Junge, unser Simon. Läßt sich auch von den Weibern nicht drankriegen. Schmust mit ihnen herum, aber von Heiraten keine Rede. Hält sich fit, um die Gangster zu erledigen. Und *wie* er sie erledigt! Manche Leute sagen, daß er Glück hat. Aber in diesen Dingen kann man kein Glück haben...«

Doch. Manchmal kann man. Zum Beispiel wir, gerade jetzt. Obwohl der Wagen vor uns in rücksichtslos gleichem Tempo dahinfuhr, stießen wir nicht mit ihm zusammen. Seit der Boß dem Bombenräuber in einem gestohlenen Taxi nachjagte, hatte ich das unangenehme Gefühl, daß wir in eine entgegengesetzte Einbahnstraße eingebogen waren. »He –!«

»Setzen!« brüllte das Profil. »Wie oft wollen Sie mir noch die Aussicht blockieren?«

»Sagen Sie mir wenigstens, was auf dem Bildschirm vorgeht.«
»Verrückt geworden? Was soll ich noch alles machen? Fahren – Draht halten – zuschauen – und erzählen?«
»Achtung!!«
Bremsen kreischten. Dicht voreinander, in der allerletzten Sekunde, kamen mit ohrenbetäubendem Krach das Taxi und ein großer, dunkelroter Tanker zum Stillstand. Simon war wie durch ein Wunder unverletzt geblieben. Das Profil fuhr im Rückwärtsgang bis zur Ecke.
»Genug«, sagte ich. »Mir reicht's. Ich will aussteigen.«
»Acht Shekel siebzig.«
Er nahm das Geld entgegen, ohne mich anzusehen. Geld war ihm gleichgültig. Was ihn interessierte war Simon Templar.
Ich sprang auf die Straße. Es war eine mir völlig unbekannte Gegend.
»Wo bin ich? Das ist doch nicht Ramat Aviv!«
»Sie wollten nach Ramat Aviv? Warum haben Sie das nicht gesagt?«
Und der Fahrer entschwand, ohne mich eines Blicks zu würdigen. Er hielt ihn starr auf seinen japanischen Bildschirm gerichtet. Ein miserables Fabrikat, aber wenn man den Draht in der einen Hand hält, hat man einen leidlich guten Empfang.

Auf Programmsuche

»Guten Tag. Wir kommen im Auftrag des Israelischen Fernsehens und möchten Spielfilme einkaufen.«
»Sie sind am richtigen Ort. Bei uns steht Ihnen eine große Auswahl zur Verfügung: Krimis, Kriegsfilme, Liebesgeschichten, wissenschaftliche Filme, Dokumentationen, Serien und noch vieles andere. Welche Filme bevorzugt das israelische Fernsehpublikum?«
»Nach den Ergebnissen unserer letzten Umfragen vorwiegend Filme zwischen 8 und 9 Uhr abends.«
»Haben wir.«
»Einen Augenblick, meine Herren. Wir müssen Sie darauf aufmerksam machen, daß Israel ein kleines Land und von Feinden umgeben ist. Unser Fernsehbudget ist äußerst beschränkt.«
»Zahlen denn die israelischen Fernseher keine Gebühren?«
»Und ob! Aber das Geld wird in verschiedene Export-Industriezweige investiert. Wieviel, wenn wir fragen dürfen, kosten Ihre Filme?«
»Das hängt vom Herstellungsjahr ab. Nach 1960 produzierte Filme kosten etwa 250 Dollar, zwischen 1950 und 1955 reduziert sich der Preis auf 180 Dollar.«
»Haben Sie etwas aus der Zeit um 1930?«
»Selbstverständlich. Mit Ramon Navarro, Gloria Swanson und der unvergeßlichen Dolores del Rio. Ganz herrvorragend. Wir möchten diese Filme mit schweren französischen Rotweinen vergleichen, deren Bouquet durch langes Lagern immer besser wird. Das bezieht

sich auch auf Filme wie ›Der Satan in der Flasche‹. Stammt aus der Zeit der Prohibition. Aufregende Kämpfe zwischen den amerikanischen Behörden und den Alkoholschmugglern. In der Hauptrolle Béla Lugosi als zynisches Monstrum.«
»Kostet?«
»82 Dollar.«
»Haben Sie nicht einen weniger lokalgebundenen Film?«
»Jawohl. Lionel Barrymore in der ›Schwarzen Maske‹. 65 Dollar.«
»Gibt es einen Rabatt für unterentwickelte Länder?«
»Leider nicht. Aber es gibt eine frühere Version des gleichen Films mit Emil Jannings. Aus dem Jahre 1927. Nur 53 Dollar.«
»Könnte man das nicht umkehren?«
»Was umkehren?«
»35 statt 53.«
»Unmöglich. Wir haben für diesen Film weit höhere Angebote von Sammlern. Fragen Sie Ihre Großmütter, meine Herren. Die älteren unter ihnen werden sich gewiß noch erinnern. Und das israelische Publikum mit seinem bekannt exquisiten Geschmack wird an diesem klassischen Werk bestimmt Gefallen finden.«
»Für uns ist das keine Frage der Klassik, sondern des Budgets. Dürfen wir unseren Finanzdirektor in Jerusalem anrufen?«
»Bitte sehr...«
»Hallo, Berditschewski? Wir haben etwas Passendes gefunden. Einen beinahe neuen historischen Film um 53 Dollar. Jawohl, 53. Vielleicht können wir den Preis auf 52 drücken. Nein, die verstehen hier kein Hebrä-

isch. Ich wiederhole: 53 bis 52. Immerhin ein abendfüllender Film mit allem Zubehör, Regisseur, Schauspielern und so weiter... Entschuldigen Sie, meine Herren: unser Finanzdirektor läßt fragen, ob es eine frühere Version der ›Schwarzen Maske‹ gibt?«
»Doch. Herstellungsjahr 1917. Mit Mary Pickford und Douglas Fairbanks. Ein außergewöhnliches Kunstwerk. Heiße Gefühle, wilde Leidenschaften, heftige Gestikulation, lange Frauenröcke.«
»Haben Sie den Film lagernd?«
»Wir schicken jemanden ins Museum und lassen ihn holen. Dauert nicht länger als eine Stunde.«
»Und kostet?«
»1,50 je 500 Meter.«
»Hallo, Berditschewski? Sie haben eine billigere ›Maske‹, vollkommen schwarz, in bestem Zustand... nein, danach haben wir uns nicht erkundigt... entschuldigen Sie, meine Herren: Herr Berditschewski will wissen, ob es sich um einen Stummfilm handelt?«
»Allerdings. Aber mit sehr klaren Zwischentiteln auf künstlerisch gezeichnetem Hintergrund. Wie geschaffen für den Fernsehschirm. Klavierbegleitung wird auf Tonband beigestellt.«
»Könnten wir vielleicht Harmonikabegleitung haben?«
»Warum nicht? Für das Kaiserliche Äthiopische Fernsehen haben wir unlängst Trommelbegleitung geliefert.«
»Interessant. Aber wir möchten dem klassischen Bildungsinteresse unseres Publikums womöglich noch weiter entgegenkommen. Zum Beispiel mit Rodolfo Valentino.«
»Da hätten wir etwas aus dem Jahre 1903, noch nach der Lumière-Methode gedreht. 45 Minuten. 20 Dollar.«

»Sagen Sie, bitte, meine Herren – hat es im neunzehnten Jahrhundert schon Filme gegeben?«
»Gewiß. Die sogenannten Bioskop-Rollen. Ein galoppierendes Pferd oder eine tanzende Tänzerin. Durchschnittliche Laufzeit 2 bis 3 Minuten.«
»Komplett?«
»Einschließlich Karbidbeleuchtung und Handkurbel 4 Dollar.«
»Einen Augenblick... Herr Berditschewski fragt, ob Ratenzahlungen möglich sind?«
»Darüber läßt sich reden.«
»Gut. Packen Sie's ein.«

Minestrone alla televisione

Man kann sich heute kaum mehr vorstellen, daß vor einigen Jahrzehnten ein Fernsehapparat als Sensation empfunden wurde. Meine erste Begegnung mit dem neuen Wunderkasten fand im Jahre 1968 vor einem kleinen italienischen Restaurant statt. Vor seinem Eingang drängte sich eine dichte Menschenmenge, die mit gereckten Hälsen zu erspähen versuchte, was drinnen vorging. Meine journalistische Neugier ließ sich das nicht zweimal sagen. Ich zwängte mich in das Restaurant.
Der Anblick, der sich mir bot, war einigermaßen enttäuschend. Keine Rauferei, nicht einmal eine erregte Diskussion, nichts. Die Gäste saßen schweigend an den Tischen, streng nach einer Richtung angeordnet, und rührten sich nicht.
Ich wandte mich um Auskunft an eine Kellnerin, die ebenso reglos an der Theke lehnte.
»Beirut«, antwortete sie, ohne ihre Blickrichtung zu ändern. »Es hat gerade begonnen.«
Indem ich ihrem Blick folgte, entdeckte ich in der Ecke des Raumes einen Fernsehapparat, auf dessen Bildschirm soeben die Hölle losgebrochen war. Jetzt erst wurde mir inne, daß die streng ausgerichteten Gäste im Saal – und die wild drängende Menschenmasse draußen – der Fernseh-Übertragung eines Wildwestfilmes beiwohnten.
Der Empfang war klar, die hindustanische Synchronisation laut und deutlich, und wer diese Sprache nicht

beherrschte, konnte sich an die arabischen Untertitel halten. Was die Handlung betraf, so drehte sie sich um ein fülliges Mädchen, das von einem braven Jungen geliebt wurde, jedoch einen reichen Mann liebte. Oder umgekehrt. Jedenfalls sang sie eine Variation auf das mir völlig unbekannte Lied: »Itschi Kakitschi«, worauf die beiden Rivalen in einen Zweikampf gerieten. Ich verspürte Hunger. Schließlich war ich in einem Restaurant. »Wo kann ich mich hinsetzen?« fragte ich eine Kellnerin, diesmal eine andere, die nicht reglos an der Theke, sondern reglos an der Wand lehnte und das Duell verfolgte. Sie würdigte mich keines Blicks.
»Irgendwohin«, zischte sie. »Und stören Sie nicht.«
Ich sah mich um. Es gab tatsächlich ein paar freie Stühle, aber in der verkehrten Richtung.
»Dort, wo frei ist, sehe ich nichts«, gab ich der Kellnerin zu bedenken. »Können Sie mir nicht helfen?«
»Warten Sie, bis die Reklamesendung kommt.«
Als die Reklamesendung kam, kehrte das Leben ringsum wieder in halbwegs normale Bahnen zurück. Die Kellnerin fand einen Sessel für mich und zwängte ihn zwischen zwei andere, so daß ich mittels eines Schuhlöffels tatsächlich Platz nehmen konnte. Meine Sitznachbarn störte das nicht, denn mittlerweile hatte der Film wieder angefangen. Jetzt liebte das dicke Mädchen einen ganz anderen, der sich daraufhin mit ihren beiden früheren Liebhabern in körperliche Auseinandersetzungen verwickelte. »Entschuldigen Sie bitte.« Ich sprach in Richtung meines Nachbarn linker Hand. »Kann man hier etwas zu essen bestellen?«
»Wer sind Sie?« fragte er zurück, während der arme Liebhaber die größte Mühe hatte, den Nachstellungen seines neuen Rivalen zu entgehen.

»Ich bin ein Gast in diesem Lokal und sitze neben Ihnen. Was gibt es hier zu essen?«
»Sind Sie alt oder jung?«
»Jung.«
»Wie sehen Sie aus?«
»Mittelgroß. Edle, scharfgeschnittene Gesichtszüge. Augengläser. Blond.«
Soeben floh der reiche Liebhaber durch ein plötzlich aufgetauchtes Fenster, verfolgt von einem Lied der Molligen.
»Bestellen Sie Minestrone«, riet mir mein Nachbar. Mehr war aus ihm nicht herauszubringen.
Eine Viertelstunde später seufzte er tief auf: »Ich muß gehen. Zu dumm. Der Film dauert sicherlich noch drei Stunden. Zahlen!« Es bedurfte mehrerer in regelmäßigen Intervallen wiederholter Rufe, ehe eine Kellnerin den Weg zu ihm fand, wobei sie sich mit ausgestreckter Hand zwischen Stühlen und Gästen hindurchtastete. Kaum aber hatte sie die Stimmwelle meines Nachbarn angepeilt, als sie mit einer andern Kellnerin zusammenstieß. Niemand kümmerte sich um das Getöse der stürzenden Tassen und der zerbrechenden Teller, denn auf dem Bildschirm bekamen die Leibwächter des reichen Liebhabers gerade den Neuankömmling unter die Fäuste.
»Viereinhalb Shekel.« Die Kellnerin gab meinem Nachbarn das Ergebnis ihrer Kopfrechnung bekannt, worauf er mit bewundernswertem Fingerspitzengefühl die entsprechenden Banknoten aus seinen Taschen hervorholte. Mit einem hastigen »Danke« steckte mir die Kellnerin ein halbes Shekel Wechselgeld in die Hand.
»Ich möchte eine Minestrone«, sagte ich.
»Warten Sie«, sagte die Kellnerin.

Das dicke Mädchen war jetzt im Schloß des reichen Mannes gefangen. Durchs Fenster stieg der dritte Liebhaber ein und sang mit ihr ein Duett. Der nächste Zweikampf konnte nicht mehr lange auf sich warten lassen. »Eine Minestrone, bitte!«
Die Kellnerin tastete mein Gesicht ab, um sich einzuprägen, von wem die Bestellung kam. Dann entfernte sie sich rückwärtsschreitend.
Wenige Minuten später schrie eine Dame in der andern Ecke des Lokals schrill auf, weil die Minestrone, die ihr die Kellnerin in den Busen geschüttet hatte, so heiß war.
»Das ist heute schon das drittemal!« schluchzte sie, wurde aber von ihren Nachbarn heftig zur Ruhe gewiesen. Der arme Liebhaber hatte den reichen an der Gurgel und hielt dem dicken Mädchen die Tür ins Freie frei, nicht ahnend, daß dort ein Dritter auf sie wartete, der sie aber trotzdem nicht bekommen würde, da das Schloß bereits von aufständischer Kavallerie umzingelt war.
Just in diesem Augenblick fühlte ich die Hand der Kellnerin prüfend über mein Gesicht streichen.
»Hier ist Ihre Minestrone, meine Herr«, sagte sie und stellte den Teller auf meine rechte Schulter. Ich roch ganz deutlich, daß es nicht Minestrone war. Mit meinem linken Zeigefinger identifizierte ich den Inhalt des Tellers als gehackte Gansleber. Man sah den Bildschirm zweifellos auch von der Küche aus.
Vorsichtig begann ich zu essen. Der Faustkampf der beiden Liebhaber strebte seinem Höhepunkt zu. Der merkwürdig schale Geschmack, den ich im Mund verspürte, kam vom unteren Ende meiner Krawatte, das ich in der Dunkelheit abgeschnitten hatte.

Als die beiden verliebten Faustkämpfer einander in die Arme fielen, weil sie entdeckt hatten, daß sie Blutsbrüder waren, entschloß ich mich zum Verlassen des Lokals, weil ich sonst nie wieder hinauskäme. Begleitet von einem dritten Lied aus molligem Mädchenmund retirierte ich gegen den Ausgang. Ich mußte ihn unbedingt vor Beginn des nächsten Zweikampfes erreichen. Am Ausgang wartete meiner eine angenehme Überraschung: der Kassier lauschte den Klängen des Liedes so hingerissen, daß er keine Zeit für meine Rechnung hatte und mich unwirsch hinausschob.

Tatort

Es war ein klassischer Verkehrsunfall. Ich habe alles beobachtet. Ein Pkw streifte eine ältliche, mit dem Überqueren der Straße beschäftigte Fußgängerin, geriet ins Schleudern und fuhr auf einen geparkten Lieferwagen auf, tatsächlich auf, ungefähr bis zur Hälfte der Ladefläche. Es war, rein geometrisch betrachtet, ein merkwürdiger Anblick. Der Pkw-Fahrer verharrte auf seinem Sitz, ließ den Kopf aus dem Fenster und die Zunge aus dem Mund hängen und schien sich nicht besonders wohl zu fühlen.

Die Zweiwagenpyramide lockte alsbald eine größere Menschenmenge an, die – wie immer in solchen Fällen – nichts Vernünftiges zu tun wußte. Nur ein junger Mann behielt den Kopf oben und eilte zur nächsten Telefonzelle. Nach einer Minute kam er zurück:

»Ich habe sie verständigt«, berichtete er. »Sie fahren sofort los. Der Kameramann sagt, daß man nichts anrühren soll.«

»Es ist zu spät«, bemerkte ein Zuschauer. »In die Abendnachrichten kommt's nicht mehr. Bevor sie den Film entwickeln und schneiden und was es da sonst noch zu tun gibt – das schaffen sie nie.«

»Doch, sie schaffen es«, widersprach ein anderer.

In aller Augen leuchtete die Fernseh-Gier, in aller Ohren klang schon jetzt die Stimme des Ansagers: »Unser Reporter befragte an der Unfallstelle einige Augenzeugen.« Vielleicht kommt ein ganzes Team mit drei oder vier Kameras. Vielleicht werden die Aufnah-

men für die neue Erziehungsserie des Verkehrsministeriums verwendet: »Die Schrecken der Straße und was man dagegen tun kann.« Dann würden sie mehrmals hintereinander gesendet werden. Dann kommen wir mehrmals hintereinander auf den Bildschirm.
Der Pkw-Fahrer oben auf der Pyramide begann zu stöhnen. Das hat uns gerade noch gefehlt: daß er zu Bewußtsein kommt und die Aufnahme schmeißt!
Auch auf den Polizisten mit seinem ewigen »Bitte zurücktreten!« könnte man verzichten. Hämische Zurufe schwirrten ihm entgegen:
»He, Lieutenant Kojak... Hältst du dich für die Straßen von San Francisco... Du möchtest wohl allein die ganze Show bestreiten, was...«
Jemand schlug vor, den Pkw noch ein wenig höher zu schieben, damit es richtig sensationell aussähe.
»Lassen Sie nur«, sagte ich. »So, wie er jetzt liegt, ist es gut genug.«
Damit stand für die Menge fest, daß ich ein Mann vom Fernsehen wäre. Einige erinnerten sich, mich in der Sendereihe »So ist das Leben« gesehen zu haben und umringten mich aufgeregt.
»Euer Popsong-Programm ist miserabel«, beschwerte sich einer. »Warum engagiert ihr keine italienischen Sänger? Sie sind die besten.«
Die ältliche Dame, die den Unfall verursacht hatte – ihr selbst war weiter nichts geschehen –, fand es unschön von mir, daß der verbilligte Seniorentarif abgeschafft worden sei. Das hätte ich nicht tun dürfen, meinte sie.
Ein Pensionist zupfte mich am Ärmel: Auf seinem Bildschirm erschienen immer wieder diese gewissen Wellenlinien, und ich sollte das endlich reparieren.
Im ganzen schien die Ansammlung mit meiner Regie

des Vorfalls nicht recht zufrieden zu sein, aber niemand sprach es deutlich aus, weil alle ins Bild kommen wollten.
Der Fahrer oben stöhnte schon wieder.
Plötzlich erklang eine freudige Stimme:
»Sie kommen!«
»Keine Spur!« entgegnete die Menge. »Das ist nur die Ambulanz.«
Es war ein schlimmer Augenblick. Was, wenn die Sanitäter den Verletzten abtransportierten? Wo bleiben dann die Aufnahmen?
»Tragen Sie ihn noch nicht weg!« baten die Umstehenden. »Nicht bevor die anderen kommen! Bitte!«
Das Ambulanzteam erkannte die Stichhaltigkeit dieses Ansuchens und übte Zurückhaltung. Nur der Sanitäter, der die Tragbahre bereithielt, warf einen besorgten Blick zu dem eingeklemmten Fahrer hinauf:
»Vielleicht braucht er eine Bluttransfusion oder sonst etwas?«
»Nein, nein«, beruhigte man ihn. »Der nicht. Eben hat er sich wieder bewegt. Und außerdem will er ja ins Bild kommen.«
Ein paar Halbwüchsige kletterten auf Laternenpfähle, um im geeigneten Augenblick in die Kamera grinsen und winken zu können.
»Wasser«, hörte man den Fahrer abermals stöhnen. »Wasser...«
»Du kriegst einen ganzen Eimer voll!« wurde ihm zugerufen. »Aber jetzt halt still!«
Ein Taxi bog um die Ecke, hielt an und entließ einen schläfrigen Gesellen mit einer Kamera, gefolgt von einem Minderjährigen mit einem Mikrofon.
Die Menge verstummte ehrfürchtig. Für die meisten

war es das erste Mal, daß sie der Erfindung Fernsehen sozusagen in Fleisch und Blut begegneten. Ein alter Mann murmelte einen Segensspruch.
»Was ist los?« fragte der Kameramann.
Die beinahe überfahrene Fußgängerin bezog Posten: »Er hat mich beinahe überfahren!« rief sie mit schriller Altweiberstimme. »Beinahe überfahren hat er mich!«
Ein Samurai-Typ in einem japanischen Sporthemd stieß sie beiseite:
»Ich hab's genau gesehen! Diese kleine Wanze kam in rasendem Tempo herangesaust...«
Ringsum ertönten Protestrufe:
»Der Kerl war ja gar nicht dabei... Er ist später gekommen als die Ambulanz... Und jetzt stiehlt er uns die Show... Unerhört...«
Auch ich war angeekelt. Warum haben sie nicht mich gefragt?
»Ich selbst bin ein routinierter Fahrer«, sagte der Samurai gerade in die emsig surrende Kamera. »Fuhr einen Ferrari. Habe an Autorennen teilgenommen. Aber dann hat meine Schwester diesen Verbrecher geheiratet, und da hat mein Vater gesagt: Schluß mit den Autorennen. Na ja, und wie dann die Scheidung kam, war ja vorauszusehen, nicht wahr, da hat's also bei mir mit dem Training Schwierigkeiten gegeben, man wird ja nicht jünger...«
Inzwischen hatte ich mich an die Kamera herangearbeitet und wäre gut ins Bild gekommen, wenn mich die fast Überfahrene nicht weggezerrt hätte.
»Er hat *mich* überfahren!« kreischte sie wütend.
»Mich, nicht Sie!«
Die alte Hexe war mir in der Seele zuwider. Jetzt begann sie sogar zu heulen, nur um die Kamera auf

sich zu ziehen. Ich, der ich bekanntlich in der Sendung »So ist das Leben« mitgewirkt habe, werde schnöde übergangen, weil sich eine uninteressante Vettel ohne die geringste Kameraerfahrung vordrängt. Man sollte gar nicht glauben, wozu Leute imstande sind, um ins Bild zu kommen.

Kurz entschlossen boxte ich die alte Hexe in die Hüfte, schob mich auf den von ihr usurpierten Platz und deutete auf mich:

»Hallo, Kinder!« stieß ich in großer Hast hervor. »Hier ist Papi! Er war dabei!«

Ein Wißbegieriger nahm die Gelegenheit wahr und richtete ausgerechnet an mich die Frage, ob es sich hier um Video oder um Stereo handelt, der Idiot. Das nützte wiederum der Samurai aus, um die Lebensgeschichte seiner Schwester zu beenden. Kein Wunder, daß der Kameramann es vorzog, die Wagenpyramide zu erklimmen und sein Gerät auf den Fahrer zu richten.

Als der Fahrer das sah, öffnete er die blutleeren Lippen und flüsterte:

»Um Himmels willen... nicht das Profil... bitte von vorne...«

Der Inhaber eines nahegelegenen Ladens drängte sich mit einem Glas Wasser durch die Reihen der Gaffer:

»Ich bringe Wasser für den Verunglückten!« rief er mit breitem Lächeln in die Kamera. »Trinken Sie, alter Junge! Es wird Ihnen guttun!«

Jetzt war der große Augenblick des Verunglückten gekommen:

»Soll ich hinunterkriechen?« fragte er den Kameramann. »Geben Sie mir ein Handzeichen, wenn's so weit ist!«

Die Sanitäter mit der Tragbahre traten in Aktion. Beim drittenmal klappte es. Die Show war zu Ende. Erwartungsvoll ging ich nach Hause.

Punkt 21 Uhr versammelte sich die Familie um den Fernsehschirm, um Papi in den Abendnachrichten zu sehen. Der Sprecher vertrödelte kostbare Minuten mit allerlei politischem Firlefanz, aber dann war endlich mein Unfall dran. Achtung jetzt –!

»Wo bist du, Papi?« fragte unsere Jüngste. »Man sieht dich ja gar nicht!«

Tatsächlich. Diese Halunken hatten fast den ganzen Samurai im Bild gelassen, dazu etwas Hexe und die Ambulanz. Mich hatten sie geschnitten. Statt dessen trat irgendein offizieller Phrasendrescher vor die Kamera und sprach über Verkehrssicherheit und dergleichen überflüssiges Zeug.

Die können lange warten, bevor ich wieder an einem ihrer Unfälle mitwirke!

Namen auf Endlosschleife

Auch die fanatischsten Anhänger der amerikanischen Cowboyfilme können nicht behaupten, daß unser junges Fernsehen so fehlerfrei ist, daß aus rein technischer Sicht nicht noch manches vervollständigungsfähig wäre. Hier und dort geschieht es bei Nachrichtensendungen beispielsweise, daß die Lippen bereits in voller Aktion sind, während die Stimme erst mittendrin auf allen vieren angekrochen kommt. Oder daß der Sprecher sagt: »Und nun sehen Sie Aufnahmen aus dem lahmgelegten Ost-Jerusalem«, und er blickt nach Osten, und es erscheint kein Bild. Er ordnet die vor ihm liegenden Papiere, blickt wieder, und es erscheint auch jetzt kein Bild. Leicht lahmgelegt beginnt er mit der folgenden Nachricht, just als ein atemloser Eiffelturm aus Paris eintrifft. Und dann noch jene übernatürliche Erscheinung: Jedesmal, wenn die Kamera einen Menschen aus der Masse einfängt und zoomartig heranholt, hat dieser den Finger in der Nase. Es stellt sich nun die Frage: Wird diese Person gefilmt, weil sie den Finger in der Nase stecken hat, oder merkt sie, daß sie im Brennpunkt des Interesses steht und wird daher sofort aktiv?
Es sei auch bemerkt, daß die Qualität der Aufnahmen gelegentlich recht unterschiedlich ausfällt. So waren zum Beispiel die Aufnahmen vom Mond um einiges schärfer als die aus dem Parlament.
Ebenso macht es nicht das geringste aus, daß unsere Tänzer auf der Mattscheibe immer wie Zwerge à la

Toulouse-Lautrec aussehen, daß das Festival von San Remo versehentlich zum viertenmal ausgestrahlt wird. Nicht einmal, daß das Testbild des Senders Stunden vor und nach den Sendungen auf dem Bildschirm flimmert, um den Empfang aller arabischen Sender der Region zu stören, was menschlich zwar verständlich, von der Sache her jedoch ärgerlich ist.

Wie gesagt schmälern alle diese Vorkommnisse keineswegs die Freude, die unser junges Fernsehen uns und unserer Nachkommenschaft bereitet. Die einzige ernsthaftere Beschwerde richtet sich gegen den nominellen Bereich, der sich auf unseren Bildschirmen immer breiter macht. Es handelt sich hier um den an und für sich legitimen Wunsch des kleinen Mitarbeiters im zeitgenössischen Fernsehen, seinen Namen in möglichst hoher Frequenz ertönen zu hören, ein chronisch gewordenes Symptom, das die Sendungen zu einem täglichen Namensverzeichnis werden läßt.

Wird beispielsweise in den Nachrichten der Filmbericht über einen Zug gezeigt, der aus irgendwelchen Gründen sein Gleis verlassen hat, sagt der Sprecher: »Unser Reporter Dov Mendelevitch war am Ort.« Mit kleiner Verspätung erscheint Dov Mendelevitch mit dem Mikrofon in der Hand, verdeckt den Zug und sagt: »Hier Dov Mendelevitch.« Gleichzeitig erscheinen auf dem Bildschirm Schlag auf Schlag die Buchstaben »Dov Mendelevitch berichtet«, um etwaige Mißverständnisse auszuschließen. Dov Mendelevitch gibt dann zurück in das Studio, wo der Nachrichtensprecher sagt: »Sie sahen die Filmreportage von Dov Mendelevitch«, und wenn im Hintergrund auch noch das Pfeifen der Eisenbahn zu hören war: »Tontechnik: Michael Gutmann-Hirsch. Reiseplanung: Frederike Weiß.«

Die Rundfunk- und Fernsehmitarbeiter mögen mir verzeihen, aber ich habe nie verstanden, weshalb ihre Namen eine solche Bedeutung haben. Wo doch im alltäglichen Leben viele talentierte Menschen ihre Pflicht erfüllen, ohne daß ihre Namen auf Schritt und Tritt erwähnt würden. Sollte demnächst beispielsweise der erste israelische Satellit ins All befördert werden, so werden wir die Namen Hunderter Wissenschaftler, die dies geplant und ausgeführt haben, nie erfahren, nicht einmal den Namen des Verfassers der Nachricht oder des Redakteurs. Der erste, vermutlich auch der einzige Name, den wir erfahren werden, ist der jener Person, der man die Nachricht zum Vorlesen in die Hand gedrückt hat.

Natürlich könnte man behaupten, daß der Verfasser dieser Zeilen Neid verspürt, und es ist auch unwahrscheinlich, daß er frei ist von menschlichen Schwächen. Im Gegenteil, mein innigster Wunsch ist die Einbeziehung in jenen nominellen Bereich. Ich verlange von der Fernsehleitung mit allem Nachdruck die Aufnahme in den Appell als Zuschauer. Die halbe Sendezeit eines jeden Programms ist ohnehin dem Siegeszug der Gestalternamen gewidmet, während hinter den auf- und abflimmernden Buchstaben die Teilnehmer der Sendung die Zeit mit freier Unterhaltung, Kartenspielen oder Gruppengymnastik totschlagen...

Hier ist ein handelsübliches Personenverzeichnis nach einer viertelstündigen Sendung über die Mückenplage:

Idee: Sammy Donner
Gestaltung: Immanuel M. Kasten
Bearbeitung: Henry Weinreb

Redaktion: Danni Strahl
Regie: Arje Lichtmann
Regieassistenz: Mirjam Schwartz-Bonaparte
Ton: Wolf Schweigsam
Mücken: Mussa Dingdas
Schnitt: Baruch Lob
Produktion: Itamar Goldfinger
Abwesend: Pinchas Zitrin
Überwachung: Rabbiner Moshe Gassman
Zuschauer: Ephraim Kishon

Erinnern Sie sich noch an vergangenen Dienstag? Da verschwand plötzlich das Bild, und es waren nur noch tanzende Linien in Zickzack und Meander zu sehen. Seltsamerweise zeichnete *dafür* kein Mensch verantwortlich. Warum kann man nicht eine Schrift einblenden: »Für Bildstörungen zuständig: Menasche Treuherz jr.«?

Werfen wir nun einen Blick auf das armselige Opfer des Fernsehens, das einsam und allein ohne jedes Publikum vor sich hinvegetieren muß – auf das Kino. Während einer Fußballweltmeisterschaft lassen sich in den riesigen Kinosälen die Zuschauer an den Fingern einer Hand abzählen, meistens am kleinen. Kein Wunder also, daß die Moguln der Filmindustrie sich um diesen kleinen Finger hinter den Kulissen der Filmstudios einen monströsen Kampf liefern...

Schon in den grauen Anfangszeiten der Kinematographie galt dieser Erwerbszweig als einer, in dem das Gesetz des Dschungels herrschte. Aber heute, wo wir an der Schwelle zum Zeitalter des alles verzehrenden Kabelfernsehens stehen, wage ich die Behauptung, daß der Dschungel im Vergleich zur Filmwirtschaft ruhig, übersichtlich und recht friedlich ist.

Fernsehen der dritten Art

Eines Abends klingelte es an unserer Tür. Sofort sprang die beste Ehefrau von allen auf, eilte quer durchs Zimmer und auf mich zu und sagte: »Geh aufmachen.«
Vor der Tür standen die Großmanns. Dov und Lucy Großmann, ein nettes Ehepaar mittleren Alters und in Pantoffeln. Da wir einander noch nie direkt begegnet waren, stellten sie sich vor und entschuldigten sich für die Störung zu so später Stunde.
»Wir sind ja Nachbarn«, sagten sie. »Dürfen wir für einen Augenblick eintreten?«
»Bitte sehr.«
Mit erstaunlicher Zielsicherheit steuerten die Großmanns in den Salon, umkreisten den Flügel und hielten vor dem Teewagen inne.
»Siehst du?« wandte sich Lucy triumphierend an ihren Gatten. »Es ist *keine* Nähmaschine.«
»Ja, ja, schon gut.« Dovs Gesicht rötete sich vor Ärger. »Du hast gewonnen. Aber vorgestern war ich im Recht. Sie haben keine Encyclopaedia Britannica.«
»Von Britannica war nie die Rede«, korrigierte ihn Lucy. »Ich sagte nichts weiter, als daß sie eine Enzyklopädie im Haus haben und überhaupt sehr versnobt sind.«
»Schade, daß wir deine geschätzten Äußerungen nicht auf Tonband aufgenommen haben.«
»Ja, wirklich schade.«
Es blieb mir nicht verborgen, daß sich in dieses Gespräch eine gewisse Feindseligkeit einzuschleichen

drohte. Deshalb schlug ich vor, daß wir alle zusammen Platz nehmen und uns aussprechen sollten, wie es sich für erwachsene Menschen geziemt.
Die Großmanns nickten – jeder für sich – zustimmend, Dov entledigte sich seines Regenmantels, und beide setzten sich hin. Dovs Pyjama war graublau gestreift.
»Wir wohnen im Haus gegenüber«, begann Dov und zeigte auf das Haus gegenüber. »Im fünften Stock. Voriges Jahr haben wir eine Reise nach Hongkong gemacht und haben uns dort einen hervorragenden Feldstecher gekauft.«
Ich bestätigte, daß die japanischen Erzeugnisse tatsächlich von höchster Qualität wären.
»Maximale Vergrößerung eins zu zwanzig«, prahlte Lucy und zupfte an ihren Lockenwicklern. »Mit diesem Glas sehen wir jede Kleinigkeit in Ihrer Wohnung. Und Dobby, der sich manchmal gern wie ein störrisches Maultier benimmt, hat gestern steif und fest behauptet, daß der dunkle Gegenstand hinter Ihrem Flügel eine Nähmaschine ist. Er war nicht davon abzubringen, obwohl man auf diesem Gegenstand ganz deutlich eine Blumenvase stehen sah. Seit wann stehen Blumenvasen auf Nähmaschinen? Eben. Aber Dobby wollte das nicht einsehen. Auch heute noch haben wir den ganzen Tag darüber gestritten. Schließlich sagte ich zu Dobby: ›Weißt du was? Wir gehen zu denen hinüber, um nachzuschauen, wer recht hat.‹ Und hier sind wir.«
»Sie haben richtig gehandelt«, lobte ich. »Sonst hätte der Streit ja nie ein Ende genommen. Noch etwas?«
»Nur die Vorhänge«, seufzte Dov.
»Was ist's mit den Vorhängen und warum seufzen Sie?« fragte ich.

»Weil, wenn Sie die Vorhänge vor Ihrem Schlafzimmer zuziehen, können wir gerade noch Ihre Füße sehen.«
»Das ist allerdings bitter.«
»Nicht daß ich mich beklagen wollte!« lenkte Dov ein. »Sie brauchen auf uns keine Rücksicht zu nehmen. Es ist ja Ihr Haus.«
Die Atmosphäre wurde zusehends herzlicher. Meine Frau servierte Tee und Salzgebäck.
Dov fingerte am Unterteil seiner Armlehne: »Was mich kolossal interessieren würde...«
»Ja? Was?«
»Ob hier noch der Kaugummi pickt. Er war rot, wenn ich nicht irre.«
»Blödsinn«, widersprach Lucy. »Er war gelb.«
»Rot!«
Die Feindseligkeiten flammten wieder auf. Können denn zwei zivilisierte Menschen keine fünf Minuten miteinander sprechen, ohne zu streiten? Als ob es auf solche Lappalien ankäme! Zufällig war der Kaugummi grün, ich wußte es ganz genau.
»Einer Ihrer Nachtmahlgäste hat ihn vorige Woche hingeklebt«, erläuterte Dov. »Ein hochgewachsener, gutgekleideter Mann. Während Ihre Frau in die Küche ging, nahm er den Kaugummi aus dem Mund, blickte sich um, ob ihn jemand beobachtete, und dann – wie gesagt.«
»Köstlich«, kicherte meine Frau. »Was Sie alles sehen!«
»Da wir kein Fernsehgerät besitzen, müssen wir uns auf andere Weise Unterhaltung verschaffen. Sie haben doch nichts dagegen?«
»Keine Spur.«
»Aber Sie sollten besser auf den Fensterputzer aufpassen, der einmal in der Woche zu Ihnen kommt. Auf

den im grauen Arbeitskittel. Er geht dann immer in Ihr Badezimmer und benützt Ihr Deodorant.«
»Wirklich? Sie können sogar in unser Badezimmer sehen?«
»Nicht sehr gut. Wir sehen höchstens, wer unter der Dusche steht.«
Die nächste Warnung bezog sich auf unseren Babysitter.
»Sobald Ihr Kleiner einschläft«, eröffnete uns Lucy, zieht sich das Mädchen in Ihr Schlafzimmer zurück. Mit ihrem Liebhaber. Einem Studenten. Mit randloser Brille.«
»Wie ist denn die Aussicht ins Schlafzimmer?«
»Nicht schlecht. Nur die Vorhänge stören, das sagte ich Ihnen ja schon. Außerdem mißfällt mir das Blumenmuster.«
»Ist wenigstens die Beleuchtung ausreichend?«
»Wenn ich die Wahrheit sagen soll: nein. Manchmal sind überhaupt nur schattenhafte Konturen zu sehen. Fotografieren kann man so etwas nicht.«
»Die Beleuchtungskörper in unserem Schlafzimmer«, entschuldigte ich mich, »sind eigentlich mehr fürs Lesen gedacht. Wir lesen sehr viel im Bett, meine Frau und ich.«
»Ich weiß, ich weiß. Aber manchmal kann einen das schon ärgern, glauben Sie mir.«
»Dov!« warf Lucy vorwurfsvoll dazwischen. »Mußt du denn auf die Leute immer gleich losgehen?«
Und wie zum Trost gab sie uns bekannt, was sie am liebsten sah: Wenn meine Frau zum Gutenachtsagen ins Kinderzimmer ging und unser Allerjüngstes auf den Popo küßte.
»Es ist eine wirkliche Freude, das mitanzusehen!« Lu-

cys Stimme klang ganz begeistert. »Vorigen Sonntag hatten wir ein kanadisches Ehepaar zu Besuch, beide sind Innenarchitekten, und beide erklärten unabhängig voneinander, daß ihnen ein so rührender Anblick noch nie untergekommen sei. Sie versprachen, uns ein richtiges Teleskop zu schicken, eins zu vierzig, das neueste Modell. Übrigens hat Dov schon daran gedacht, an Ihrem Schlafzimmer eines dieser japanischen Mikrofone anzubringen, die angeblich bis auf zwei Kilometer Entfernung funktionieren. Aber ich möchte lieber warten, bis wir uns etwas wirklich Erstklassiges leisten können, aus Amerika.«

»Wie recht Sie doch haben. Bei solchen Sachen soll man nicht sparen.«

Dobby stand auf und säuberte seinen Pyjama von den Bröseln der belegten Brötchen, mit denen meine Frau ihn mittlerweile bewirtet hatte.

»Wir freuen uns wirklich, daß wir Sie endlich von Angesicht zu Angesicht kennengelernt haben« sagte er herzlich. Hierauf versetzte er mir einen scherzhaften Rippenstoß und flüsterte mir zu: »Achten Sie auf Ihr Gewicht, alter Knabe! Man sieht Ihren Bauch bis ins gegenüberliegende Haus.«

»Ich danke Ihnen, daß Sie mich darauf aufmerksam machen«, erwiderte ich ein wenig beschämt.

»Nichts zu danken. Wenn man einem Nachbarn helfen kann, dann soll man es tun, finden Sie nicht auch?«

»Natürlich.«

»Und finden Sie nicht, daß das Blumenmuster auf Ihren Vorhängen –«

»Sie haben vollkommen recht.«

Wir baten die Großmanns, recht bald wiederzukommen. Ein wenig später sahen wir im fünften Stock des

gegenüberliegendes Hauses das Licht angehen. Im Fensterrahmen wurde Dobbys schlanke Gestalt sichtbar. Als er den Feldstecher aus Hongkong ansetzte, winkten wir ihm. Er winkte zurück.
Kein Zweifel: wir hatten neue Freunde gewonnen.

A Star is born

Bevor die große Wende in meinem Leben eintrat, war es in farblose Anonymität gehüllt. Nur äußerst selten glückte es mir, eine Art öffentlicher Anerkennung zu erringen – zum Beispiel, als die von mir verfaßte »Hebräische Enzyklopädie« (24 Bände) in der Rubrik »Büchereinlauf« einer vielgelesenen Frauenzeitschrift besondere Erwähnung fand: »E. Kish. Hebr. Enz. 24 Bd.« Ferner entsinne ich mich, während einer meiner Sommerurlaube den Kilimandscharo bezwungen zu haben, und wenn der Reuter-Korrespondent damals nicht die Grippe bekommen hätte, wäre ich bestimmt in den Rundfunknachrichten erwähnt worden. Ein paar Jahre später komponierte ich Beethovens 10. Symphonie und bekam eine nicht ungünstige Kritik in der »Bastel-Ecke« einer jiddischen Wochenzeitung. Ein anderer Höhepunkt meines Lebens ergab sich, als ich ein Heilmittel gegen den Krebs entdeckte und daraufhin vom Gesundheitsminister empfangen wurde; er unterhielt sich mit mir volle sieben Minuten, bis zum Eintreffen der Delegation aus Uruguay. Sonst noch etwas? Richtig, nach Erscheinen meiner »Kurzgefaßten Geschichte des jüdischen Volkes von Abraham bis heute« wurde ich vom Nachtstudio des Staatlichen Rundfunks interviewt. Aber für den Mann auf der Straße blieb ich ein Niemand.
Und dann, wie gesagt, kam die große Wende.

Sie kam aus blauem Himmel und auf offener Straße.

Ein Kind trat auf mich zu, hielt mir ein Mikrofon vor den Mund und fragte mich nach meiner Meinung über die Lage. Ich antwortete:
»Kein Anlaß zur Besorgnis.«
Dann ging ich nach Hause und dachte nicht weiter daran. Als ich mit der besten Ehefrau von allen beim Abendessen saß, ertönte plötzlich aus dem Nebenzimmer – wo unsere Kinder vor dem Fernsehschirm hockten und sich auf dem Fußboden verköstigten – ein markerschütternder Schrei. Gleich darauf erschien der Knabe Amir in der Tür, zitternd vor Aufregung.
»Papi!« stieß er hervor. »Im Fernsehen... Papi... du warst im Fernsehen...!«
Er begann unartikuliert zu jauchzen, erlitt einen Hustenanfall und brachte kein Wort hervor. Der Arzt, den wir sofort herbeiriefen, wartete gar nicht erst, bis er ins Zimmer trat. Schon auf der Stiege brüllte er:
»Ich hab Sie gesehen! Ich hab Sie gehört, was Sie im Fernsehen gesagt haben! Kein Anlaß zur Besorgnis!«
Jetzt erinnerte ich mich, daß neben dem Mikrofonkind noch ein anderes mit einem andern Gegenstand in der Hand postiert gewesen war und daß irgend etwas leise gesurrt hatte, während ich mich zur Lage äußerte.
In diesem Augenblick ging das Telefon.
»Ich danke Ihnen«, sagte eine zittrige Frauenstimme. »Ich lebe seit sechzig Jahren in Jerusalem und danke Ihnen im Namen der Menschheit.«
Die ersten Blumen trafen ein. Der Sprecher des Parlaments hatte ihnen ein Kärtchen beigelegt: »Ihr unverzagter Optimismus bewegt mich tief. Ich wünsche Ihren Unternehmungen viel Erfolg und bitte um zwei Fotos mit Ihrem Namenszug.«
Immer mehr Nachbarn kamen, stellten sich längs der

Wände auf und betrachteten mich ehrfurchtsvoll. Ein paar Wagemutige traten näher an mich heran, berührten den Saum meines Gewandes und wandten sich rasch ab, um ihrer Gefühlsaufwallung Herr zu werden. Es waren glorreiche Tage, es war eine wunderbare Zeit, es war die Erfüllung lang verschollener Jugendträume. Auf der Straße blieben die Menschen stehen und raunten hinter meinem Rücken:
»Da geht er... Ja, das ist er... Kein Anlaß zur Besorgnis... Er hat es im Fernsehen gesagt...«
Die Verkäuferin eines Zigarettenladens riß bei meinem Eintritt den Mund auf, japste nach Luft und fiel in Ohnmacht. Damen meiner Bekanntschaft, die mich bisher nie beachtet hatten, warfen mir verräterisch funkelnde Blicke zu. Und Blumen, Blumen, Blumen...
Auch im Verhalten der besten Ehefrau von allen änderte sich etwas, und zwar zu meinen Gunsten. Eines Nachts erwachte ich mit dem unbestimmten Gefühl, daß mich jemand ansah. Es war meine Ehefrau. Das Mondlicht flutete durchs Zimmer, sie hatte sich auf den Ellbogen gestützt und sah mich an, als sähe sie mich zum erstenmal im Leben.
»Ephraim«, säuselte sie. »Im Profil erinnerst du mich an Prince.«
Sogar an mir selbst nahm ich Veränderungen wahr. Mein Schritt wurde elastischer, mein Körper spannte sich, meine Mutter behauptete, ich wäre um mindestens drei Zentimeter gewachsen. Wenn ich an einem Gespräch teilnahm, begann ich meistens mit den Worten: »Gestatten Sie einem Menschen, der sich auch schon im Fernsehen geäußert hat, seine Meinung zu sagen...«

Nach all den Fehlschlägen der vergangenen Jahre, nach all den vergeblichen Bemühungen, mit Enzyklopädien und Symphonien und derlei läppischem Zeug etwas zu erreichen, schmeckte ich endlich das süße Labsal des Ruhms. Nach konservativen Schätzungen hatten mich am Dienstag sämtliche Einwohner des Landes auf dem Bildschirm gesehen, mit Ausnahme eines gewissen Jehuda Grünspan, der sich damit entschuldigte, daß gerade bei meinem Auftritt eine Röhre seines Apparats zu Bruch gegangen sei. Aus purer Gefälligkeit habe ich das Interview für ihn brieflich rekonstruiert.

Aller Voraussicht nach wird unsere Straße in »Interview-Straße« umbenannt werden, vielleicht auch in »Boulevard des kleinen Anlasses«. Ich habe jedenfalls neue Visitenkarten in Auftrag gegeben:

> EPHRAIM KISHON
> Schöpfer des Fernsehkommentars
> »Kein Anlaß zur Besorgnis«

Manchmal, an langen Abenden, fächere ich diese Karten vor mir auf und betrachte sie. Etwas Tröstliches geht von ihnen aus, und ich kann Trost gebrauchen. Die undankbare Menge beginnt mich zu vergessen. Immer öfter geschieht es, daß Leute auf der Straße glatt an mir vorbeisehen oder durch mich hindurch, als ob ich ein ganz gewöhnlicher Mensch wäre, der noch nie im Fernsehen aufgetreten ist. Ich habe in Jerusalem nachgefragt, ob eine Wiederholung der Sendung geplant ist, um das Erinnerungsvermögen des Publikums ein wenig aufzufrischen. Die Antwort war negativ.

Ich treibe mich auf der Straße herum und halte Ausschau nach Kindern mit Mikrofonen oder surrenden Gegenständen in der Hand. Entweder sind keine da, oder sie fragen mich nicht. Unlängst saß ich in der Oper. Kurz vor dem Aufgehen des Vorhangs kam ein Kameraträger direkt auf mich zu – und richtete im letzten Augenblick den Apparat auf meinen Nebenmann, der in der Nase bohrte. Auch ich begann zu bohren, aber es half nichts.

Vor ein paar Tagen benachrichtigte man mich, daß ich für meine jüngste Novelle den Bialik-Preis gewonnen hätte. Ich eilte in die Sendezentrale und erkundigte mich, ob das Fernsehen zur Preisverteilung käme. Da man mir keine Garantie geben konnte, sagte ich meine Teilnahme ab. Beim Verlassen des Gebäudes hat mir eine Raumpflegerin der Aufnahmehalle B versprochen, mich unter die Komparsen der Sendereihe »Mensch ärgere dich nicht!« einzuschmuggeln. Ich fasse neuen Mut.

GESCHICHTEN VON DEN 3 SCHRAUBEN

Zwei Schrauben im Dreiviertelakt

In Israel gibt es eine Produktionshemmung, die sich – rein technologisch – wie folgt formulieren ließe:
»Der israelische Handwerker ist physisch und geistig außerstande, auf dem lokalen Produktionssektor, etwa im Baugewerbe, jene Anzahl von Schrauben anzubringen, die mit der Anzahl der Löcher übereinstimmt, welche zur Anbringung von Schrauben vorgesehen sind.«
Mit anderen, weniger anspruchsvollen Worten:
Seit Bestehen des Staates Israel hat noch kein israelischer Handwerker jemals die jeweils vorgeschriebene Anzahl von Schrauben eingeschraubt. Sondern statt dreier Schrauben nimmt er zwei oder vielleicht nur eine. Warum?
Internationale Fachleute erblicken die Ursache dieses Verhaltens in einem übersteigerten Selbstbewußtsein des organisierten israelischen Arbeiters, der davon durchdrungen ist, daß zwei jüdische Schrauben so gut sind wie drei nichtjüdische. Die Tiefseelenforscher, besonders die Anhänger Jungs und seiner Archetypen-Theorie, führen das Zwei-Schrauben-Mysterium auf den »Ewigen Juden« zurück, das heißt auf die tiefe Skepsis unserer stets verfolgten, immer wieder zur Wanderschaft gezwungenen Vorväter, die nicht an die Dauerhaftigkeit materieller Güter glauben konnten.
Sei dem wie immer – die fehlende Schraube ist meistens die mittlere. Das Muster sieht ungefähr so aus:

● ○ ●

Es tritt am häufigsten bei hebräischen Türangeln auf, und zwar sowohl bei Zimmer- wie bei Schranktüren. Man kann ihm eine gewisse Symmetrie und dekorative Balance nicht absprechen. Demgegenüber zeugt seine rechte Abweichung entschieden von seelischer Unausgeglichenheit:

● ● ○

Dieses Arrangement erfreut sich unter Radioapparaten, Plattenspielern und an der Wand zu befestigenden Küchengerätschaften größter Verbreitung.
Eine dritte Form wird geradezu kultisch von der jungen israelischen Kraftwagenindustrie gepflegt, und zwar an den mit freiem Auge nicht sichtbaren Bestandteilen des Motors, wo ihre Anwendung nur dem geübten Ohr durch das rhythmische Klappern freigewordener Metallplatten erkennbar wird, meistens auf einsamen Landstraßen. Man bezeichnet diese Form als »Mono-Schraubismus«:

○ ○ ●

Gründliche, mit staatlicher Unterstützung durchgeführte Nachforschungen haben keinen einzigen Fall von drei Schraubenlöchern ergeben, die mit allen drei dazugehörigen Schrauben ausgestattet gewesen wären. Vor kurzem wurde in einer Waffenfabrik im oberen Galiläa ein feindlicher Spion entdeckt, der sich dadurch verraten hatte, daß er alle Schraubenlöcher mit Schrauben versah.
Ich für meine Person habe in einer Tischlerei in Jaffa ein aufschlußreiches Experiment durchgeführt. Ich beob-

achtete den Besitzer, einen gewissen Kadmon, bei der Herstellung eines von mir bestellten Hängeregals und bei der Anbringung zweier Schrauben an Stelle der vorgesehenen drei.
»Warum nehmen Sie keine dritte Schraube?« fragte ich.
»Weil das überflüssig ist«, antwortete Kadmon. »Zwei tun's auch.«
»Wozu sind dann drei Schraubenlöcher da?«
»Wollen Sie ein Regal haben, oder wollen Sie mit mir plaudern? fragte Kadmon zurück.
Unter der Einwirkung meiner Überredungskünste erklärte er sich schließlich bereit, eine dritte Schraube zu nehmen, und machte sich fluchend an die Arbeit.
Irgendwie mußte sich die Kunde davon verbreitet haben, denn aus der Nachbarschaft strömten alsbald viele Leute (darunter auch einige Tischler) herbei, um dem einmaligen Schauspiel beizuwohnen.
Sie alle gaben der Meinung Ausdruck, daß bei mir eine Schraube locker sei.

Der Blaumilch-Kanal

Kasimir Blaumilch war ein fünfundvierzigjähriger, stellungsloser Okarinaspieler und befand sich in der Einzelzelle Nr. 7 in der staatlichen Nervenheilanstalt. Er hatte gerade einen Tobsuchtsanfall erlitten, weil ihm der Schuhlöffel, mit dem er sich einen Schacht in die Freiheit graben wollte, vom Wärter beschlagnahmt worden war. Blaumilch galt als hoffnungsloser Fall. Seine geistige Umnachtung hatte vor ungefähr Jahresfrist eingesetzt, als ihm die israelischen Behörden mit der Begründung, daß er geistesgestört sei, das Ausreisevisum verweigerten. Seit damals versuchte der völlig zerrüttete Mann immer wieder, unterirdische Gänge zum Meer zu graben.

Nach seinem vom Verlust des Schuhlöffels ausgelösten Tobsuchtsanfall beruhigte sich Blaumilch allmählich, wartete das Dunkel der Nacht ab, öffnete seine Zellentür und entwich. Er erreichte noch ganz knapp den Autobus nach Tel Aviv und begab sich dortselbst schnurstracks zum Solel-Boneh-Warenhaus, in das er unbemerkt hineinschlüpfte.

Das geschah am Mittwoch.

Donnerstag kam der Verkehr an der Kreuzung Allenby Road und Rothschildboulevard in aller Frühe zum Stillstand. Noch im Morgendämmer war in der Mitte der Straße ein Zelt errichtet worden, und vier verrostete, in weitem Quadrat aufgestellte Öltrommeln zeigten an, daß Straßenarbeiten im Gang waren. Um 6 Uhr erschien ein Straßenarbeiter mittleren Alters, der einen

fabrikneuen pneumatischen Drillbohrer hinter sich herschleppte. Um 6.30 Uhr zog er mit diesem Bohrer zwei fußtiefe, einander überschneidende Gräben durch das Pflaster, und zwar dergestalt, daß sie die vier Ecken der Straßenkreuzung durch ein »X« miteinander verbanden. Um 7 Uhr ging er zum Frühstück.
Um 10 Uhr war das Chaos nicht mehr zu überbieten. Die Ketten der wild hupenden Autos reichten bis in die Außenbezirke Tel Avivs. Berittene Polizisten, nach allen Seiten Befehle brüllend, sprengten umher, aber auch sie wurden vom höllisch siedenden Durcheinander verschlungen.
Zu Mittag erschien der Polizeimeister, beauftragte die zweiundzwanzig höchstrangigen unter den anwesenden Polizeioffizieren, um jeden Preis die Ordnung wiederherzustellen, und machte sich zornbebend auf den Weg zum Rathaus – selbstverständlich zu Fuß, denn es verkehrten längst keine Autobusse mehr.
Alle verfügbaren Ambulanzen und Löschwagen der städtischen Feuerwehr wurden zum Einsatz beordert und versuchten gemeinsam einen Durchbruch. Der Versuch scheiterte.
Ein einziger behielt in diesem ganzen unbeschreiblichen Durcheinander den Kopf oben: der Mann, der die Straßenarbeiten durchführte. »Tatatata« machte der Drillbohrer in Kasimir Blaumilchs starken Händen, während er sich langsam, aber sicher die Allenby Road entlanggrub, in der Richtung zum Meer.
Der Polizeiminister traf den Leiter der städtischen Straßenbauabteilung, Dr. Kwibischew, nicht in seinen Amtsräumen an. Dr. Kwibischew war nach Jerusalem gefahren, und sein Vertreter zeigte sich nur mangelhaft informiert. Er versprach jedoch dem Minister, die

Straßenarbeiten sofort nach Rückkehr Dr. Kwibischews einstellen zu lassen, und telegrafierte in diesem Sinn nach Jerusalem.
Auch der Bürgermeister hatte Wind von der Sache bekommen und entsandte seinen Sekretär zu sofortigen Nachforschungen an Ort und Stelle. Der Sekretär passierte anstandslos den dreifachen Polizeikordon, trat an den drillbohrenden Arbeiter heran und nützte eine kurze Pause im nervenzermürbenden »Tatatata« zu der Frage aus, wann ungefähr mit der Beendigung der Arbeit zu rechnen sei.
Kasimir Blaumilch gab zuerst keine Antwort. Als er sah, daß er den lästigen Fragesteller auf diese Art nicht loswurde, warf er ihm das einzige hebräische Wort hin, das er kannte:
»Chammor! Esel!«
Gegen Abend gelang es der Polizei, mit übermenschlicher Anstrengung und stellenweise unter Verwendung von Tränengasbomben eine Art Ordnung in das Chaos zu bringen, ihre berittenen Kollegen und deren Pferde im Zustand völliger Erschöpfung zu bergen und den gesamten Verkehr im Umkreis von zwei Kilometern zu sperren. Das Rathaus und die Direktion des Solel-Boneh-Konzerns wurden hiervon verständigt.
Zwei Tage später, sofort nach Erhalt des Telegramms, kehrte Dr. Kwibischew aus Jerusalem zurück und fand seine Amtsräume völlig auf den Kopf gestellt: Die Beamtenschaft hatte in den Archiven nach dem Straßenreparaturprojekt »Allenby-Rothschild« geforscht, hatte zwei verschiedene Pläne gefunden und wußte nicht, welcher der richtige war. Dr. Kwibischew ließ sich die Pläne vorlegen, fand in

beiden verschiedentliche Mängel des Kloakenwesens erwähnt und leitete die Pläne an die Kanalisationsabteilung weiter, deren Chef sich gerade auf einer wichtigen Mission in Haifa befand. Die Pläne wurden ihm durch einen Sonderkurier nachgeschickt, kamen jedoch unverzüglich mit dem Vermerk zurück, daß es sich hier um einen Irrtum handeln müsse, da Tel Aviv kein nennenswertes Kanalisationssystem besitze.
Nach Dr. Kwibischews Strafversetzung ins Handelsministerium machte sich sein Nachfolger, Chaim Pfeiffenstein, an ein gründliches Studium des ganzen Dossiers, versah es mit einem großen roten Fragezeichen, schickte es ans Arbeitsministerium und wollte wissen, seit wann es üblich sei, daß das Ministerium öffentliche Arbeitsprojekte in Angriff nehme, ohne vorher die Stadtverwaltung zu konsultieren.
Inzwischen hatte sich Kasimir Blaumilch bis zur Rambamstraße durchgegraben, vom unablässigen »Tatatata« seines Drillbohrers und von seinen vier rostigen Öltrommeln getreulich begleitet. Fassungslos sahen die Bewohner der Allenby Road diese einstmals so wichtige Verkehrsader in einen von Makadamschotter übersäten Wüstenpfad verwandelt, auf dem sich selbst die Fußgänger nur mit Mühe fortbewegen konnten (Fahrzeuge überhaupt nicht).
Aber die eigentliche Verkehrskatastrophe trat erst allmählich zutage. Infolge des Wegfalls von Allenby Road und Rothschildboulevard waren die Seitenstraßen einer Überlastung ausgesetzt, der sich nur durch sofortige Verbreiterung beikommen ließ. Die Regierung legte eine Anleihe auf, um die erforderlichen Geldmittel flüssig zu machen. Und da sich die Verlegung der Autobusremise nach Norden als unaufschiebbar er-

wies, mußte die Wohnsiedlung »Rabbi Schmuck« in aller Eile geschleift werden.
Chaim Pfeiffenstein, dessen Anfrage vom Arbeitsministerium scharf zurückgewiesen worden war, erstattete dem Bürgermeister Bericht und verlangte sodann von Solel Boneh genaue Auskünfte über das Fortschreiten des Unternehmens. Pjotr Amal, Solel Bonehs Generalmanager für Straßenbauprojekte, ließ keinen Zweifel, daß er der Angelegenheit seine volle Aufmerksamkeit zuwenden würde. Eine Abschrift der gesamten Korrespondenz ging an die Umsiedlungszentrale der Jewish Agency.
Der Vorschlag Pjotr Amals, zwischen Tel Aviv und dem Arbeitsministerium zu vermitteln, fand zwar die Billigung der Histadruthexekutive, wurde aber vom Bürgermeister im Einvernehmen mit den Autobusgewerkschaften abgelehnt, da zuerst die Straßenarbeiten eingestellt werden müßten.
Allenby Road war um diese Zeit nicht mehr zu erkennen: zwischen Beton- und Makadamwällen zog sich ein tiefer Graben, von Wolken feinen Staubes überlagert. Aus geborstenen Wasserleitungen schossen gelegentlich hohe Springfontänen empor. Die Wohnhäuser standen leer.
Jetzt, auf dem Höhepunkt der Krise, zeigte sich der politische Weitblick Pjotr Amals. Er lud Chaim Pfeiffenstein zu einer Konferenz, und nach mehrstündigen, erregten Debatten einigte man sich dahin, daß die Straßenarbeiten so lange suspendiert bleiben sollten, bis eine parlamentarische Kommission den Sachverhalt untersucht hätte. Das Kabinett und die Präsidentschaftskanzlei erhielten je ein Memorandum über diese Vereinbarung.

Sie war bereits überflüssig geworden. Wenige Tage zuvor hatte Kasimir Blaumilch seine Bohrarbeiten durch eine geniale Linkswendung abgekürzt und erreichte noch am selben Abend die offene See. Was weiter geschah, ist nicht mehr aufregend: das Meerwasser ergoß sich in den vormals als »Allenby Road« bekannten Kanal, und alsbald schäumte es auch an die Ufer des Rothschildboulevards.

Es dauerte nicht lange, bis die Stadt der neuen Möglichkeiten gewahr wurde, die sich da boten, bis die ersten Wassertaxis auftauchten und die ersten Privatmotorboote sich ihnen zugesellten. Neues, pulsierendes Leben griff allenthalben um sich.

Die offizielle Inbetriebnahme der Wasserwege erfolgte in feierlicher Weise durch den Bürgermeister, der dem Solel Boneh für die planmäßige Vollendung des gewaltigen Projektes in bewegten Worten dankte und abschließend bekanntgab, daß Tel Aviv fortan den Beinamen »Das Venedig des Mittleren Ostens« führen würde.

»A« wie Aufzug

Dieser Tage geriet ich, während ich auf meinen Federhalter starrte, in eine nachdenkliche Stimmung. So sehr, daß ich in Ermangelung einer besseren Idee über die Freuden des Alterns zu meditieren begann.
Was immer junge Leute auch sagen mögen, das Alter hat gewisse Vorzüge. Schließlich und endlich gelingt es manchen Leuten erst im hohen Alter, den Grat ihres Lebenslaufs zu erklimmen, dann pflegen sie großartige Memoiren zu schreiben oder zweite Teile zum »Faust«. Sollte ihnen das zu mühsam sein, können sie immer noch irgendeine unbenutzte Nordwand in der Himalayagegend erstbesteigen.
Was mich betrifft, so habe ich das Steigen in jeder beliebigen Form schon längst aufgegeben. Die einfache Begründung dafür ist in der Tatsache zu finden, daß ich schon nach der ersten Stufe müde werde.
Das Ergebnis meines langen Meditierens und der intensiven Betrachtung meines Federhalters liegt auf der Hand: Es gibt keinen verläßlicheren Gradmesser für das Altern als die Stufen einer Treppe. In meiner Jugendzeit, ich erinnere mich nur ungern daran, erstürmte ich eine Treppe, indem ich drei Stufen auf einmal nahm, und pflegte ohne Atemnot das achte Stockwerk zu erreichen. Zur Zeit meiner männlichen Reife konnte ich immer noch alles bewältigen, was unterhalb des vierten Stockwerks stattfand. Heutzutage, in meinen sogenannten besten Jahren, ermüdet mich schon die erste Stufe.

So preise ich nunmehr die Amerikaner, die der Menschheit den Lift gegeben haben. Auch wenn sie selbst diesen Lift Elevator nennen, um die Engländer zu ärgern.
Zum Zeitpunkt, als die Fahrstühle erfunden wurden – das war 1853, soweit ich mich erinnere –, wurden die Apparate von importierten Sklaven in die Höhe gezogen. Der Fortschritt brachte es mit sich, daß man seit Jahren schon auf Sklaven verzichtet und sich des elektrischen Stroms bedient.
Die Folge ist, daß Fahrstühle von Zeit zu Zeit beschließen, außer Betrieb zu sein. Bei solchen Gelegenheiten läßt sich wieder einmal die Überlegenheit der Sklavenarbeit gegenüber der modernen Technik feststellen. Bei Stromausfall pflegen nämlich diese Dinger steckenzubleiben. Dann ist man genötigt, irgendeinen Handwerker herbeizurufen, der gerade unerreichbar ist. Also begnügt man sich mit Feuerwehrleuten, die natürlich keine Ahnung vom Mechanismus der Fahrstühle haben, und warum sollten sie auch?

Natürlich geht die Welt nicht unter, wenn man ein bis zwei Tage zwischen dem achten und dem neunten Stockwerk eingeklemmt ist. Wenn es darum geht, Menschen einander näher zu bringen, dann ist eine steckengebliebene Fahrstuhlkabine geradezu der ideale Platz dafür. So manche dauernde Freundschaft mag da begonnen haben, Geschäfte wurden abgeschlossen, Baukontrakte unterzeichnet, Kinder gezeugt, wer zählt die Völker, kennt die Namen...
Ich wage sogar die Behauptung, daß wir uns etliche

blutige Kriege erspart hätten, wenn die Verhandlungen über die Autonomie der Palästinenser in einen steckengebliebenen Lift verlegt worden wären.

Kurz, so ein Lift, ob er fährt oder steckt, hat unübersehbare Vorzüge. Vor allem in Wolkenkratzern und besonders für leidenschaftliche Nichtkletterer, wie ich einer bin. Die heutigen Fahrstühle sind überdies schnell wie der Blitz. Ein Knopfdruck und – huiii! – bist du am Dach des höchsten Hotels. Ein weiterer Knopfdruck und – hiuuu! – bist du irgendwo im Inneren der Erde, in einem tiefen Kellergeschoß oder einer unterirdischen Parkgarage oder sonstwo.

Und da ist auch schon der Haken.

Denn der Weg nach oben geht normalerweise reibungslos vor sich. Wenn du aber wieder hinunter willst, kommt der Moment, wo die Schwierigkeiten beginnen. Denn keiner hat mir bisher erklären können, welcher der vielen Knöpfe mich in jenes Geschoß befördert, in dem sich der Hotelausgang befindet.

Zugegeben, da ist zwar ein Knopf mit der Bezeichnung »E«, und es steht dir frei anzunehmen, daß damit das Erdgeschoß gemeint ist, doch darunter befindet sich ein weiterer Knopf mit einem »S«, und du beginnst zu schwanken. Ist damit vielleicht »Straße« gemeint? Oder ist es vielleicht das »P«, womit Parterre gemeint sein könnte? Oder bringt das »M«, wie Mezzanin, den Weg in die ersehnte Freiheit?

Ich habe schon Hochhäuser erlebt, in denen zu den bisher erwähnten Buchstaben noch ein Knopf mit einem »H« zu finden war. Ich wagte ihn nicht zu betätigen aus Angst, daß mit dem »H« Hades gemeint sein könnte. Jene Fahrstühle, in denen es Knöpfe mit der Negativbezeichnung »-1«, »-2« und »-3« gibt, will ich hier taktvoll übergehen.

Üblicherweise passiert folgendes: Man erledigt, was immer man im zehnten Stockwerk des neuen Luxushotels zu erledigen hat, stürzt anschließend in den Fahrstuhl und drückt hurtig einen Knopf mit einem der vielen Buchstaben des Alphabets. Natürlich hat man nicht Zeit, lange nachzudenken, weil man ohnehin schon vierzig Minuten zu spät für das Rendezvous mit Lefkowitz dran ist. Wer Lefkowitz kennt, weiß, daß dieser Gauner imstande ist, mir nicht, dir nichts davonzugehen.
Und während man noch diesem schwarzen Gedanken nachhängt, bleibt der Fahrstuhl irgendwo stehen. Man eilt heraus und kracht in einen Kellner, der ein volles Tablett auf den Boden fallen läßt. Inmitten der zerbrochenen Suppenterrine und den auf dem Fußboden dampfenden Nudeln erscheint der Chefkoch und brüllt:
»Was suchen Sie in der Küche, Sie Trottel?«
Der Trottel befindet sich unerklärlicherweise in der Etage mit der Aufschrift »-1«, wo die Luxushotels normalerweise ihre Küchen zu verbergen pflegen. In panischem Schrecken suche ich mich in den Fahrstuhl zu retten und stelle mit Entsetzen fest, daß er sich schon längst in einem anderen Stockwerk befindet. Ich trete einige Male gegen die dicht verschlossene Fahrstuhltür, doch der einzig sichtbare Erfolg sind einige Suppennudeln, die nunmehr an der Tür kleben. Und Lefkowitz ist vermutlich schon im Ausland.

Es erhebt sich die nicht unberechtigte Frage, wieso ein Knopfdrücker von einigermaßen durchschnittlicher Intelligenz nicht in die Lage versetzt werden kann, zu gegebener Zeit den richtigen Knopf zu drücken.
Meiner Ansicht nach liegt es daran, daß man zu leicht geneigt ist, sich auf die Automatisierung zu verlassen. So ein moderner Aufzug fährt automatisch hinauf und hinunter, spielt automatisch dezente Musik, seine Türen öffnen und schließen sich automatisch. Ebenso automatisch drückt mein Finger auf den falschen Knopf.
Im Laufe der Zeit ist es mir gelungen, aus meinem Fahrstuhl in die verschiedensten Parkgaragen zu treten, in Lager, die nach unerwarteten Chemikalien dufteten, in Maschinenräume, die entweder die Luftzufuhr oder die Zentralheizung kontrollierten, in Großwäschereien und sonst noch allerhand. Vor einiger Zeit, als ein rumänischer Zirkus im Hilton-Hotel logierte, platzte ich in eine Gruppe von dressierten Seelöwen, die gerade gefüttert wurden. Wenn ich nicht irre, war der Knopf, den ich damals drückte, mit einem »F« behaftet. Vermutlich war damit »Fisch« gemeint.
Bei einer anderen Gelegenheit, als ich einige Stockwerke unter der Erde in einer Tischlerwerkstatt landete und in panischem Schrecken in den vierzehnten Stock zurückfuhr, traf ich den neuen Hotelmanager, der mir in meinem Fahrstuhl Gesellschaft leistete.
»Warum«, fragte ich ihn unwirsch, »warum in drei Teufels Namen könnt ihr nicht irgendwas Vernünftiges neben so einen blöden Knopf schreiben, wie zum Beispiel ›Ausgang‹?«
Der Blick des Managers streifte mich mit Verachtung:

»Verehrter Herr«, sagte er in berufsbedingt gedämpftem Tonfall. »Es ist das erste Mal, daß mir eine so dumme Beschwerde unterbreitet wird. Jedermann weiß, daß sich unterhalb des ersten Stockwerks die Hotelhalle befindet, und selbstverständlich ist dort auch der Ausgang zu finden. Hier sind wir schon, mein Herr...«
Er warf mir ein höhnisches Lächeln zu, stieg aus dem Fahrstuhl ins Freie und wurde von einem grünen Sportwagen überfahren.

Gibt es eine Lösung meines Problems?
Eine Methode ist zum Beispiel die, wie weiland Hänsel und Gretel Brotkrumen zu verstreuen, um ganz sicher zu gehen, daß man aus dem dunklen Wald den Heimweg findet. Eine weitere Möglichkeit besteht darin, einen sorgfältigen Knopfdrucktest zu veranstalten, bevor man in die Höhe fährt. Dabei ist im Erdgeschoß jener Knopf zu finden, bei dem der Aufzug weder hinauf noch hinunter fährt. Er ist dann mit roter Farbe zu bezeichnen. Ich persönlich habe mich für das Feldenkrantz-Schritt-für-Schritt-Patent entschieden, das mir mein gleichnamiger Freund auf dem Totenbett verkauft hat. Der Modus ist denkbar einfach. Egal, in welch schwindelnder Höhe man einen Fahrstuhl betritt, man fährt zunächst vorsichtig nach unten und probiert Stockwerk für Stockwerk, Knopf für Knopf, jede Möglichkeit sorgfältig aus. Selbstverständlich muß man, wo immer der Lift hält, mit einem Fuß in der Tür erkunden, wo man sich befindet. Und so kommt man langsam aber sicher abwärts, bis man im Erdge-

schoß landet. Oder im Schwimmbad. Oder im Leichenschauhaus.
Mit der Zeit gewöhnt man sich an alles. Wenn ich nicht im Erdgeschoß landen sollte, gehe ich eben schwimmen. Wenn ich im Leichenschauhaus ankomme, lege ich mich hin und schlafe. Wenn die Fahrt beim Ausgang endet, gehe ich aus. Aber das kommt sehr selten vor.

Was Setzmaschinen vermögen...

»Dieser Jankel bringt mich noch ins Grab!« fluchte Herr Grienbutter, Chefredakteur des »Täglichen Freiheits-kämpfers«, lautlos in sich hinein. »Hundertmal hab' ich ihm schon gesagt, daß bei verschiedenen Nachrichten auch die Titel verschieden gesetzt werden müssen, besonders wenn sie auf dieselbe Seite kommen. Und was macht Jankel? Er setzt die Titel ›Gewerkschaft kündigt Neuwahlen an‹ und ›USA von Teuerungswelle bedroht‹ in gleicher Größe und in gleicher Type nebeneinander! Es ist zum Verrücktwerden...«
Herr Grienbutter riß ein Blatt Papier an sich, um eine eilige Kurznachricht an Jankel hinzuwerfen – wobei er ihn, wie immer in Fällen offiziellen Ärgers, nicht mit dem kosenden Diminutiv anredete, sondern mit der korrekten Namensform: »*Jakob – Titel verschieden (USA, Gewerkschaft)!*« Und um sicherzugehen, daß der solchermaßen zurechtgewiesene Jakob die Botschaft auch wirklich bemerken und berücksichtigen würde, rahmte sie Herr Grienbutter mit dicken, schwarzen Strichen seines Filzschreibers ein. Dann warf er das Blatt zusammen mit dem Bürstenabzug in den Abgangs-Korb für die Setzerei und eilte aus dem Haus. Er war bei Spiegels zum Nachtmahl eingeladen und schon eine Viertelstunde verspätet.
Als Herr Grienbutter am nächsten Morgen – wie üblich noch im Bett – die Zeitung öffnete, sank er, vor Schrecken fast vom Schlag gerührt, in die Kissen zurück. Von der ersten Seite des »Freiheitskämpfers« glotzte ihm in

dickem, schwarzem Rahmen die folgende Todesanzeige entgegen:

> JAKOB TITEL
> ist plötzlich verschieden.
> Er starb auf einer Reise in den USA.
> *Der Vorstand*
> *des Jüdischen Gewerkschaftsbundes*

Zornbebend stürzte Herr Grienbutter in die Redaktion, wutschnaubend fiel er über Jankel her. Jankel hörte sich die Schimpftirade ruhig an und verwies auf Grienbutters eigenhändige Arbeitsnotiz, die er für den Druck ja nur geringfügig eingerichtet hatte.
Der unterm Keulenschlag eines irreparablen Schicksals wankende Chefredakteur suchte das Büro des Herausgebers auf, um mit ihm eine Möglichkeit zu besprechen, wie man sich bei den Lesern des »Freiheitskämpfers« für den skandalösen Mißgriff entschuldigen könnte.
Zu seiner Überraschung empfing ihn der Herausgeber in strahlender Laune. Er hatte soeben von der Annoncenabteilung erfahren, daß bereits 22 hochbezahlte Traueranzeigen eingelaufen waren, die das unerwartete Hinscheiden Jakob Titels beklagten.
Herr Grienbutter wollte kein Spaßverderber sein und empfahl sich schleunig.
Am nächsten Tag wimmelte es im »Freiheitskämpfer« von schwarzumrandeten Inseraten. Da hieß es etwa:
»Gramgebeugt geben wir den allzu frühen Tod unseres treuen Jakob Titel bekannt. Die Konsumgenossenschaft Israels.«

Oder: »*Leitung und Belegschaft der Metallröhrenwerke Jad Eliahu betrauern das tragische Ableben Jakob Titels, des unerschrockenen Pioniers und Kämpfers für unsere Sache.*«
Aber das alles hielt keinen Vergleich mit der folgenden Nummer aus, die um vier Seiten erweitert werden mußte, um die Zahl der Trauerkundgebungen zu bewältigen. Allein die »Landwirtschaftliche Kooperative« nahm eine halbe Seite in Anspruch: »*Der Verlust unseres treuen Genossen Jakob (Jankele) Titel reißt eine unersetzliche Lücke in unsere Reihen. Ehre seinem Andenken!*« Die Beilage brachte ferner das aufrichtige Mitgefühl der Drillbohrer zum Ausdruck. »*Wir teilen euern Schmerz über den Verlust dieses besten aller Arbeiterfunktionäre*«, und enthielt überdies einen peinlichen Irrtum: »*Den Titels alle guten Wünsche zur Geburt des kleinen Jakob. Familie Billitzer*«.
Auch die anderen Morgenblätter waren mit entsprechenden Anzeigen gesprenkelt, ohne indessen dem »Freiheitskämpfer« Konkurrenz machen zu können. Der Chef des hochangesehenen »Neuen Vaterlands«, verärgert darüber, daß sein Blatt den Tod einer so hervorragenden Persönlichkeit des öffentlichen Lebens nicht als erstes gemeldet hatte, überließ den Nachruf seinem Sportredakteur. Dieser erfahrene Reporter durchstöberte ebenso gründlich wie erfolglos den Zettelkasten, stellte alle möglichen Recherchen an, die ihm von seiten der Befragten nur dunkle Erinnerungen an den verewigten Jakob Titel einbrachten, und behalf sich schließlich mit einem sogenannten »Allround«-Nekrolog, der erfahrungsgemäß immer paßte: »Jakob (Jankele) Titel, der zur Generation der ›alten Siedler‹ unseres Landes gehörte, wurde während eines Besuchs in den Vereinigten Staaten plötzlich vom Tod

ereilt und auf dem örtlichen Friedhof zur letzten Ruhe gebettet.
Titel, ein Haganah-Kämpfer der ersten Stunde, hatte sich praktisch in sämtlichen Sparten der Arbeiterbewegung betätigt. Schon auf der Jüdischen Hochschule in Minsk (Rußland), die er mit vorzüglichem Erfolg absolvierte, galt er als einer der führenden Köpfe der Studentenschaft und rief eine geheime zionistische Jugendgruppe ins Leben.
Ungefähr um die Jahrhundertwende kam ›Jankele‹ mit seiner Familie ins Land, ging als Kibbuznik nach Galiläa und wurde einer der Gründer der damaligen Siedler-Selbstwehren. Später bekleidete er verschiedene Funktionen im Staatsdienst, sowohl daheim wie im Ausland. Nach einer erfolgreichen öffentlichen Laufbahn zog er sich ins Privatleben zurück und widmete sich den Problemen der Arbeiterorganisation. Er gehörte bis zu seinem Ableben der Verwaltungsbehörde seines Wohnortes an.«
Bekanntlich ehrt das Vaterland seine bedeutenden Männer immer erst, wenn sie tot sind. So auch hier. Auf einer Gedenk-Kundgebung zu Ehren Jakob Titels nannte ihn der Unterrichtsminister »einen tatkräftigen Träumer, einen Bahnbrecher unseres Wegs, einen Mann aus dem Volke und für das Volk«. Als der Männerchor von Givat Brenner zum Abschluß der Feier Tschernikowskys »Zionsliebe« anstimmte, wurde unterdrücktes Schluchzen hörbar.
Das bald darauf fertiggestellte Gebäude der Gewerkschaftszentrale erhielt den Namen »Jakob-Titel-Haus«; da sich trotz längerer Nachforschungen kein lebender Angehöriger Titels gefunden hatte, übernahm der Bürgermeister von Tel-Aviv anstelle der Witwe den sym-

bolischen Schlüssel. Unter dem Portrait des Verstorbenen in der großen Eingangshalle häuften sich die von den führenden Körperschaften des Landes niedergelegten Kränze. Das Bildnis selbst war ein Werk des berühmten Malers Bar Honig. Als Vorlage hatte ihm ein 35 Jahre altes Gruppenfoto aus den Archiven des Gewerkschaftsbundes gedient, auf dem Jakob Titel, halb verdeckt in der letzten Reihe stehend, von einigen Veteranen der Bewegung identifiziert worden war. Besonders eindrucksvoll fanden zumal die älteren Betrachter das von Bar Honig täuschend ähnlich getroffene Lächeln »unseres Jankele«.

Mit der Herausgabe der Gesammelten Schriften Jakob Titels wurde ein führender Verlag betraut, dessen Lektoren das Material in mühsamer Kleinarbeit aus alten, vergilbten Zeitungsbänden herausklaubten; die betreffenden Beiträge waren anonym erschienen, aber der persönliche Stil des Verfassers sprach unverwechselbar aus jeder Zeile.

Dann allerdings geschah etwas, woran der ganze, vielfältige Nachruhm Jakob Titels beinahe zuschanden geworden wäre:

Als die Straße, in der sich die Redaktion des »Freiheitskämpfers« befand, auf allgemeinen Wunsch in »Jakob-Titel-Boulevard« umbenannt wurde, brach Herr Grienbutter zusammen und klärte in einem Leitartikel die Entstehung der Titel-Legende auf.

Ein Sturm des Protestes erhob sich gegen diesen dreisten historischen Fälschungsversuch. Auf der Eröffnungsfeier des »Jakob-Titel-Gymnasiums« erklärte der Regierungssprecher unter anderem: »Jakob Titel ist schon zu Lebzeiten diffamiert worden, und gewisse Taschenspieler der öffentlichen Meinung diffamieren ihn auch nach seinem Tod. Wir aber, wie alle ehrlichen Menschen, stehen zu Jakob Titel!«

Herr Grienbutter, der unter den geladenen Gästen saß, ließ sich durch diese persönliche Attacke zu einem Zwischenruf hinreißen; es sei lächerlich, rief er, das Geschöpf eines Druckfehlers zu feiern. Daraufhin wurde er von zwei Ordnern mit physischer Gewalt aus dem Saal entfernt und in Spitalpflege überstellt, wo er jedoch alsbald in Trübsinn verfiel, weil auch das Krankenhaus nach Jakob Titel benannt war. Nachdem er eines Nachts einen Tobsuchtsanfall erlitten hatte, mußte man ihn in eine Nervenheilanstalt einliefern.

Unter der geduldigen Obsorge der Psychiater trat allmählich eine Besserung seines Zustands ein. Er begann sich mit den gegebenen Tatsachen abzufinden und wurde nach einiger Zeit als geheilt entlassen.

In Würdigung seiner großen journalistischen Verdienste erhielt er im folgenden Jahr den »Jakob-Titel-Preis für Publizistik«.

Treibstoff mit Vitamin C

Das israelische Patent für die Erzeugung von synthetischem Benzin aus Grapefruitsaft war erteilt, und der Errichtung einer Fabrik stand nichts mehr im Wege. Die umwälzende Erfindung sollte die bedrohlich geleerte Regierungskasse mit Geld und die israelischen Kraftwagen mit beinahe kostenlosem Benzin füllen. Die Investitionskosten wurden durch einen argentinischen Kredit und einen nicht weiter nennenswerten Zuschuß inländischen Kapitals aufgebracht.
Sechs Monate später erhob sich im Süden des Landes eine imponierende Fabrikanlage. Die Maschinen, hergestellt aufgrund der Entwürfe eines nach Israel berufenen italienischen Ingenieurs, wurden aus der Schweiz geliefert. Weitere drei Monate später konnte die »Israelische Grapolin AG« den Betrieb aufnehmen. Die Eröffnungsfeier, ein wahrhaft glanzvolles Ereignis, ging unter Teilnahme hoher Regierungsbeamter, ausländischer Investitoren und strahlender israelischer Manager vor sich. In einer kurzen Ansprache betonte der Handelsminister, daß Israel nun endlich einen Industriezweig besäße, dem es niemals an Rohmaterial fehlen würde. Sodann zog der argentinische Botschafter an einem nerzverbrämten Hebel, und die riesenhaften Maschinen traten unter ohrenbetäubendem Lärm in Tätigkeit. Unübersehbare Mengen von Grapefruits rollten auf den Fließbändern zu den Schneidevorrichtungen und von dort zu den Saftpressen, und bald darauf zeigten sich am Ende des großen Leitungsroh-

res die ersten Tropfen jener kostbaren Flüssigkeit, die in der Vergangenheit so viele blut- und tränenreiche Konflikte hervorgerufen hat. Ein neues Zeitalter schien anzubrechen.
Es scheiterte an Juanito, dem minderjährigen Sohn des argentinischen Botschafters. In einem unbewachten Augenblick rannte der Knabe zu dem großen Tank, in den sich die Flüssigkeit ergoß, steckte den Finger hinein, leckte ihn ab und wiederholte das mehrere Male, bevor man ihn endlich wegzerren und einem rasch herbeigeholten Arzt übergeben konnte.
Die Untersuchung blieb ergebnislos. Trotz gründlicher Analyse wurde nichts Nachteiliges entdeckt. Die Flüssigkeit, die sich aus den Leitungsrohren ergoß, war kein Benzin. Es war klarer, trinkfertiger Grapefruitsaft.

Der Skandal, der daraufhin losbrach, erschütterte das Land in seinen Grundfesten. Die Behörden suchten fieberhaft nach den Schuldigen, die Schuldigen machten die Behörden verantwortlich, Klagen und Gegenklagen jagten einander. Wie erst jetzt bekannt wurde, hatte sich der italienische Ingenieur kurz vor der Grapolin-Eröffnung ins Ausland abgesetzt, ohne eine Adresse zu hinterlassen. Das bot der sensationshungrigen Presse neue Gelegenheit zu Brand- und Hetzartikeln, an denen die Autorität der Behörden empfindlichen Schaden zu nehmen drohte. Einer dieser Artikel verstieg sich zu der Behauptung, daß das Produkt der Grapolin-Werke, also der dort erzeugte Grapefruitsaft, von minderer Qualität sei. Eine Verleumdungsklage auf 200 000 Shekel Schadenersatz war die offizielle Antwort.
Auch sonst blieb die Regierung nicht untätig. Kommis-

sionen und Unterausschüsse wurden eingesetzt, Berichte wurden erstattet, gelesen und verworfen. Nach wochenlangen hitzigen Debatten beschloß man, eine international anerkannte Autorität einzuladen, die ein bis zwei Jahre im Land bleiben und erforschen sollte, warum aus den Leitungsrohren kein Benzin herauskäme und was dagegen zu machen wäre.

Die internationale Autorität, ein amerikanischer Öl- und Kanonenbootexperte namens Joe Blowstine, verlangte sofort nach seinem Eintreffen die Grapolin-Werke zu sehen, trieb sich dort drei Tage lang herum, prüfte die Maschinen, inspizierte das Gelände und gab schließlich dem Generaldirektor des Unternehmens folgendes Ergebnis bekannt:
»Leider. Aus Grapefruits kann man kein Benzin machen.«
»Ja, schon gut«, erwiderte der Generaldirektor. »Aber trotzdem...«
»Was heißt hier trotzdem? Es ist unmöglich. Wenn Sie ungefähr zwei Drittel der Maschinen stillegen, können Sie mit dem Rest immerhin Grapefruitsaft erzeugen. Etwas anderes nicht.«
An dieser Stelle erhob sich der Generaldirektor, packte den Experten am Kragen, schüttelte ihn und sprach:
»Hören Sie. Auf solche Ratschläge verzichten wir. Wir haben in dieses Projekt Millionen und aber Millionen investiert, ganz zu schweigen von unserem Enthusiasmus, von unserer Energie und von den Propagandakosten. Und das alles für *noch* eine Grapefruitsaft-Fabrik? Davon haben wir schon eine ganze Menge. Hier müssen wir Benzin erzeugen. Und zwar aus Grapefruitsaft.«

»Unmöglich. Es geht nicht. Und jetzt lassen Sie mich gefälligst los.«

Der Handelsminister bot dem Experten, den er in sein Büro gebeten hatte, eine Zigarre an.
»Ich habe Ihre Expertise aufmerksam gelesen«, begann er, »und muß Ihnen gestehen, daß sie mich ein wenig enttäuscht hat. Ich beziehe mich da zum Beispiel auf die folgende, meiner Meinung nach doch etwas übertriebene Formulierung: ›Die Errichtung der Anlage offenbart ein erschütterndes Ausmaß von Verantwortungslosigkeit, wie man ja überhaupt den ganzen Plan nicht nur als kindisch bezeichnen muß, sondern...‹, und so weiter und so weiter. Halten Sie diese Ihre Einstellung für fruchtbar und konstruktiv? Wollen Sie behaupten, daß wir alle nichts als Dilettanten sind? Sie haben, verehrter Herr, für unsere Bemühungen kein einziges Wort der Anerkennung gefunden, kein einziges Wort, mit dem wir den Bau der Fabrik vor unseren Steuerzahlern rechtfertigen könnten. Ein derart undifferenziertes, um nicht zu sagen oberflächliches Urteil haben wir von einem so weltbekannten Fachmann wahrhaftig nicht erwartet. Sie scheinen sich über das Ausmaß der Enttäuschung, die Sie uns verursachen, kein richtiges Bild zu machen. Wenn Sie wüßten...«
Der Handelsminister konnte nicht weiterreden. Tränen liefen ihm über die Wangen.
»Aber was soll ich tun, Exzellenz?« murmelte der zutiefst betroffene Fachmann. »Es ist nun einmal so, daß man Benzin nicht aus Grapefruitsaft erzeugen kann.«
»Dann deuten Sie in Ihrem Bericht wenigstens an, daß wir an der Schwelle eines gewaltigen wissenschaftlichen Durchbruchs stehen.«

»Es tut mir leid – aber ich sehe nicht, wohin Sie durchbrechen wollen.«
Der Handelsminister schlug unvermittelt mit der Faust auf den Tisch.
»Wir werden Ihrem Sehvermögen schon nachhelfen«, brüllte er. »Adieu!«

Bald darauf sah sich Joe Blowstine gezwungen, sein Luxushotel zu verlassen und nach Jaffa zu übersiedeln, in ein kleines möbliertes Zimmer, von wo er nicht weit zur nächsten Autobusstation hatte. Das Regierungsauto, das ihm bisher zur Verfügung stand, wurde zu anderen Zwecken benötigt. Auch die Auszahlung des vereinbarten Gehalts stieß auf unvorhergesehene Buchungsschwierigkeiten.
Der Fachmann ließ sich nicht kleinkriegen.
»Nein«, erklärte er auf Befragen, »es geht nicht. Aus Grapefruitsaft kann man kein Benzin machen.«
Die Gewerkschaft schickte ihn auf einen sechsmonatigen Entwicklungskurs, von dem man sich einiges erhoffte. Die Hoffnung erfüllte sich nicht, hingegen wiederholte sich die Formulierung:
»Es geht nicht. Es ist unmöglich, aus Grapefruitsaft Benzin herzustellen.«
Die folgende Woche verbrachte Joe Blowstine, von der Umwelt vollständig isoliert, im Negev. Dort suchte ihn der Generaldirektor der Grapolin-Werke auf.
»Nehmen Sie endlich Vernunft an, und schreiben Sie uns einen brauchbaren Bericht. Was haben wir Ihnen getan? Warum sind Sie überhaupt hergekommen? Wollen Sie uns vielleicht erpressen? Da kann ich Sie nur warnen, lieber Herr. Mit solchen Leuten werden wir noch fertig!«

Damit zog er ein Papier aus seiner Tasche und legte es vor den Experten hin; es hatte folgenden Wortlaut:

Ich halte die Grapolin-Werke für ein höchst erfolgversprechendes Unternehmen. Der Einfall, der ihnen zugrunde liegt, ist genial und wird zweifellos Früchte tragen. Möge der Allmächtige dieses Vorhaben segnen!
Hochachtungsvoll
....
International anerkannte Autorität

»Unterschreiben Sie auf der punktierten Linie«, sagte der Grapolin-Direktor.
»Nein«, sagte die international anerkannte Autorität.

Am nächsten Tag wurde Joe Blowstine auf dem Flughafen Lod verhaftet, als er sich gerade in der Toilette eines startklaren Flugzeugs einschloß. Man brachte ihn ins Gefängnis, wo er bis zur Ausarbeitung der Anklage verbleiben sollte. Die Klage lautete auf Wirtschaftssabotage verbunden mit Fluchtversuch.
Nach einigen Tagen zermürbender Einzelhaft erschien abermals der Grapolin-Direktor, diesmal in Begleitung zweier breitschultriger eingeborener Fachleute.
»Also? Kann man aus Grapefruitsaft Benzin machen?«
»Eher noch Grapefruitsaft aus Benzin«, stöhnte Blowstine.
Und auch der Zuspruch der beiden einheimischen Experten konnte ihn zu keiner Änderung seines Standpunkts bewegen.
Unter bisher noch ungeklärten Umständen gelang ihm einige Wochen später die Flucht. Das offizielle Kommuniqué begnügte sich mit der Feststellung, daß »der international anerkannte Öl- und Kanonenbootexperte

Joe Blowstine um vorzeitige Lösung seines Vertrags gebeten« hatte und daß sein Bericht über die Grapolin-Werke »vom Handelsministerium noch geprüft« werde.

Seit einiger Zeit wird in den Grapolin-Werken synthetischer Grapefruitsaft hergestellt. Die Meinungen über die Qualität des Erzeugnisses gehen auseinander. Eine international anerkannte Autorität wurde eingeladen, sie zu prüfen.

Rezept für Kurzwelle

Um Mitternacht weckte mich eine Art von Magenschmerzen, die in der Geschichte des menschlichen Magenschmerzes etwas vollkommen Neues darstellten. Mit letzter Kraft kroch ich zum Telefon und läutete zu Dr. Wasservogel hinauf, der im Stockwerk über uns wohnt. Nachdem ich seiner Gattin genau geschildert hatte, auf welche Weise die Schmerzen mich in Stücke zu reißen drohten, teilte sie mir mit, daß ihr Gatte nicht zu Hause wäre, und riet mir, eine halbe Stunde zu warten; falls die Schmerzen dann noch nicht aufgehört hätten, sollte ich Dr. Bilitzer anrufen. Ich befolgte ihren Rat, wartete ein halbes Jahrhundert und ließ vor meinem geistigen Auge die wichtigsten Phasen meiner Vergangenheit vorüberziehen: die traurige Kindheit, die schöpferischen Jahre in den Zwangsarbeitslagern und meinen journalistischen Abstieg. Dann rief ich bei Dr. Bilitzer an, von dessen Gattin ich erfuhr, daß er an ungeraden Tagen nicht ordiniere und daß ich Dr. Grünbutter anrufen sollte. Ich rief Dr. Grünbutter an. Frau Dr. Grünbutter hob den Hörer ab und legte ihn am Fußende des Ehebettes zur Ruhe.
Als ich von der dritten Klettertour über die Wände meiner Wohnung herunterkam, machte ich mein Testament, bestimmte ein Legat von 250 Shekel für die Errichtung eines Auditoriums auf meinen Namen, nahm Abschied von der Welt und schloß die Augen.
Plötzlich fiel mir ein, daß Jankel, der Sohn unserer Nachbarfamilie, ein begeisterter Radio-Amateur war.

Um es kurz zu machen: Jankel funkte eine Kurzwellennachricht an den Flughafen Lydda. Ein Düsenflugzeug der El-Al startete mit der SOS-Meldung nach Zypern, wo der Pilot von einem Kurier des israelischen Konsulats erwartet wurde, der sich sofort mittels Motorrad nach Luxemburg begab und von dort eine 500-Worte-Botschaft an den belgischen Umweltminister drahtete. Der ökologiebewußte Staatsmann stellte dem Londoner Korrespondenten von Radio Israel seinen persönlichen Sonderzug zur Verfügung, worauf der Korrespondent sofort nach Kopenhagen flog und einen dramatischen Rundfunk-Appell an die Weltöffentlichkeit richtete. Die Dachorganisation der kanadischen Judenschaft reagierte unverzüglich durch Verschiffung eines Ambulanzwagens nach Holland. Unter persönlicher Leitung des Polizeichefs von Rotterdam wurde der Wagen im Eiltempo quer durch Europa dirigiert, sammelte unterwegs 37 berühmte Internisten und Chirurgen auf und kam mit einem Bomber der amerikanischen Luftwaffe in Israel an.
Auf dem Weg nach Tel Aviv wurde der Konvoi durch die Teilnehmer des in Nathania tagenden Ärztekongresses verstärkt, so daß im Morgengrauen eine Gesamtsumme von 108 hochklassigen Medizinern vor meinem Wohnhaus abgeladen wurde. Das Geräusch der Autobusse und der übrige Lärm weckte Dr. Wasservogel, der aufgeregt die Stiegen hinunterlief. Ich nützte das aus, um ihn zu fragen, was ich gegen meine Magenschmerzen machen sollte. Er empfahl mir, in meiner Diät etwas vorsichtiger zu sein.
So wurde mein Leben durch die auf Kurzwellen ge-

stützte Solidarität der Welt gerettet. Aber beim nächstenmal setze ich mich direkt mit Königin Elisabeth in Verbindung, damit keine Zeit verlorengeht.

Mit der U-Bahn in die Steinzeit

Bei Einbruch der Dämmerung versammelten sich die Stammesangehörigen um das Lagerfeuer. Fast alle waren gekommen: Old Dad, Onkel Griesgram, die Fährtensucher, der Chronist und andere. Einige von ihnen gingen noch aufrecht, aber die meisten zogen es vor, sich auf allen vieren den Weg durch die Schutthaufen zu bahnen. Ihre Kleidung bestand aus Fetzen von Sackleinen und zerrissenen Decken, ihre stoppelbärtigen Gesichter waren mit dem gleichen weißgrauen Staub bedeckt, der in dicken Wolken über der verwüsteten Stadt Tel Aviv hing. Sie trugen Wattebäusche in den Ohren, und manche hatten sogar eine Art von Schleiern um ihre Köpfe gebunden, niemand wußte wozu. Vielleicht wollten sie sich gegen den Höllenlärm der Baggermaschinen auf der andern Seite des großen Berges abschirmen.
Das Lagerfeuer, um das sie hockten, befand sich im Hof eines verfallenen Hauses. Sie unterhielten die Flamme mit uralten Zeitungen und dem Holz geborstener Einrichtungsgegenstände. Jetzt warfen sie noch die Blechdosen und die Verpackungspapiere der Nahrungsmittel hinein, die ein Hubschrauber der Stadtverwaltung für sie abgeworfen hatte. Dann begannen sie zu kauen, wobei sie unartikulierte Laute einer animalischen Befriedigung von sich gaben.
»Fleisch«, grunzte Old Dad. »Echtes, gutes Fleisch...«
In Wahrheit grunzte er nicht, er röhrte. Aber solche Feinheiten in der Differenzierung menschlicher Aus-

drucksweise waren längst verlorengegangen, seit das Toben der Drillbohrer aus dem nahe gelegenen Schacht der Untergrundbahn alles übertönte.
»Warum haben sie Fleisch für uns abgeworfen?« verlangte Onkel Griesgram laut schreiend zu wissen.
»Warum gerade heute?«
Old Dad formte seine Hände zum Trichter:
»Es ist die Wiederkehr des Gerichtstags! Der 6. Juli!«
Die anderen brachen in lautes Wehklagen aus. Der 6. Juli, so ging die Sage, war der Tag, an dem die Knesset den Antrag des Verkehrsministers angenommen und den Bau einer Untergrundbahn beschlossen hatte. Es war der Gerichtstag. Es war der Beginn des Zusammenbruchs.
»Old Dad«, baten mit schrillem Gekreisch die Kinder, »erzähl' uns doch, wann das alles angefangen hat!«
Die Kleinen brauchten keine Watte mehr in den Ohren zu tragen. Sie waren bereits halb taub in der isolierten Enklave geboren worden, und der Höllenlärm ringsum war für sie ein ebenso selbstverständlicher Bestandteil der Natur wie für frühere Kinder das Gezwitscher der Vögel.
Old Dad kroch auf allen vieren zu den roten Kalkstrichen auf der gegenüberliegenden Mauer. Dort hatte sich auch der Chronist des Stammes hingelagert, ein weiser, vielerfahrener Alter, der in vergangenen Zeiten die Würde eines Universitätsprofessors bekleidet hatte.
»Eins... zwei... drei...«, zählte er und fuhr dabei mit zittrigem Finger über die roten Striche. »Es sind im ganzen zwölf Jahre vergangen...«
Seit zwölf Jahren waren sie vom Rest der Welt abgeschnitten. Old Dad erinnerte sich noch ganz genau:

»Damals ging's los«, brüllte er. »Damals begann die Verkehrsmisere in Tel Aviv alle Grenzen zu übersteigen, und die Herren der Stadtverwaltung beschlossen, zum Wohle der Bevölkerung eine Untergrundbahn zu bauen. Sie kauften Maschinen. Viele, viele Maschinen... riesige Bulldozer... Traktoren... Krane... Drillbohrer..., und sie gruben und gruben und gruben... Tag und Nacht... ohne Unterbrechung...«

»Wo, Old Dad? Wo gruben sie?«

»An den Kreuzungen. An den Straßenübergängen. Jenseits des großen Berges, diesseits der hohen Schutthalde. Tiefer und tiefer gruben sie und warfen zu beiden Seiten das Erdreich auf, bis wir eines Morgens die Straße nicht mehr überqueren konnten. Wir waren gefangen. Wir saßen in der Falle. Der Ring des Untergrundbettes hatte sich um uns geschlossen. Im Rundfunk hörten wir, daß der Verkehrsminister versprochen hatte, uns zu evakuieren...«

»Evakuieren?« fragten die Kinder im Chor. »Was ist das?«

»Uns zu retten. Uns herauszuholen. Wir warteten und warteten, aber nichts geschah. Nach einiger Zeit verstummte das Radio. Der elektrische Strom versagte, die Wasserleitungsrohre barsten, Sturzbäche ergossen sich über die Gegend, rissen die Telefonmasten um..., höher und höher stiegen die Berge von Schutt und Trümmern... und über allem der ständig wachsende Lärm der Maschinen. Viele von uns verloren ihr Gehör, die Nahrung ging uns aus, wir tranken Regenwasser...«

»Warum seid ihr nicht weggelaufen, Old Dad?«

»Weggelaufen?« Old Dad nickte wehmütig vor sich

hin und deutete auf eine armselige Lumpengestalt, die in der Ecke des Hofes kauerte.
»Er hat's versucht, der Kletterer. Er wollte weglaufen.«
Der als »Kletterer« Bezeichnete klappte mühsam das Lid seines linken Auges hoch. Auf seinem ausgemergelten Gesicht erschien ein idiotisches Grinsen.
Mit dröhnender Stimme nahm Old Dad seine Erzählung auf:
»Vor undenklich langen Zeiten, als man noch nichts von der Zerstörung ahnen konnte, war der Kletterer ein berühmter, in den europäischen Alpen geschulter Hochtourist. Und deshalb wähnte er, den großen Schuttgipfel übersteigen zu können, damals, als man hinter dem Berg noch die Pfeiler des Elektrizitätswerkes sehen konnte, die mittlerweile längst im Untergrundschacht verschwunden sind... Eines Morgens also hatte der Kletterer sich auf den Weg gemacht, in voller Hochgebirgsausrüstung, mit Seilen und Pickeln und Nahrungsvorräten für eine Woche. Es hieß, daß er sich bis zur nächsten Kreuzung durchgeschlagen hätte, aber dort brach er sich den Knöchel, als er gegen ein im Schutt verborgenes Parkometer stieß. Trotzdem setzte er die gefährliche Gratwanderung fort, um in die freie Welt zu gelangen. Es glückte ihm nicht. Von einem der Kämme des großen Berges stürzte er viele Klafter tief in den Abgrund und verlor das Bewußtsein. Als er erwachte, war er stocktaub. Die Fährtensucher fanden ihn, an ein zerbrochenes Kanalgitter geklammert, das er offenbar für eine Gletscherspalte hielt. Von Zeit zu Zeit jodelte er.«
»Wieso hat man ihn überhaupt gefunden, Old Dad?«
»Die Fährtensucher machen sich jeden Tag auf den Weg«, erklärte der Alte mit gütigem Brüllen. »Sie su-

chen nach einem Pfad, nach einem Paß, der uns eines Tags in die Freiheit führen könnte...«
Auf der Ruine eines nahe gelegenen Hauses tauchten in diesem Augenblick zwei junge Fährtensucher auf, die sich an Stricken vorsichtig zur Spitze eines ragenden Schutthaufens herabließen und ein Signalfeuer entzündeten. Es stellte die letzte Verbindung des Stammes zur Außenwelt dar, seit die Brieftauben im Staub erstickt waren.
Von einem weiter entfernten Trümmerberg antworteten Blinkzeichen: große Flamme – kleine Flamme – groß – klein – klein – groß.
»Der Bürgermeister«, dechiffrierte Old Dad, »verspricht ... die Arbeit ... zu beschleunigen ...«
Über der Enklave erschien ein amtlicher Hubschrauber. Er versorgte die Eingeschlossenen mit koscherer Verpflegung, neuen Wattevorräten und »Letzten Mahnungen« der Steuerbehörde.
»Old Dad«, schrien die Kinder, »werden wir nie von hier wegkommen?«
Old Dad gab keine Antwort. Er selbst, das war ihm klar, würde den Tag nicht mehr erleben. Aber den Kleinen würde es vielleicht noch vergönnt sein, in der Untergrundbahn von Tel Aviv zu fahren. Vielleicht. Wer weiß.

Computer auf Verbrecherjagd

Jetzt, da die geheimnisvollen Morde im Supermarkt endlich aufgeklärt sind und der Mörder für alle Zeiten hinter Schloß und Riegel sitzt, muß die brillante Computerarbeit gelobt werden, die schon nach knapp zwei Jahren zur Verhaftung des Verbrechers führte.
Die Fakten sind bekannt. Der Täter betrat an jenem schicksalhaften Tag den Supermarkt und suchte nach Hustenbonbons. Als er keine fand, zog er eine Maschinenpistole hervor und erledigte dreizehn Kunden und eine Kassiererin. Dann drehte er sich um und ging davon. Die Kriminalpolizei setzte sofort den Zentralcomputer ein. Es war – wie einige Spezialisten später zugaben – so ziemlich die schwerste Aufgabe, mit der er je betraut wurde.
Lange Zeit schien es, als ob der Killer kein einziges Indiz hinterlassen hätte. Doch dann, im letzten Moment, kurz bevor man den Fall zu den Akten legen wollte, tauchte das Beweisstück auf, das die Polizei auf die Spur brachte.
Einer der erfahrensten Beamten fand ein langes, weißes Haar auf einer Dose veredelten Zwetschgenkompotts im untersten Fach eines Regals, und hier setzte der Computergigant zu einer logischen Kette von Schlußfolgerungen an.
Das weiße Haar, so folgerte er messerscharf, deutete auf eine ältere Person hin. Aus seiner Länge war zu schließen, daß der ehemalige Besitzer in finanziellen Nöten sein müßte, da er nicht in der Lage war, regel-

mäßig zum Friseur zu gehen. Daß dieses Haar ausgerechnet auf einer Dose Zwetschgenkompott klebte, wies weiter darauf hin, daß der Verbrecher unter Verstopfung leiden müsse. Darüber hinaus konnte man annehmen, daß jemand, der sich aus einem Regal ganz unten bedient, klein und kurzsichtig ist. So zog der Computer das Netz immer enger. Aus den vorhandenen Softwaredaten erhielten die Fachleute ein Phantom auf dem Bildschirm: einen älteren, kleingewachsenen, kurzsichtigen und schäbig gekleideten Mann mit strumpfbedecktem Gesicht, dessen verkrampfter Ausdruck von einem trägen Stuhlgang herrührte.

Das Bild des Täters wurde erst in der Presse veröffentlicht, kurz danach im Fernsehen gezeigt. Die Bevölkerung wurde ersucht, die Polizei bei der Verbrecherjagd zu unterstützen. Innerhalb weniger Tage meldeten sich bei den Behörden 327 Anrufer, die den Verdächtigen erkannt hatten. 321 davon behaupteten, es handle sich um den Bürgermeister von Jerusalem. Dieser hatte jedoch für die fragliche Zeit ein hieb- und stichfestes Alibi. Daher konzentrierte man sich auf die übrigen sechs Verdächtigen.

Sie wurden im Hof des Polizei-Hauptquartiers in eine Reihe gestellt, und etliche Stammkunden des Supermarkts wurden aufgefordert, den Mörder zu identifizieren. Im Anschluß daran wurden drei Stammkunden festgenommen, welche ihrerseits von den Verdächtigen identifiziert wurden.

Am nächsten Tag wurde der spektakuläre Fall vom Spezialcomputer endgültig aufgeklärt.

Auf dem Polizeirevier erschien nämlich eine blutjunge Bardame, die gegen die versprochene Belohnung ihren Freund, den Supermarkt-Killer, anzeigte. Es handelte sich um einen dünnen, hochgeschossenen, kurzgeschorenen jungen Strolch, der sich geweigert hatte, ihr ein Paar Ohrringe zu kaufen.

Made in Japan

In einer primären Phase des an empfindliche Mikroprozessoren angekoppelten nationalen Erwachens trug dieses begabte Volk auf seiner Stirn noch das Kainsmal des Besiegten. Es überschlug sich förmlich, um mit den Amerikanern gemeinsame Unternehmen zu gründen, wobei die Japaner Talent und Mittel, die Amerikaner den Namen des Unternehmens beisteuerten. So entstanden Panasonic, Sony, Sharp, Canon, National und die restlichen Geheimcodes aus Texas. Manchmal ging es auch zu weit. Das Riesenunternehmen, das etwa 100000 schlitzäugige Arbeiter, Ingenieure und Direktoren beschäftigt und etwa ein Drittel der weltweiten Produktion an Büromaschinen liefert, heißt bis heute Brother. Ein Name, der sich beim besten Willen nicht auf Harakiri reimt.

Sie wollten schlicht und einfach von der Welt als Sieger, als Amerikaner betrachtet werden. Das ist letzten Endes nicht verboten. Eines Tages beschloß Japan, den Uhrenweltmarkt unter die Lupe zu nehmen, und es begann, Schweizeruhren herzustellen, die genauso aussahen, genauso exakt liefen und genauso glänzten, allerdings nur die Hälfte kosteten. Die Fabrik wurde natürlich Citizen genannt, um die gelblichen Elemente des Mechanismus zu vertuschen. Danach entdeckten die Japaner Taschenrechner und Videogeräte. Und die Welt wurde im Einheitsrhythmus eines selbstverständlich ebenfalls in Japan hergestellten Metronoms mit diesen elektronischen Wundern überflutet, die sich im

Vergleich mit europäischen Erzeugnissen als ebenbürtig erwiesen. Vielleicht deshalb, weil auch die europäischen Erzeugnisse in Japan hergestellt werden. Zumindest ihre Innereien, der Mechanismus innerhalb der schneeweißen Hülle.

Und dennoch wurde der Westen allmählich etwas nervös angesichts dieser Eindringlinge, die alles ein wenig besser, ein wenig früher und sehr viel preiswerter machen. Was mag wohl ihr Geheimnis sein, fragte sich die freie Welt in berechtigter Panik, genügt es denn, einen Krieg zu verlieren, um so einen industriellen Aufschwung zu erleben, oder braucht man noch etwas darüber hinaus? Ist etwa, wie beim Fernsehen, die Farbe ausschlaggebend: schwarz-weiß nein, farbig ja? Einige westliche Gesellschaften, deren Bankrott unmittelbar bevorstand, legten mit letzten Kräften Rechenschaft vor sich selbst ab und griffen zur Statistik. Dabei erreichten sie Zahlen, die das Geheimnis in grellem Licht, wie das eines Heliumscheinwerfers, erscheinen ließen. Im holländischen Riesenwerk Philips, beispielsweise, stellen 1200 gut ausgebildete Arbeitskräfte rund 320 000 Fernsehröhren jährlich her. In dem vergleichbaren japanischen Werk wird im gleichen Zeitraum nur eine Viertelmillion Fernsehröhren von 168 Arbeitern hergestellt. In Worten: einhundertachtundsechzig. Weitere Fragen?
Darin besteht also der große Vorsprung dieser asiatischen Hundesöhne. Sie führen einen unlauteren Wettbewerb, sie arbeiten während der Arbeitszeit. Das ist so eine Art blöder Tradition bei ihnen, das Erbe fanati-

scher Vorfahren, fossiler religiöser Gesetze. Diese japanischen Eindringlinge haben nicht so viel Freizeit oder Feiertage wie wir. Bei ihnen werden an Wochenenden keine zwischen zwei Feiertagen liegende Werktage überbrückt. Bei ihnen werden Brücken gebaut.
Furchtbar – rauft sich der Westen die Haare –, wie kann man mit einem Land konkurrieren, dessen Gewerkschaften so schwach sind?

Der Wildwest hat recht. Mit ihnen ist kein Wettbewerb möglich. Langsam, aber sicher zeichnet sich Japan in den Augen der Menschen als eine gehobene Rasse ab, und nicht unbedingt im Einklang mit den Kolonialgesetzen des weißen Mannes. Bei den Japanern ist alles nur eine Frage des Beschlusses. Des Beschlusses nämlich, welcher Markt im kommenden Jahr erobert werden soll.
Eines trüben Abends beschloß beispielsweise der Besitzer einer armseligen Werkstatt auf einer kleinen Insel, das bereits verstorbene Zweiradvehikel – zu Lebzeiten »Motorrad« genannt – zu neuem Leben zu erwecken. Er veränderte die Welt gleich in zweifacher Hinsicht. Zunächst brachte er diese lauten Monster auf die Straßen zurück, zweitens borgte er sich nicht wie üblich eine amerikanische Tarnung, sondern riskierte den eigenen Namen. Honda. Der Rest ist Historie. Oder Hysterie, je nach Standpunkt. Seit einem Jahrdutzend gelten die internationalen Motorradrennen als interner japanischer Wettkampf. Wird nun Suzukis Maschine gewinnen, oder wird es Kawasaki oder Yamaha sein, das ist die Frage. In den letzten Jahren begann sich das

Werk Yamaha auch für andere Artikel zu interessieren und wurde nebenbei zu einem der führenden Orgel- und Klavierhersteller der Welt. Eine Frage des Beschlusses, wie gesagt. Der Pianist Arthur Rubinstein erzählte mir, das Philharmonische Orchester Tokio sei eines der besten der Musikwelt. Eines Tages beschloß es schlicht und einfach, eben wunderbar zu spielen, und da wird eben wunderbar gespielt. Auch ihre Filme sind vernichtend geworden. Vor ca. 50 Jahren kopierten sie die Hollywood-Schnulzen, heute läuft es in umgekehrter Richtung. Von dem berühmten »Rashomon« produzierten die Amerikaner bisher drei eigene Imitationen. »Die sieben Samurai« übernahm man in Hollywood mit stammelnden Dankesworten und verwandelte sie in »Die glorreichen Sieben«...
Jetzt kam Subaru anstelle des Samurai.
Das war der Augenblick, in dem den westlichen Imperien der Atem stockte und die Augen zu zwinkern begannen. Die Japaner hatten beschlossen, von zwei auf vier Räder umzusteigen und eigene Automobile herzustellen. »Wir haben gut zehn Jahre Vorsprung«, trösteten sich die Produktionsspezialisten in Detroit, »Autos sind weder Transistorgeräte noch Kameras, nicht einmal Kopiergeräte«. Es dauerte ganze zwei Jahre. Dann erschienen die Inserate mit den unmöglichen Namen wie Datsun, Toyota, Mazda und so fort. Heute befinden sich alle anderen Autohersteller in einer schweren psychologischen Krise. Volkswagen entläßt Arbeiter am laufenden Band, Chrysler versinkt in Schulden, Ford weist zum Jahresschluß ein Defizit von 1,5 Milliarden Dollar auf – und Mitsubishi kommt erst jetzt in Schwung. Das japanische Auto ist hübscher, schneller, besser, preiswerter und und und. Sie

sind der Konkurrenz stets einen kleinen Schritt voraus. Honda hat vor kurzem den ersten Kleinstwagen mit Servolenkung herausgebracht, Mazda stellt die revolutionären Wankelmotoren her...
Wie kommt es? – fragt man sich in Industriellenklubs und auf sozialistischen Kongressen – wie kommt es, zum Teufel noch mal, daß sie so erfolgreich sind, während wir doch größer und weißer sind? Vor 80 Jahren wußten diese armen Schlucker nicht einmal, wie eine Flachzange aussieht, und heute produzieren sie automatisch Automaten für die automatische Produktion...

Was tun? Wirklich? Mehr arbeiten kommt wegen Marx und Spencer nicht in Frage, die Produktionskosten senken kann man wegen der Gewerkschaften nicht. Übrig bleiben Schutzzölle, das heißt, Japan zu verbieten, sämtliche Lokalmärkte durch die hohe Qualität seiner Produkte zu zerstören. Allerdings ist es etwas peinlich, sich vor diese lächelnden Gelben zu stellen und ihnen zu sagen: Hört mal zu, aus familiären Gründen sind wir leicht in Verzug geraten...
Vorerst versucht jedoch der Westen noch, sein Gesicht zu wahren:
Ein wenig Verständnis, bitte – flüsterten sie diesen anderthalb Meter großen Riesen ins Ohr – beherrscht euch, in Gottes Namen. Beschränkt von euch aus eure Ausfuhren, sonst bricht bei uns mit ohrenbetäubendem Lärm alles zusammen. Wir haben Familie, Kinder, erbarmet euch unser, bitte...
Japan besitzt nicht ein einziges Körnchen an Natur-

schätzen, alles muß im Ausland gegen harte Devisen erworben werden. Bald werden sie den ersten Platz unter den Stahlproduzenten der Welt einnehmen. Ärgerlich, nicht? Gerüchten zufolge erwägen die Führer der freien Welt, bei verzweifelten Maßnahmen Hilfe zu suchen. Ähnlich wie die Deutschen nach Ende des Ersten Weltkrieges Lenin in einem geschlossenen Waggon in das zaristische Rußland schmuggelten, beabsichtigen sie angeblich, einige Streikexperten des israelischen Gewerkschaftverbands nach Japan einzuschleusen, um dort wirksame Betriebsräte zu organisieren. Anders seien sie nicht zu bremsen, lautet die allgemeine Ansicht.

Inzwischen flattern die Nerven. Beruft der Generaldirektor von Toshiba oder Sanyo das Direktorium zur Besprechung der Programme für das folgende Jahr ein, bleibt in den Apotheken Europas nicht eine einzige Beruhigungstablette übrig. Der verschleierte Blick wandert über die Märkte: »Nein!« schreien die Kaugummihersteller überall auf. »Bitte, Kaugummi nicht, keinen Kaugummi herstellen!« Denn man weiß, wie es weitergehen würde. Der japanische Kaugummi kommt in einem Papier verpackt, das an dem Gummi nicht kleben bleibt, und er enthält Vitamine. Er behält seinen Geschmack über zwölf Stunden lang und spuckt sich dann von selbst aus. Hilfe! Es hängt lediglich von einem Beschluß ab. Widerstand ist aussichtslos. Wird heute in Italien eine neue Badewanne auf den Markt gebracht, die Badeöl ausscheidet und mittels eines Thermostats die Wasserwärme konstant hält, so

erscheinen morgen in Italien Badewannen von Mitsubishi, die alle diese Funktionen auch haben, darüber hinaus eine Reisegeschwindigkeit von dreißig Stundenkilometern bieten und Puccinis Opern in Quadrophonie spielen...
Angeblich soll eine kleine Fabrik in Nagasaki kürzlich mit der Herstellung von Sacher-Torten begonnen haben, die nach Wien exportiert werden. Sie sollen schmackhafter sein, sagt man.
Die Welt ist völlig entsetzt, beschämt und verzweifelt. Im Laufe der Jahre haben sich die Menschen daran gewöhnt, daß an der Unterseite eines jeden hübschen, ausgeklügelten und preiswerten Artikels »Made in Japan« steht, manchmal auch »in Hongkong« oder »in Taiwan«, sofern hier eine Zusammenarbeit mit Japan vorliegt.
Es geht noch weiter. In den letzten Jahren schmuggelte sich ein neues Modell der deutschen Opel-Werke namens Manta in den Automarkt hinein. Merkwürdiger Name, was? Er klingt so exotisch. Und das ist wahrlich die Endphase der technologischen Entwicklung im Westen. Man borgt sich bereits japanische Namen, um das Vertrauen der Käufer zu gewinnen. Bald bringt Volvo sein Modell »Coyotta« auf den Markt, und General Motors bereitet insgeheim den Schlager der nächsten Saison vor, den typischen amerikanischen Sportwagen mit dem Namen »Pishimishi«...
Der Verfasser dieser Zeilen nimmt seine in Tokio gedruckten Bücher in die Hand und betrachtet seine Humoresken, die in jenen merkwürdigen Schriftzeichen von oben nach unten laufen. Großer Gott, sagt er in seinem Innersten, ich fürchte, daß es in japanisch besser ist, es *muß* in japanisch besser sein.

Die Bombe für alle

Schulz hielt mich an der Ecke Arlosoroffstraße an:
»Nehmen Sie mich mit?« fragte er, »ich muß dringend zur Post...«
Ich ließ ihn einsteigen. Schulz war sehr aufgeregt. Ich fragte ihn, was los sei.
»Fragen Sie mich nicht! Mein Schwager hat mir aus Deutschland eine Atombombe geschickt.«
»Was?«
»Ja, entsetzlich, nicht wahr? Ich habe zwar in einer Zeitschrift gelesen, daß es in Deutschland ein Verfahren gibt, das es jedermann möglich macht, Atomwaffen einfach und billig herzustellen. Aber so etwas verschickt man doch nicht per Post!«
»Sehr merkwürdig, muß ich sagen.«
»Neuerdings sieht es so aus, daß sich tatsächlich der kleine Mann die Bombe leisten kann. Sehen Sie, was mein Schwager schreibt: ›P. S.‹, schreibt Friedrich da, ›Ich habe auch eine kleine Überraschung für Dich. Per Luftpost geht heute eine Atombombe an Dich ab. Alles Gute!‹«
»Er übertreibt.«
»Friedrich war schon immer großzügig«, sagte Schulz, »aber was soll ich mit der Bombe anfangen?«
»Weiß ich auch nicht. Ich habe noch nie eine gehabt.«
»Josepha macht mich ganz verrückt. ›Ich will keine Atombomben im Haus‹, schrie sie mir nach, als ich das Haus verließ, ›ich habe genug Ärger mit dem Kleinen!‹ Weiß Gott, sie hat recht. Ich sehe es selbst nicht gern,

wenn Danny mit einer Atombombe spielt. Da könnte ich für nichts garantieren. Er nimmt nämlich alles auseinander, was ihm in die Finger kommt. – Und außerdem: wo soll ich die Bombe aufbewahren? Im Kühlschrank vielleicht?«

»Ist sie groß, Ihre Bombe?«

»Keine Ahnung. Ich bin schließlich kein Fachmann. Ich werde die Gebrauchsanweisung lesen. Jedenfalls hoffe ich, daß er nicht das größte Modell gekauft hat. Unser Kühlschrank ist nämlich sehr klein. Aber Josepha will sowieso einen neuen. Eines können Sie mir glauben, wenn Friedrich nicht so empfindlich wäre, würde ich ihm die Bombe sofort zurückschicken. Wer braucht schon eine Atombombe? Glauben Sie, ich darf sie ausprobieren?«

»Wenn Sie die richtigen Beziehungen haben...«

»Ich weiß nur, daß ich noch eine Menge Ärger kriegen werde. Sie wissen ja, wie unsere Nachbarn sind, die halten uns jetzt schon für eingebildet. Deshalb kann ich es Josepha nicht übelnehmen, wenn sie die Bombe loswerden will. ›Verkauf sie doch‹, sagte sie. Wären Sie vielleicht interessiert?«

»Nicht direkt.«

»Schon gut. Josepha meint, die Regierung würde sie uns gern abkaufen. Aber ich antwortete ihr: ›Das wäre ein schönes Geschäft. Und soll ich meinem Schwager erzählen, wenn er uns besucht und fragt: Wo ist die Bombe, die ich euch geschickt habe? – Die habe ich verkauft Friedrich.‹?«

»Dann verkaufen Sie sie eben nicht.«

»So einfach ist das auch nicht. Es ist eine große Verantwortung dabei und viel Schererei. Zunächst einmal die Teilnahme an all diesen Abrüstungskonferenzen. Das

ist doch absurd. Wer hat schon Zeit für solchen Unsinn?«
»Amerika, China, England, Frankreich«, begann ich in alphabetischer Reihenfolge, »die Sowjetunion und Schulz.«
»Nein, ich fahre nicht hin.«
»Warum nicht?«
»Ich bin zu schüchtern. Und ich kann keine Reden halten. Davon abgesehen habe ich nur eine einzige Bombe. Was werden sie also von mir verlangen? Daß ich meine Bombe vernichten soll. Ich weiß doch, wie die sind. Aber ich mach nichts kaputt. Wer sagt mir, daß die Chinesen ihren Bombenvorrat auch vernichten, stimmt's?«
»Stimmt.«
»Glauben Sie mir, diese deutsche Erfindung stellt die ganze Welt auf den Kopf. Ein normaler Mensch kann die Kosten gar nicht aufbringen.«
»Was für Kosten?«
»Denken Sie nur an die Versicherung. Ich kann unmöglich das Risiko einer Explosion der Bombe in meinem Haus auf mich nehmen. Und wenn die Bombe kaputtgeht? Wer soll sie reparieren? Unser Klempner vielleicht?«
»Warum sollte sie kaputtgehen? Sie ist doch brandneu?«
»Ich nehme an, sie hat ein Jahr Garantie. Aber in der Regel gelten solche Garantien nicht bei Naturkatastrophen oder Krieg. Es ist einfach lächerlich – denn wann benutzt man schließlich eine Atombombe? Im Krieg!«
»Wollen Sie sie denn wirklich benutzen?«
»Was denn sonst?«
»Wie stellen Sie sich die Beförderung vor?«

»Per Post.«

Schulz bekam sich wieder in den Griff.

»In Wirklichkeit ist es mir egal«, sagte er. »Dann habe ich eben eine Bombe im Haus. Die Großmächte benutzen sie ja auch nicht. Ich werde sie aufheben – für alle Fälle. Wenn Sie's genau wissen wollen, ist der Gedanke, eine Bombe im Haus zu haben, ein schönes Gefühl.«

»Warum?«

»Ich weiß es selber nicht. Ich fühle mich wohl dabei. Es verschafft einem eine Menge Selbstbewußtsein. Vorausgesetzt, Danny findet sie nicht...«

Wir waren am Paketschalter angekommen. Schulz bezahlte 46 Shekel Zoll und 26 Shekel Luxussteuer.

»Vorsicht«, warnte er die Beamten, »da drin ist ein Bombe.«

Das Paket war klein. Zwei Polizisten halfen uns beim Öffnen. Mit angehaltenem Atem holten wir eine in allen Farben schillernde Geschenkpackung hervor, auf der zu lesen stand:

»Lang lebe das Atom! Eine perfekte Nachbildung der Atombombe inklusive Blitz und Knall... Ein Spaß für Kinder und Erwachsene!«

»Friedrich ist verrückt«, schnaubte Schulz, »das ist für Danny zum Geburtstag.« Dann fügte er mit träumerischem Blick hinzu: »Und ich hatte mich schon so an den Gedanken gewöhnt.«

Kishons beste
Autofahrergeschichten

Inhalt

Süß ist die Rache *11*

Typisch weiblich *15*

Es bleibt in der Familie *21*

Hiob's schwerste Prüfung *27*

Nonstop Autostop *40*

Höhere Versicherungspolitik *44*

Im Rausch der Geschwindigkeit *51*

Im Anfang war das Ei *55*

Privatparkplatz *61*

Der letzte Schrei der Medien *65*

Süß ist die Reue *72*

In den Händen der Chauvinisten *78*

Ein Parasit fährt mit 87

Die Gefahren der guten Kinderstube 95

Jede Münze hat zwei Seiten 99

Ein verkehrter Verkehrsunfall 109

Verfolgungswahn 116

Das Werkstatt-Kabarett 120

Schade um das Benzin 124

Auf Ölsuche 134

Rauchzeichen 137

Busfahren ist gefährlich 143

Augenzeugen müssen blind sein 147

Amtshandlung mit menschlichen Zügen 154

Rechtsprechung mit menschlichen Zügen 157

Freund in der Not 163

Fernsehen hat Vorrang 166

Für die Katz' 174

Parkplatz-Safari 177

Ein Profi am Steuer 183

Auch Radfahren ist gefährlich 186

Die Kunst der Höflichkeit *200*

Gottes Hand und Josseles Fuß *205*

Autofahren ist gesund *208*

Ein Tag ohne Dienstwagen *210*

Ein abstrakter Strafzettel *220*

Im Westen nichts Neues *224*

Tour d'Obélisque *233*

Ein vierbeiniger Autofan *242*

Wir gehen in den Untergrund *251*

Ein gewöhnliches Sonderangebot *257*

Und am Ende steht die Parklaterne *265*

Im Anfang war das Benzin und der Vergaser. Dann schuf Gott den Motor und die Karosserie, die Hupe und das Verkehrslicht. Dann betrachtete Er sein Werk und sah, daß es nicht genug war. Darum schuf Er noch das Halteverbot und den Verkehrspolizisten. Und als dies alles geschaffen war, stieg Satanas aus der Hölle empor und schuf die Parkplätze.

Süß ist die Rache

Wir saßen auf der Terrasse unseres Lieblings-Cafés, Jossele und ich, schlürften unseren Lieblings-Espresso und warfen sehnsüchtige Blicke auf die Parkverbotstafeln entlang des Gehsteigs. Um diese dämmerige Abendstunde pflegten wir das »Espresso-Gambit« zu eröffnen, auch »Auto-Adoptivspiel« genannt. Aber noch wollte sich kein Verkehrspolizist zeigen. Es dauerte eine gute Stunde, ehe der erste Vertreter dieser liebenswerten Spezies auftauchte, schlank, rank, schlenkernden Schritts und gestutzten Schnurrbarts.

In fiebriger Anspannung warteten wir, bis er vor einem knallroten, zwischen zwei Parkverbotstafeln parkenden Sportwagen haltmachte und den Strafzettelblock aus seiner Brusttasche zog. Als er den Bleistift ansetzte, also genau im richtigen Augenblick, sprang Jossele auf und stürzte hinzu:

»Halt, halt!« keuchte er. »Ich bin da nur für eine Minute hineingegangen... nur um einen Espresso zu trinken...«

»Herr«, antwortete das Gesetz, »erzählen Sie das dem Verkehrsrichter.«

»Wenn ich doch aber wirklich nur für eine Minute...«

»Sie stören eine Amtshandlung, Herr!«

»Wirklich nur für einen raschen Espresso... Wie wär's, und Sie drücken ausnahmsweise einmal ein Auge zu, Inspektor?«

Der Polizist füllte mit genießerischer Langsamkeit den Strafzettel aus, befestigte ihn am Scheibenwischer und sah Jossele durchdringend an:

»Können Sie lesen, Herr?«

»Gewiß.«

»Dann lesen Sie, was auf dieser Tafel steht!«

»Parken verboten von 0 bis 24 Uhr«, murmelte Jossele schuldbewußt. »Aber wegen einer lächerlichen Minute... wegen einer solchen Lappalie...«

»Noch eine einzige derartige Bemerkung, Herr, und ich bringe auch den Paragraph 17 in Anwendung, weil Sie zu weit vom Randstein geparkt haben.«

»Sehen Sie?« fragte Jossele. »Das ist der Grund, warum die Menschen Sie hassen.«

»Paragraph 17«, antwortete der Ordnungshüter, während er ein neues Strafmandat ausschrieb. »Und wenn Sie mich noch lange provozieren, verhafte ich Sie.«

»Warum?«

»Ich schulde Ihnen keine Erklärung, Herr. Ihre Papiere!«

Jossele reichte sie ihm.

»Herr! Ihre Krankenkasse interessiert mich nicht! Wo ist Ihr Führerschein?«

»Ich habe keinen.«

»Sie haben keinen?! Paragraph 23. Haben Sie einen Zulassungsschein? Eine Steuerkarte? Eine Unfallversicherung?«

»Nein.«

»Nein?«

»Nein. Ich habe ja auch keinen Wagen.«

Stille. Lastende, lähmende Stille.

»Sie haben... keinen... Wagen?« Das Auge des Gesetzes zwinkerte nervös. »Ja, aber... wem gehört dann dieses rote Cabriolet?«

»Wie soll ich das wissen?« replizierte Jossele, nun schon ein wenig verärgert. »Ich bin ja nur für einen raschen Espresso hier ins Café gegangen. Das ist alles, und das versuche ich Ihnen

die ganze Zeit zu erklären. Aber Sie hören ja nicht zu...«
Das Amtsorgan erbleichte. Seine Kinnladen bewegten sich lautlos, wenn auch rhythmisch. Langsam zog er das zweite Strafmandat hinter dem Scheibenwischer hervor und zerriß es in kleine Teilchen, einen Ausdruck unendlicher Trauer in seinem Gesicht. Dann verschwand er in der Dunkelheit.
Der arme Kerl wird nie mehr derselbe sein.

Typisch weiblich

Der erste Wagen, den wir besaßen, die beste Ehefrau von allen und manchmal ich, wurde seiner französischen Herkunft wegen »Mademoiselle« geheißen – sie war ein großartiges Produkt.
»Klopfen wir auf Holz«, sagte ich demnach eines Morgens beim Abschied vor der Haustür. »Jetzt fahren wir unseren lieben kleinen Wagen schon zwei Jahre, und er weiß noch immer nicht, wie eine Reparaturwerkstätte von innen aussieht!«
Ich winkte und fuhr los.
Als ich kurz danach aufs Gas stieg, begann der liebe kleine Wagen vehement zu husten und zu stottern, vollführte einen Riesensprung nach vorn, dann nach hinten, produzierte ein wahres Sperrfeuer von Fehlzündungen und hatte

gerade noch Kraft genug, um die Werkstatt von Mike dem Auswechsler zu erreichen.

Mike ist mein Lieblingsmechaniker, ein hervorragender Fachmann, ein angenehmer, gefälliger, fleißiger Zeitgenosse mit einem goldenen Herzen und einem einzigen, allerdings verhängnisvollen Laster: er wechselt leidenschaftlich gerne Bestandteile aus. Bei der geringsten Erwähnung eines Autobestandteils, sei's auch in lobendem Sinn, bricht unwiderstehlich sein Tatendrang hervor, und in Sekundenschnelle ist der betreffende Bestandteil durch einen neuen ersetzt. Der alte erweist sich dann immer als· schadhaft, zumindest für Mikes scharfe Augen. Ich meinerseits kann noch so angestrengt hinschauen und sehe keinen Schaden.

»Wenn Sie ihn sehen könnten«, belehrt mich Mike ein wenig von oben herab, »hätte der Wagen sich nicht mehr von der Stelle gerührt.« Angeblich hat Mike schon manch ein Fahrzeug komplett ausgewechselt, Stück für Stück. Man darf seiner Gründlichkeit blindlings vertrauen. Ich brachte ihm also meine vom Heuschnupfen befallene Mademoiselle, stieg aus und schilderte ihm, was geschehen war.

Mike setzte sich ans Steuer, startete, trat aufs Gas – und Mademoiselle hustete weder noch spukte sie, gab keine Fehlzündung von sich und keinerlei störendes Motorengeräusch.

»Der Wagen ist vollkommen in Ordnung«, sagte Mike. »Ich weiß nicht, was Sie wollen.«

Um sicherzugehen, öffnete er die Haube, kontrollierte den Vergaser und wechselte einen Verteilerarm aus.

Ich fuhr ab. Mademoiselle glitt majestätisch die Straße entlang.

An der nächsten Straßenecke erlitt sie einen neuen, heftigen Hustenanfall, dem eine Fehlzündungskanonade folgte.

Wütend kehrte ich zu Mike zurück. Er ließ ein anderes inzwischen angelangtes Opfer stehen, startete Mademoiselle und fragte: »Wollen Sie mich zum Narren halten?«

Ich gab ihm mein Ehrenwort, daß Mademoiselle, kaum daß wir ihn verlassen hatten, in ihren alten Husten verfallen war.

Mike schnitt eine Grimasse, wechselte zwei Zündkerzen aus (sie waren schadhaft) und sagte:

»Sie sollen bis ans Lebensende so gesund sein wie dieser Wagen.«

Ohne zu wissen, womit ich mir diesen Fluch verdient hatte, fuhr ich los. Diesmal dauerte es etwas länger, ehe Mademoiselle ihren nächsten

Anfall bekam. Ich fühlte, wie mir das Blut zu Kopf stieg, aber da half nichts. Ich ließ den Wagen stehen und begab mich zu Fuß in die Werkstatt.

»Mike«, sagte ich, »Sie müssen mit mir kommen.«

Mike verfärbte sich, und die Ausdrucksweise, derer er sich bediente, ließ an Ordinärheit nichts zu wünschen übrig. Er hätte den Wagen zweimal kontrolliert, sagte er, und ich verstünde vielleicht etwas vom Schreiben, aber in bezug auf Autos wäre ich ein Analphabet.

Schließlich gab er meinen flehentlichen Bitten nach und ging mit mir.

Mademoiselle erwartete uns am Straßenrand. Mike startete sie.

»Zum Teufel!« brüllte er. »Der Wagen läuft wie ein Uhrwerk!«

»Ja, jetzt«, brachte ich zitternd hervor. »Aber fahren Sie doch einmal mit ihr.«

Wir fuhren eine halbe Stunde in einer zum Bersten angespannten Stimmung. Wohlgelaunt war nur Mademoiselle. Sie ging mit unbeschreiblicher Eleganz in die Kurven, steigerte beim Überholen mühelos ihr Tempo und gebärdete sich überhaupt musterhaft.

Wieder in der Garage angelangt, wandte sich

Mike mit angewidertem Gesichtsausdruck an mich:
»Hysterie ist eine gefährliche Krankheit. *Sie* brauchen eine Behandlung, nicht der Wagen.«
»Mike, bitte glauben Sie mir!« Ich lag beinahe im Staub vor ihm. »Solange Sie da sind, macht der Wagen keine Schwierigkeiten. Aber wenn er weiß, daß er mit mir allein ist...«
»Blödsinn.«
»Tun Sie mir einen einzigen Gefallen, Mike«, flüsterte ich. »Sagen Sie laut und deutlich ›Schalom, auf Wiedersehen‹, schlagen Sie die Tür zu und tun Sie so, als ob Sie weggingen. Aber in Wirklichkeit bleiben Sie neben mir sitzen.«
»Sind Sie verrückt geworden?« Mike wandte sich zornig ab. Er weigerte sich sogar, irgendeinen Bestandteil auszuwechseln.
Schweren Herzens machte ich mich auf den Heimweg. Eine Weile ging es ganz gut. Aber in der Arlosoroffstraße fing es wieder an. Und diesmal war es kein gewöhnlicher Husten, sondern ein richtiges Asthma.
Ich drehte um, Richtung Werkstatt. Zwischen den einzelnen Fehlzündungen probte ich den Text für Mike.
»Da bin ich wieder«, sagte ich. »Mademoiselle

macht immer noch die alten Mucken. Hören Sie selbst, Mike.«
Und während ich so sprach – zuerst wollte ich's gar nicht glauben –, aber es konnte kein Zweifel sein: während ich noch sprach, verfiel Mademoiselle allmählich in eine normale Gangart.
»Hören Sie mich, Mike?« Ich steigerte meine Stimme. »Was habe ich Ihnen gesagt? Jetzt glauben Sie mir hoffentlich, Mike.«
Mademoiselles Tempo war klaglos und gleichmäßig. Das Summen ihres Motors klang wie Musik.
Und dabei ist es dann geblieben. Wenn sie mich mit Mike sprechen hörte, benahm sie sich wie ein wohlerzogenes Auto. Die kleine Anstrengung und das gelegentliche Kopfschütteln der Passanten, besonders wenn die Verkehrsampel auf Halt steht, mußte ich eben auf mich nehmen.

Es bleibt
in der Familie

Im vorliegenden Fall rühren die erwähnten Kümmernisse hauptsächlich von Autofahrten im Kreis der Familie her. Kaum bin ich zehn Meter gefahren, stößt die beste Ehefrau von allen ihren ersten schrillen Schrei aus: »Rot! Rot!« Oder: »Ein Radfahrer! *Gib auf den Radfahrer acht!*«

Diese Begleittexte kommen immer paarweise: der erste mit einem Rufezeichen, der zweite im Sperrdruck. Früher einmal versuchte ich meiner Gattin beizubringen, daß ich seit meiner Kindheit einen Führerschein besitze und noch keines einzigen Vergehens gegen die Verkehrsordnung schuldig geworden bin, daß ich ebenso viele Augen habe wie sie, vielleicht sogar mehr, und daß ich sehr gut ohne ihren Sperrdruck auskommen kann. Seit einigen Jah-

ren habe ich diesen Zuspruch aufgegeben. Es hilft nichts. Genausogut könnte man den Arabern zureden, sich mit der Existenz Israels abzufinden. Sie hört mir einfach nicht zu. Sie ihrerseits hat schon elf Verkehrsstrafen bekommen, aber an denen bin ich schuld. Es kann geschehen, daß wir durch eine völlig men-

schenleere Straße fahren – und plötzlich dringt ihr Schreckensruf an mein Ohr:
»Ephraim! *Ephraim!*«
Ich reiße das Steuer herum, gerate auf den Gehsteig, stoße zwei Koloniakübel um und krache in den Rollbalken einer Wäscherei. Dann stelle ich die Reste des Motors ab und blicke um mich. Weit und breit ist nichts und niemand zu sehen. Die Straße ist so verlassen wie der unwirtlichste Teil der Negev-Wüste.
»Warum hast du geschrien?« erkundige ich mich und füge im Sperrdruck hinzu: »*Warum hast du geschrien?*«
»Weil du unkonzentriert gefahren bist. Überhaupt – wie du fährst! *Wie du fährst!*« Und sie schnallt demonstrativ ihren Sicherheitsgurt etwas fester.
Die Kinder nehmen natürlich Partei für Mammi. Das erste Tier, das meine kleine Tochter Renana erkennen lernte, war ein Zebrastreifen. *Ein Zebrastreifen!* Auch ihr Großvater stellt oft und gerne fest, daß ich wie ein Verrückter fahre. *Wie ein Verrückter!* Neulich nahm er mich zur Seite, um von Mann zu Mann ein paar mahnende Worte an mich zu richten:
»Du hast doch Sorgen genug, mein Junge. Du bist ein schöpferischer Mensch. Du denkst

beim Fahren an alles mögliche. Warum überläßt du es nicht meiner Tochter?«

Auch die Kinder haben es schon gelernt:

»Pappi«, tönt es von den Hintersitzen, »du bist nicht konzentriert. Laß doch Mammi... *laß doch Mammi...*«

Diese entwürdigenden Sticheleien finden ihre Fortsetzung, wenn ich nach Hause komme:

»Es ist nur Pappi«, ruft mein rothaariger Sohn Amir in die Küche. »Nichts ist passiert.«

Warum soll etwas passiert sein? Und warum »nur« Pappi?

Und ihre Mutter unterstützt sie noch:

»Ich würde lachen, wenn dich jetzt ein Verkehrspolizist erwischt! *Ich würde lachen!*« Oder: »Das kostet dich den Führerschein! *Das kostet dich den Führerschein!*«

Laut eigener Aussage kann sie sich nur entspannen, wenn sie selbst fährt. Manchmal entwindet sie mir das Lenkrad mit Gewalt und unter lautem Beifall der Galerie. Bisher ist sie zweimal mit je einem Fernlaster zusammengestoßen, einmal mit einem Klavier, hat mehrere Parkometer umgelegt und ungezählte Katzen überfahren.

»Weil deine wilde Fahrerei mich ansteckt«, erläutert sie.

Neuerdings beteiligt sich sogar unsere Hündin Franzi an der gegen mich gerichteten Verschwörung. In jeder Kurve steckt sie den Kopf zum Fenster hinaus und bellt laut und scharf: »Wau! *Wau!*« Zweimal. Das zweite Mal im Sperrdruck. Sie will, so dolmetscht meine Mitfahrerin, zum Ausdruck bringen, daß ich das Lenkrad mit beiden Händen halten soll. Wie jeder andere. *Wie jeder andere!*
Es gibt auch rückwirkende Zurechtweisungen. Zum Beispiel passiere ich glatt und anstandslos zwei Fußgänger und werde nach ein paar Metern vorwurfsvoll gefragt:
»Hast du sie gesehen? *Hast du sie gesehen?*«
Natürlich habe ich sie gesehen. *Natürlich habe ich sie gesehen.* Sonst hätte ich sie ja niedergefahren oder wenigstens gestreift, nicht wahr.
»Was machst du denn, um Gottes willen!« lautet der nächste Mahnruf. »*Was machst du?*«
»Ich mache 45 Kilometer in der Stunde.«
»Du wirst noch im Krankenhaus enden. Oder im Gefängnis. *Oder im Krankenhaus!*«
Sie selbst fährt einen Stundendurchschnitt von 120 km, was ungefähr der Schnelligkeitsrate ihrer Kommentare entspricht. Unlängst riß sie den Wagen an sich, sauste zum Supermarkt und wurde unterwegs von einer Verkehrsam-

pel angefahren. Sie kroch unter den Trümmern hervor, bleich, aber ungebrochen, und seither folgt mir ihr vorwurfsvoller Blick auf Schritt und Tritt.

»Stell dir vor, du armer Kerl«, will dieser Blick bedeuten, »stell dir vor, was für ein Unglück es gegeben hätte, wenn *du* gefahren wärst.«

Ich bin nach längerem Nachdenken zu dem Entschluß gelangt, mir die bewährte »Do-it-yourself«-Methode zu eigen zu machen, und tatsächlich geht es jetzt viel besser. Um meiner Familie jede Aufregung zu ersparen, stoße ich selbst die entsprechenden Vorwarnungen aus: »Nach 50 Metern kommt ein Stoppzeichen«, verlautbare ich bei einer Stundengeschwindigkeit von 30 km. »*Ein Stoppzeichen nach 50 Metern!*« Oder: »Nicht bei Gelb, Ephraim! *Nicht bei Gelb!*« Und nachdem ich über eine harmlose Kurve hinweggekommen bin: »Wie ich fahre! *Wie ich fahre!*«

Auf diese Weise herrscht in meinem Wagen nun doch eine Art von Fahrerfrieden. Die beste Ehefrau von allen sitzt mit zusammengepreßten Lippen neben mir, die Kinder verachten mich stumm, der Hund bellt zweimal, und ich fahre langsam aus der Haut.

Hiob's schwerste Prüfung

In der Stadt Tel Aviv lebte ein Mann, der hieß Hiob Grodetzky. Er war ein rechtschaffener Mann, befolgte das Gesetz und tat kein Übel, und mit der Zeit wurden ihm sieben Söhne geboren.
Es betrieb aber dieser Mann Hiob einen Lieferwagen, und betrieb ihn sonder Fehl und Tadel, und lenkte ihn tugendhaft und achtete darauf, niemals eine Geschwindigkeitsgrenze zu überschreiten, nicht in der Stadt noch auf den Überlandstraßen, und fuhr kreuz und quer durch das Land und hinauf und hinab, und immer auf der rechten Bahn, und nicht zu schnell. Und hat kein Verkehrspolizist jemals Hand an ihn gelegt oder ihm ein Strafmandat ausgestellt. Und zahlte dieser Mann Hiob seine Einkommensteuer schon vor dem Fälligkeitstermin

und war der einzige im ganzen Land, der solches tat.

Es geschah aber eines Tages, daß sich die Schergen der Stadtverwaltung vor dem Bürgermeister versammelten, und gesellte sich Satanas zu ihnen.

Und sprach der Bürgermeister, zu Satanas gewandt:

»Kennst du meinen Knecht Grodetzky, welcher ein rechtschaffener Mann ist, der das Gesetz befolgt und kein Übel tut?«

Und Satanas antwortete dem Bürgermeister, und sprach: »Der hat leicht rechtschaffen sein, der Kerl, da du ihn doch mit einer Schutzhecke umgeben hast und keine Versuchung an ihn heranlässest. So du aber deine Hand ausstreckst und ihm Schwierigkeiten in den Weg legst, wird er seiner Tugend und wird dir fluchen, daß es dir in den Ohren gellt.«

Und schlossen Satanas und der Bürgermeister eine Wette, und sprach der Bürgermeister zu Satanas, und sprach:

»Siehe, fortan ist dieser Mann Grodetzky in deiner Hand, und darfst du ihm alles antun, nur keine Gewalt.«

Satanas aber nickte und entfernte sich vom Angesicht des Bürgermeisters.

Nicht lange, da erhob sich Hiob Grodetzky am Morgen von seinem Lager, und ging in den Hof seines Hauses, wie er's zu tun pflog an jedem Morgen, um mit seinem Lieferwagen auszufahren. Denn er parkte den Lieferwagen immer und stets im Hof seines Hauses. Denn er wohnte in einer von geparkten Autos überfüllten Geschäftsstraße, und fand keinen andern Platz als seinen Hof, um den Wagen darin zu parken und am Morgen mit ihm auszufahren. An diesem Morgen aber, als er den Hof betrat, fiel bleicher Schrecken auf ihn, und er erbebte vor dem Anblick des gewaltigen Lastwagens, der da in der Ausfahrt stand und ihm den Weg versperrte.

Und Hiob begann zu rufen und zu hupen, und ging zu den Inwohnern des Hauses, um nach dem Fahrer des Lastwagens zu fragen, und ging in die umliegenden Häuser und fragte, und wurde ihm weder Antwort noch Fingerzeig. Erst gegen elf Uhr vormittags kam gemessenen Schrittes ein Mann daher, das war Eliphas der Parker, und Hiob schrie ihm entgegen, und schrie:

»Sahest du nicht mit dem Blick deiner Augen, daß hier eine Ausfahrt ist und daß du hier nicht parken kannst?«

»Ich sehe nichts«, widerredete ihm der andere, »und ich kann parken, wo ich will.«
Und ließ nicht ab zu parken, wo er geparkt hatte, und parkte dortselbst am folgenden Tag und am Mittwoch, und der Mann Hiob konnte zur Nacht den Segen des Schlafes nicht finden aus lauter Furcht, daß am Morgen die Ausfahrt blockiert wäre und seinem Lieferwagen den Weg versperren würde, und brauchte er doch den Lieferwagen, um damit sein Brot zu verdienen. Und sann der Mann Hiob auf Abhilfe, und besann dieses und jenes, und ging in tiefer Nacht vor sein Haus und trat an den falsch geparkten Lastwagen heran und schob ein Blatt Papiers unter den Scheibenwischer, darauf stand geschrieben wie folgt: »Ich warne Dich zum letztenmal, Du Arschloch, und wird großes Unheil über Dich kommen, so Du noch einmal hier parkest!« Aber es fruchtete ihm nichts, denn Eliphas der Parker war größer und stärker als er, und überragte ihn um Haupteslänge, und hatte viel Fett an seinem Körper, und unter dem Fett viele Muskeln.
Und es wurde aus dem Manne Hiob ein Wrack und ein Schatten seiner selbst und ein Nervenbündel, aber er sündigte nicht und wich nicht vom Pfade der Tugend, und fluchte weder der

Stadtverwaltung noch dem Bürgermeister, sondern machte sich auf zur nächsten Polizeistube und erhob Beschwerde wider Eliphas den Parker.

»Da können wir gar nichts machen«, antwortete ihm die Polizeistube. »Wir können nur etwas machen, wenn vor dem Ein- und Ausfahrtstor ein amtliches Parkverbotszeichen angebracht ist. Dann können wir etwas machen. Sonst nicht.«

Und Hiob war es zufrieden und folgte den Worten des Propheten Jeremiah: »Du sollst Zeichen und Wegweiser aufrichten für die Kinder Israels«, und ließ sich nicht Zeit noch Mühe verdrießen, um an sein Ziel zu gelangen. Und ging des Weges zum Magistrat, Abteilung Straßenverkehr, Unterabteilung Verkehrszeichen, und machte eine Eingabe. Und wurde diese Eingabe unverzüglich abgelehnt. Und machte der Mann Hiob eine zweite Eingabe, welche unverzüglich abgelehnt wurde, und eine dritte, ebenso, und eine vierte, und ließ nicht locker.

Und siehe, es erschienen eines Tages zwei Amtsorgane im Hof seines Hauses, und befanden, daß der Hof sich für Parkzwecke wohl eigne, und bewilligten das Gesuch, und siehe, kaum zwei Jahre später waren rechts und links von der Ein- und Ausfahrt die amtlichen Tafeln aufgerichtet, und verkündigten einem jeden: »Parken verboten.«

Und es brach großer Jubel aus im Hause des Hiob Grodetzky, und freuten sich alle, und schlachteten einen Hammel und tranken vom Wein.
Als aber Hiob Grodetzky am Morgen erwachte und sich vom Lager erhob, um auszufahren mit seinem Lieferwagen durch das Tor, da stand vor dem Tor der große Lastwagen abermals, und versperrte ihm den Weg.
Und entrang sich ein großer Schrei der gequälten Brust des Mannes Grodetzky, und drang er mit aufgehobenen Händen auf den in der Nähe patroullierenden Verkehrspolizisten ein.
Dieser aber besänftigte ihn, und sprach:
»Ich weiß, Herr, ich weiß. Schreien Sie nicht. Ich habe dem Parksünder bereits ein Strafmandat erteilt.«
Es verhielt sich jedoch so, daß in der Zwischenzeit die Zahl der Wagen sich vervielfacht hatte, und mußten die Bürger der überfüllten Stadt jedes freie Plätzchen ausnützen, um ihre Wagen zu parken, und entrichteten

sie willig die Buße für Verletzungen des amtlichen Parkverbots.

»Das ist es mir wert«, sprach Eliphas der Parker zu Hiob. »Ich lasse es mich gern ein paar Schekel kosten, wenn ich irgendwo parken kann.«

Und parkte er fröhlich weiter vor dem Hause des Hiob, und blockierte ihm die Ausfahrt, und zahlte den Bußeschekel.

Und Hiob zerriß sein Gewand, und raufte sich die Haare, und warf sich nieder auf den Boden, und schrie zum Himmel:

»Es leiden die Gerechten, und es frohlocken die Bösen!«

Da senkte sich eine Staubwolke herab, und aus der Wolke trat Hiobs Weib und hob zu sprechen an, und sprach:

»Warum liegst du auf dem Boden und heulst? Ich sage dir, was du tun sollst. Du sollst deinen eigenen Lieferwagen des Nachts zwischen den beiden Verbotstafeln parken, und wahrlich, es wird dir fürderhin keiner mehr deinen Platz wegnehmen.«

Und Hiob tat, wie ihm geheißen, und nach einem Mond voll Wehklagens und nach vielen kummervoll durchwachten Nächten war endlich der Schlummer ihm wieder beschieden. Und erwachte er freudigen Herzens, und trat hinaus in den Hof, und rieb sich die Augen, gleich als wären sie noch vom Schlafe verklebt, und wollte nicht glauben, was er sah: denn es stak ein Strafmandat unter dem Scheibenwischer seines Wagens.

Als er sich vergewissert hatte, daß er nicht träumte, suchte er nach dem nächsten Verkehrspolizisten, und rief ihn an, und rief:

»Warum steckt unter meinem Scheibenwischer ein Strafmandat?«

Der Hüter des Gesetzes wies auf die beiden Verbotstafeln: »Haben Sie keine Augen im Kopf? Was steht hier geschrieben? ›Parken verboten‹, nicht?«

Da stimmte Hiob ein Gelächter an, und lachte aus vollem Halse, und sprach:

»Hahaha. Diese Verbotstafeln wurden aufgerichtet um meinetwillen, damit ich des Morgens kein Hindernis im Weg habe und ausfahren kann mit meinem Lieferwagen.«

»Dann fahren Sie aus«, sagte jener, »und parken Sie Ihren Wagen nicht dort, wo das Parken verboten ist.«

»Aber es ist ja für mich verboten!«

»Natürlich ist es für Sie verboten. Genau wie für jeden andern.«

»Verstehen Sie denn nicht? Diese Verbotstafeln wurden auf mein Betreiben hier angebracht.«

»Dann müssen Sie den anderen mit gutem Beispiel vorangehen«, sagte der Hüter und entschwand.

Und stak am folgenden Morgen abermals ein Strafmandat unter dem Scheibenwischer des Hiob und am nächsten Morgen wieder, und streute Hiob Asche auf sein Haupt, und schrie zum Himmel, und schrie:

»Was sollen mir diese Zeichen, und warum bringen sie immer neues Elend über mich? Wenn ich im Hof parke, kann ich nicht ausfahren, und wenn ich draußen parke, bekomme ich ein Strafmandat. Verflucht sei der Tag, da ich geboren bin!«

Fortan war das Leben des Mannes Grodetzky mit nichts anderem ausgefüllt als mit Verbotstafeln und Parkzeichen und Parkverbotstafelzeichen, und verbrachte er seine Tage von früh bis spät auf den zuständigen Behörden, und schrie um Gerechtigkeit.

Und sprachen die Behörden wie folgt:
»Es geschieht alles nach Recht und Gesetz. Wir müssen diese Strafmandate ausstellen. Auf den beiden Verbotstafeln steht nichts davon ge-

schrieben, daß der dazwischenliegende Parkplatz Ihnen gehört.«
Und Hiob antwortete:
»Dann schreiben Sie's hin!«
Und schüttelten die Behörden den Kopf, und sprachen:
»Was fällt Ihnen ein? Nur Mitglieder des diplomatischen Corps und der Regierung haben Anspruch auf einen reservierten Parkplatz in einer Verkehrsstraße. So einer wie Sie muß froh sein, wenn ihm durch amtliche Parkverbotstafeln vor seinem Haus die freie Ein- und Ausfahrt gesichert wird. Übrigens – warum wollen Sie eigentlich draußen parken? Sie haben ja Platz genug in Ihrem Hof.«
Da öffnete Hiob den Mund, und holte Atem, und schleuderte wilde Flüche gegen alle, so da standen. Und wurde er mit Buße und Strafe belegt an Ort und Stelle, und wurden ihm seine Fingerabdrücke abgenommen für immer, und flog er hinaus vermittels eines derben Trittes in den Hintern.
Von Stund an entfernte der Mann Hiob an jedem Morgen das Strafmandat von seiner Windschutzscheibe, und warf es zu Boden, und bezahlte es nicht, und wurde in regelmäßigen Abständen zur Polizei gerufen, und schul-

dig gesprochen, und häufte sich das Unglück auf ihn und der Gram auf seine Familie.

Eines Morgens aber trat er wieder auf die Straße hinaus, und siehe, es war da kein Strafmandat auf seinem Lieferwagen, weil da auch kein Lieferwagen war, sondern die Hüter des Gesetzes hatten ihn abgeschleppt, damit er die Einfahrt in den Hof nicht behindere.

Und Hiob wehklagte aufs neue, und hob die Hände auf, und rief:

»Bin ich denn fühllos wie ein Stein? Sind meine Nerven aus Stahl? Wie lange soll ich der Verkehrspolizei noch erbötig sein, daß sie mit mir schalte und walte nach ihrem Gefallen?«

Und seine Söhne verließen ihn und zerstreuten sich, und sein Weib sprach auf ihn ein, und sprach:

»Siehst du denn nicht, daß Recht und Gesetz deiner spotten? Laß die Verbotstafeln wieder fortnehmen, und du wirst parken können vor der Pforte deines Hauses in Frieden und ohne Strafmandat.«

Und zog ein Hoffnungsschimmer in Hiobs Herz, und eilte er zitternden Fußes zum Magistrat, und fiel in den Staub vor den Gewaltigen der Verkehrsabteilung und bat und beschwor sie, die Verbotstafeln zu entfernen.

Die Gewaltigen aber fuhren mit rauher Stimme ihn an, und sprachen:
»Was glauben Sie, wo Sie hier sind? Auf einem Marktplatz? Im Basar? Mit uns können Sie nicht handeln. Erst gestern oder vorgestern wollten Sie die Tafeln vor Ihrem Haus haben, und heute sollen wir sie wieder wegnehmen?«
Und hob sich die Brust des Hiob in schierer Verzweiflung:
»Das war nicht gestern oder vorgestern, o Ihr Gewaltigen. Das ist schon Jahre her.«
Und zerdrückten die Gewaltigen je eine Träne und sprachen:
»Mitleidig sind unsere Herzen, aber gebunden sind unsere Hände. Wir können nichts machen. Solange es einen Hof gibt, muß die freie Einfahrt gesichert sein, und solange eine freie Einfahrt gesichert werden muß, werden dort Parkverbotstafeln stehen. Da können wir gar nichts machen.«

Satanas – wenn wir jetzt wieder an den Beginn unserer Geschichte anknüpfen dürfen – hatte seine Wette schon längst gewonnen. Was von jetzt an geschah, war nur noch ein Nachspiel:
In einer Neumondnacht fiel einem patrouillierenden Hüter des Gesetzes ein Mann auf, der in

der Dunkelheit damit beschäftigt war, den Pfahl einer amtlichen Parkverbotstafel durchzusägen. Der Mann wurde sofort verhaftet, unter Anklage gestellt und wegen böswilliger Beschädigung städtischen Eigentums, schweren Verstoßes gegen die Verkehrsvorschriften und tätlicher Beleidigung von Amtsorganen zu einer ausgiebigen Gefängnisstrafe verurteilt. Nach seiner Entlassung mußte Hiob feststellen, daß man ihm in der Zwischenzeit den Lieferwagen gestohlen hatte, aber das half ihm jetzt nichts mehr. Sein Geist war getrübt, und er verschwand aus der großen Stadt, und seine Spur verlor sich in der Wüste.

Touristen erzählen, daß er im südlichen Negev umherirrt. Manchmal klingt sein hohles Gelächter schaurig durch die Nacht, manchmal taucht er im Morgendämmer am Horizont auf, wild hupend und fürchterliche Flüche gegen den Bürgermeister von Tel Aviv ausstoßend.

Nonstop Autostop

Der älteste aller menschlichen Kriegszustände ist der Klassenkampf. Sklaven wollen sich von ihren Herren befreien und die Herren sich von ihren Frauen. Monarchen bekämpfen die Kirche, Mieter die Untermieter, das Naphtalin die Motten. Aber keiner dieser Lebenskämpfe wurde mit so viel Vehemenz ausgefochten wie der zwischen dem Autostopper und seinem Erzfeind hinter dem Lenkrad.

Früher gehörte ich selbst zur ersten Gruppe, und ich entsinne mich noch der vielen leeren Konservenbüchsen, die ich den Autofahrern nachwarf, die mich nicht mitnahmen. Angeblich aus Angst, ich würde die Polstersitze verdrecken, ihre Aufmerksamkeit vom Steuer ablenken oder aus ähnlichen, stichhaltigen Gründen, die nur lächerliche Ausreden sind.

Inzwischen sind etliche Jahre vergangen. Ich habe mich ins Feindeslager geschlagen und werde seither von fürchterlichen Gewissensbissen geplagt. Wann immer ich eine dieser trostlosen Figuren am Straßenrand sehe, die verzweifelt mit dem Daumen winken, erinnere ich mich meiner eigenen Jugend, und mein Herz fließt vor brüderlichem Mitgefühl über. Manchmal weine ich sogar.
Dies allerdings ändert nichts an der Tatsache, daß mir Autostopper gegen den Strich gehen, weil sie

a) die Polstersitze verdrecken,

b) meine Aufmerksamkeit vom Steuer ablenken und

c) aus ähnlichen, stichhaltigen Gründen.

Das löst natürlich einen tiefen Zwiespalt in meinem Innern aus. Es kostet mich wirklich enorme Überwindung, an den armen Daumendrehern vorbeizuflitzen. Deshalb habe ich mich mit der Zeit zu einer höchst humanen Lösung durchgerungen: Ich halte an, öffne das Fenster und lasse den Autostopper in knappen, aber freundlichen Worten wissen, daß ich leider nur bis zur nächsten Ecke fahre. Ich wünsche ihm alles denkbare Glück für seine Reise, ich verabschiede mich aufs herzlichste – und erst dann

bringe ich es über mich, guten Mutes nach Jerusalem zu fahren.
Es ist eine Art Zwangshandlung, die mir erstaunlicherweise eine tiefe innere Befriedigung verschafft. Warum, verstehe ich eigentlich selber nicht. Denn im Grunde kommt es mir ziemlich schäbig vor, diese hoffnungslosen Sozialfälle derart kaltblütig anzulügen. Ich nenne mich manchmal unter zwei Augen sogar einen widerwärtigen, verräterischen, niederträchtigen Schuft...
Aber damit hat es sich auch schon.
Was mir diesen Konflikt – den Autostopper nicht persönlich zu verletzen, ihn aber unter keinen Umständen mitzunehmen – besonders erschwert, sind die vielen jungen Leute, die hartnäckig die Küstenstraße säumen.
Sie führen einen richtigen psychologischen Krieg, diese Rotznasen. Sie schwärmen um die Mittagszeit von der Schule aus, verteilen sich längs der Straße und heben verzweifelt ihre zarten Daumen. Manche schwenken sogar kleine Tafeln mit dem Bestimmungsort wie »Herzliah!«, »Zahala!«, »Ramat Aviv!« Jeden Tag, wenn ich an ihnen vorbeifahre, mache ich mir die größten Vorwürfe. Aber schließlich kann ich nicht bei jedem dieser

Lümmel stehenbleiben und mich entschuldigen, oder?
Daher habe ich vorige Woche auf meiner Windschutzscheibe eine Gegentafel angebracht:
»Tut mir leid, biege nach zwei Häuserblocks ab.«
Natürlich biege ich nicht ab. Ich versuche nur, wie oben erwähnt, mir die Autostopper auf menschlich-kultivierte Weise vom Leib zu halten.
Vor einiger Zeit fuhr ich wieder an einem Schülerschwarm vorbei. Da sprang mir plötzlich einer entgegen und fuchtelte mit einer Tafel vor meinem Scheibenwischer herum. Darauf stand kurz und bündig:
»Lügner!«
Das war natürlich ein Tiefschlag. Aber ich bin ja keiner von der Sorte, die so leicht kapituliert. Auge um Auge. Am folgenden Tag schlug ich zurück. In großen Buchstaben schrieb ich auf meine Tafel:
»Dichter vom Dienst!«
Zur Sicherheit fahre ich jedoch seither einen anderen Weg. Ich kann Kinder nicht leiden sehen.

Höhere Versicherungspolitik

Als ich eines Nachts mit meinem Wagen den Parkplatz verlassen wollte, trat ein gutgekleideter Bürger auf mich zu und sprach:
»Entschuldigen Sie – aber wenn Sie nur ein ganz klein wenig rückwärtsfahren, beschädigen Sie meinen Kotflügel.«
»In Ordnung«, sagte ich mit einem respektvollen Blick auf den amerikanischen Straßenkreuzer, dem der Kotflügel gehörte. »Ich werde aufpassen.«
Der gutgekleidete Bürger schüttelte den Kopf:
»Im Gegenteil, es wäre mir sehr recht, wenn Sie meinen Kotflügel beschädigen. Ich sammle Blechschäden.«
Das klang so interessant, daß ich ausstieg und mir die Sache genauer erklären ließ.
Mein Partner deutete zunächst auf eine

waschbeckenartige Vertiefung in seinem Wagendach:

»Ich hatte einen Zusammenstoß mit einer Verkehrsampel. Es war windig, und sie ist heruntergefallen. Max, der Inhaber meiner Reparaturwerkstätte, den ich sofort aufsuchte, zeigte sich skeptisch. ›Herr Doktor Wechsler‹, sagte er, ›eine solche Kleinigkeit zu reparieren ist nicht der Mühe wert. Dafür zahlt Ihnen die Versicherung nichts. Holen Sie sich noch ein paar Blechschäden und kommen Sie dann wieder zu mir.‹ Soweit Max. Er wußte, wovon er sprach.«

Wir nahmen auf dem vorläufig noch intakten Kühler seines Wagens Platz, und Wechsler fuhr fort:

»Jede Versicherungspolice enthält eine Klausel, die den Versicherungsnehmer verpflichtet, Schäden bis zu einer bestimmten Summe selbst zu bezahlen. Bei uns beläuft sich diese Selbstbehaltsklausel in der Regel auf 230 Pfund. Da die Reparatur meines Wagens nur etwa 200 Pfund kosten würde, wäre es sinnlos, den Schaden anzumelden. Wenn ich aber der Versicherungsgesellschaft noch ein paar andere Schäden präsentieren kann —«

»Einen Augenblick, Doktor Wechsler«, unterbrach ich. »Auch wenn Sie alle Ihre Kotflügel zertrümmern, müssen Sie die ersten 230 Pfund immer noch selbst bezahlen.«

»Herr«, entgegnete Doktor Wechsler, »überlassen Sie das meinem Max.«

So wurde ich mit einer Lehre vertraut gemacht, die ich als »Maximalismus« bezeichnen möchte. Anscheinend besteht zwischen der Internationalen Gewerkschaft der Karosseriespengler (Hauptsitz New York) und dem Weltverband der Pkw-Fahrer in Kopenhagen ein Geheimabkommen, demzufolge die Spengler den Versicherungsgesellschaften sogenannte »frisierte Rechnungen« vorlegen, in denen die Selbstbehaltsumme nur scheinbar berücksichtigt wird. In Wahrheit läßt sie der Spengler unter den übrigen Posten seiner Rechnung unauffällig verschwinden – allerdings nur unter der Voraussetzung, daß diese Rechnung eine Gesamthöhe von mindestens 1500 Pfund erreicht. Und dazu bedarf es natürlich mehrerer Schäden.

Wie sich im Verlauf des Gesprächs herausstellte, war mein Partner ein alter Routinier auf diesem Gebiet. Einmal hatte er es innerhalb weniger Tage auf eine Schadenssumme von 2800 Pfund gebracht.

»Aber diesmal« – aus seiner Stimme klang tiefe Verzweiflung – »komme ich über die lächerliche Schramme auf meinem Wagendach nicht hinaus. Seit Wochen versuche ich, mir noch andere Beschädigungen zuzuziehen – vergebens. Ich bremse dicht vor einem Fernlaster, ich überhole städtische Autobusse, ich parke neben Militärfahrzeugen – es hilft nichts. Niemand läßt sich herbei, meinen Wagen auch nur zu streifen. Deshalb wende ich mich jetzt an Sie. Wenn Sie vielleicht die Güte hätten...«

»Aber selbstverständlich«, antwortete ich bereitwillig. »Man muß seinen Mitmenschen behilflich sein, wo man kann.«

Damit setzte ich mich ans Lenkrad, schaltete den Rückwärtsgang ein und begann vorsichtig zu reversieren.

»Halt, halt!« rief Wechsler. »Was soll das? Steigen Sie anständig aufs Gas, sonst machen Sie höchstens 60 Pfund!«

Ich nahm mich zusammen und rammte mit voller Wucht seinen Kotflügel. Es klang durchaus zufriedenstellend.

»In Ordnung?« fragte ich.

Wechsler wiegte bedächtig den Kopf:

»Nicht schlecht. Aber mehr als 600 Pfund sind da nicht drin. Früher einmal, als der Selbstbehalt nur 110 Pfund betrug, genügte ein anständig zertrümmerter Kotflügel. Heute muß man praktisch den ganzen Wagen demolieren, um überhaupt etwas zu erreichen. Wären Sie so freundlich, meine Türe einzudrücken?«

»Gerne.«

Nach Abschätzung der Distanz startete ich einen Flankengriff mit Vollgas. Meine hintere Stoßstange schien dafür wie geschaffen. Es gab einen dumpfen Knall, Glassplitter flogen umher, Wechslers Tür fiel aus den Angeln – wirklich, es ist etwas Erhebendes um die Solidarität der Autofahrer.

»Soll ich noch einmal?«

»Danke«, sagte er. »Das genügt. Mehr brauche ich nicht.«

Seine Ablehnung enttäuschte mich ein wenig, aber schließlich war er der Schadennehmer. Ich stieg aus und betrachtete die von mir geleistete Arbeit. Sie konnte sich sehen lassen. Nicht nur die Türe, die ganze Längsseite des Wagens war verwüstet. Das würde eine saftige Reparatur erfordern!

Als ich zu meinem Wagen zurückkehrte, mußte ich feststellen, daß meine eigene Stoßstange wesentliche Krümmungen aufwies.

»Typisch für einen Anfänger«, bemerkte Dr. Wechsler mitleidig. »Sie dürfen nie in schrägem Winkel auffahren, merken Sie sich das für die Zukunft. Die Stoßstange wird Sie leider nicht mehr als 50 Pfund kosten... Warten Sie. Ich verschaffe Ihnen noch 400 Pfund.«

Dr. Wechsler brachte seinen Straßenkreuzer in Position und steuerte ihn gefühlvoll gegen meine linke Seitentüre. »Und jetzt bekommen Sie von mir noch einen neuen Scheinwerfer.«
Er machte es genau richtig: mit einem Mindestmaß an Einsatz ein Höchstmaß an Wirkung.
»Nichts zu danken«, wehrte er ab. »Gehen Sie morgen zu Max – hier seine Adresse – und grüßen Sie ihn von mir. Sie werden keinen Pfennig zu zahlen haben.«
Ungeahnte Perspektiven öffneten sich vor meinem geistigen Auge. Oder war es nur die Zerstörungswut aus lang zurückliegenden Kindertagen, die mich überkam? Ich schlug Wechsler vor, jetzt gleich, an Ort und Stelle, einen Frontalzusammenstoß unserer Kraftfahrzeuge zu veranstalten, aber er winkte ab:
»Nicht übertreiben, lieber Freund. So etwas kann leicht zur Gewohnheit werden. Jetzt lassen Sie erst einmal die Versicherung zahlen. Dann können Sie überlegen, was Sie weiter machen wollen.«
Wir verabschiedeten uns mit einem kräftigen Händedruck. Wechsler ging zu Max und ich zu einem Autohändler, um einen neuen Wagen zu kaufen.

Im Rausch
der Geschwindigkeit

Es war Abend. Ich saß am Steuer meines Personenkraftwagens und strebte heimwärts. Ein Verkehrspolizist hielt mich auf:
»Ihre Papiere bitte. Sie sind zu schnell gefahren.«
»Möglich«, sagte ich. »Beweisen Sie es.«
»Wie Sie wünschen.«
Er führte mich zu einem an der Ecke lauernden Polizeiauto, in dem ein anderer Herr Verkehrspolizist saß, vor sich ein Instrument mit allerlei Schaltknöpfen, kreisrunden Meßapparaturen, Zeigern und sonstigen Vorrichtungen der Hölle. Kein Zweifel: ich war einer Radarfalle ins computergeknüpfte Netz gegangen. Endlich einmal sah ich mit eigenen Augen, wie unsere Steuergelder verschwendet werden.
Das zweite Sicherheitsorgan hatte die Inspek-

tion meiner Papiere beendet und wandte sich an mich:
»Sie sind Schriftsteller? Da sollten Sie den anderen mit gutem Beispiel vorangehen, statt draufloszusausen wie ein Verrückter!«
»Es tut mir leid, Captain.« Schuldbewußt senkte ich die Augen. »Jetzt, da ich sehe, daß Sie mit Radar ausgerüstet sind, tut es mir wirklich leid.«
»Sie geben also zu, daß Sie die zugelassene Geschwindigkeitsgrenze weit überschritten haben?«
»Natürlich gebe ich es zu.«
»Warum haben Sie sie überschritten?«
»Ich war in Eile. In großer Eile.«
»Und warum?«
»Weil die mir entgegenkommenden Fahrer versäumt haben, das übliche Warnsignal zu geben. Sie wissen doch – zweimal blinken bedeutet: Achtung, Radarfalle! Aber es hat keiner geblinkt.«
»Ist das vielleicht ein Grund, die Geschwindigkeitsgrenze zu überschreiten?«
»Nein, gewiß nicht. Erlauben Sie mir die Bemerkung, daß ich seit fünfzehn Jahren fahre und heute zum erstenmal die Geschwindigkeitsgrenze überschritten habe.«

»Wurden Sie heute zum erstenmal erwischt, oder haben Sie zum erstenmal die Geschwindigkeitsgrenze überschritten?«
»Ich habe sie zum erstenmal überschritten.«
»Wie kommt es, daß Sie fünfzehn Jahre lang die Geschwindigkeitsgrenze nicht überschritten haben und sie heute plötzlich überschreiten?«
»Purer Zufall. Und jetzt verpassen Sie mir bitte das fällige Strafmandat. Ich werde es sofort begleichen.«
»Sie schreiben Bücher. Haben Sie bedacht, was geschehen würde, wenn alle Fahrer die Geschwindigkeitsgrenze überschreiten?«
»Es würde Unfälle geben.«
»Wünschen Sie Unfälle zu verschulden?«
»Nichts liegt mir ferner.«
»Warum überschreiten Sie dann die Geschwindigkeitsgrenze?«
»Aus unverantwortlichem Leichtsinn.« Meine Bereitschaft, von seiten der Obrigkeit pädagogische Belehrungen entgegenzunehmen, war im Schwinden begriffen. »In der Regel wird man für ein solches Vergehen mit zwanzig Pfund bestraft. Bitte haben Sie die Gewogenheit, mir jetzt endlich –«
»Woher wissen Sie, daß die Strafe für die Überschreitung der Geschwindigkeitsgrenze zwan-

zig Pfund beträgt, wenn Sie noch nie wegen Überschreitung der Geschwindigkeitsgrenze bestraft wurden?«

»Andere Fahrer, die wegen Überschreitung der Geschwindigkeitsgrenze bestraft wurden, haben es mir gesagt.«

»Werden Sie jemals wieder die Geschwindigkeitsgrenze überschreiten?«

»Jawohl!« brüllte ich und riß meinen Hemdkragen auf. »Ich werde sie überschreiten. Sooft ich will! Immer wieder! Ich geschwindige die Überschreitgrenzen! Ich übergrenze die Geschwindigkeitsschreitung...!«

Das Auge des Gesetzes runzelte die Brauen: »Dann kann ich Sie leider nicht mit einer bloßen Verwarnung entlassen, was ich ursprünglich tun wollte. Hier haben Sie Ihr Strafmandat für Überschreitung der Geschwindigkeitsgrenze.«

Und die Moral von der Geschichte: man soll die Geschwindigkeitsgrenze nicht überschreiten.

Im Anfang
war das Ei

Kürzlich ließ mein Wagen deutliche Anzeichen von Unwohlsein erkennen. Ich tat, was in solchen Fällen jeder Autofahrer tut, um sich als solcher zu legitimieren: ich klappte die Kühlerhaube hoch, besichtigte mit durchdringendem Kennerblick die Innereien des Motors, klappte die Kühlerhaube wieder zu und brachte den Wagen zu seinem Lieblingsmechaniker. Dann ging ich zur nächsten Bushaltestelle.
Unterwegs freute ich mich des schönen Wetters, das ich in dieser Form sonst wohl nicht hätte genießen können. Wie man sieht, hat es auch seine Vorteile, wenn der Wagen einmal in der Zeit zusammenbricht. Plötzlich kam mir Tante Ilka entgegen. Es hat eben auch alles seine Nachteile. Sie trug eine Einkaufsta-

sche, aus der ein Karton mit großen, weißen Eiern bedrohlich hervorstand.

»Das sind aber schöne Eier«, sagte ich. Irgend etwas muß man ja schließlich zu Tante Ilka sagen.

»Nicht wahr«, bekräftigte sie stolz. »Nimm dir doch eines!«

Ich versuchte alle möglichen Ausflüchte, mußte jedoch alsbald erkennen, daß es besser wäre, das mir angebotene Ei zu nehmen als den Bus zu versäumen. Ich nahm das Ei und verabschiedete mich. Da ein erwachsener Mensch, der mit einem Ei in der Hand einhergeht, auf seine Umwelt einen eher befremdlichen Eindruck macht, ließ ich das Ei in meine Aktentasche gleiten.

War schon das ein schwerer Fehler, so beging ich einen noch schwereren, indem ich – nach einer Viertelstunde Wartens auf den Bus und nach all der Drängelei im Wageninnern – völlig vergaß, daß sich in meiner Aktentasche ein rohes Ei befand.

Ein Geräusch wie von leisem Splittern erinnerte mich daran.

Ich steckte meine Hand in die Aktentasche, wo sie auf etwas Klebriges auftraf. Als ich sie wieder hervorzog, war sie von kränklich gelber

Färbung. Ich versuchte sie mit dem anderen Ärmel abzuwischen, denn ich besitze glücklicherweise zwei Ärmel, und nannte daraufhin außer einer gelben Hand auch noch einen gelben Ärmel mein eigen. Der Versuch, mit dem Taschentuch in der gelben Hand den gelben Ärmel zu säubern, zeitigte das Ergebnis, daß nunmehr der größte Teil meiner äußeren Erscheinung gelb war. In meiner rechten Hosentasche mußte sich desgleichen ein wenig Gelb angesiedelt haben.

Schüchtern, wie ich bin, hatte ich alle diese Operationen so unauffällig wie möglich durchgeführt und nahm an, daß niemand etwas davon bemerkt hätte.

»Es tropft!« hörte ich dicht hinter mir eine ungehaltene Männerstimme.

Offenbar war Tante Ilkas Original-Ei durch die Nähte der Aktentasche hindurchgesickert und tropfte jetzt auf die wunderschönen, hocheleganten Schlangenlederhalbschuhe meines Hintermanns.

»Was ist das, zum Teufel?« fauchte er und rieb das Schlangenleder mit seinem Handschuh ab.

»Es ist ein Ei«, antwortete ich wahrheitsgemäß. »Entschuldigen Sie bitte.«

Der Mann tat mir von Herzen leid. Das Ei ließ

ihn eine ähnliche Skala der Pein durchlaufen wie vorher mich: vom Schlangenleder zum Handschuh, vom ersten Handschuh zum zweiten, vom zweiten Handschuh zum Taschentuch und vom Taschentuch – dies allerdings schon ohne Absicht – an die scharf hervorspringende Nase einer knochigen Dame, die unter lautem Gackern die Eierspuren mit ihrem Seidenschal wegzuputzen begann. Nun sind Eierspuren bekanntlich sehr klebefreudig, so daß auf dem Schal binnen kurzem ein anmutiges Dottermuster sichtbar wurde. Die Knochige, immer noch gackernd, hielt den Schal zwischen Daumen und Zeigefinger weit von sich weg.
»Ruhe!« Es klang autoritativ und befehlsgewohnt von links. »Alles bleibt ruhig! Keine Bewegung!«
Höchste Zeit, daß jemand das Kommando übernahm. Vielleicht war es ein General der Reserve. Die Fahrgäste nahmen Haltung an.
Schon machte ich mir Hoffnungen, daß das Schlimmste vorbei wäre, als ich einen unwiderstehlichen Drang zum Niesen verspürte.
Ich mußte ihm nachgeben und griff instinktiv nach meinem Taschentuch.
Rings um mich entstand Panik.
»Rühren Sie mich nicht an!« kreischte eine

dicke Frauensperson, als hätte ich mich ihr unsittlich genähert. Auch die übrigen Fahrgäste gingen in feindselige Distanz. Allmählich kam ich mir wie ein Aussätziger vor.
»Hören Sie, Mann«, sagte der General, der mit seinen zwei gelben Streifen auf der Stirn wie ein indianischer Medizinmann aussah. »Möchten Sie nicht den Bus verlassen?«
»Fällt mir nicht ein!« gab ich wagemutig zurück. »Ich habe noch drei Stationen zu fahren.«
Aber die Menge schlug sich auf die Seite des Generals und brach in laute Aufmunterungsrufe aus, als er – vom Schlangenleder unterstützt – Anstalten traf, mich gewaltsam aus dem Bus zu befördern. Wieder einmal stand ich allein gegen die öffentliche Meinung.
Da schritt ich zur Tat. Blitzschnell tauchte ich meine Hände in die Aktentasche, erst die rechte, dann die linke, und hielt sie tropfend hoch:
»So, jetzt könnt ihr mich hinauswerfen!« rief ich.
Murrend wich der Mob zurück. Ich hatte den Wagen in meiner Gewalt. Gebt mir einen Korb mit rohen Eiern, und ich erobere die Welt.

Aus der Schar der angstvoll Zusammengedrängten ertönten zaghafte Stimmen:
»Bitte, lieber Herr«, baten sie. »Würden Sie so gut sein und wenigstens die Aktentasche wegtun? Bitte!«
»Na schön. Warum nicht.«
An meine Großmut hat noch niemand vergebens appelliert. Ich bückte mich nach der Aktentasche.
In diesem Augenblick fuhr der Bus auf ein Schlagloch auf.
Im Vergleich zu dem, was nun folgte, nahm sich eine Slapstickposse aus Stummfilmzeiten wie ein klassisches Trauerspiel aus. Ich sprang ab und überließ den Bus seiner klebrigen Weiterfahrt.
»Guter Gott!« Die beste Ehefrau von allen schüttelte fassungslos den Kopf, als ich zu Hause eintrat. »Was ist geschehen?«
»Tante Ilka«, sagte ich, stürzte ins Badezimmer und blieb eine halbe Stunde lang unter der Dusche, voll bekleidet, mit Aktentasche.
Auf die alte Frage, ob zuerst das Ei da war oder die Henne, weiß ich auch heute keine Antwort. Ich weiß nur, daß ich in einem öffentlichen Verkehrsmittel lieber mit einer Henne fahren würde als mit einem Ei.

Privatparkplatz

An einem warmen Sommerabend beschlossen Jossele und ich, die vielgerühmte Ausstellung »Haus und Garten« zu besichtigen, die, wie man hörte, mit Vorliebe auch von den jungen Damen der Gesellschaft aufgesucht wurde. Wir fuhren mit meinem Wagen und parkten ihn auf dem langgedehnten Baugrund nächst dem Eingang. Während ich die Eintrittskarten holen ging, lehnte sich Jossele an die Mauer und stocherte in den Zähnen.
Nach einer Weile trat ein Herr auf ihn zu und fragte:
»Kostet?«
»35 Agurot«, sagte Jossele und nahm das Geld in Empfang.
Der Herr blieb stehen und schien auf etwas zu warten. Schließlich fragte er:

»Bekomme ich keinen Zettel?«
»Was für einen Zettel?«
»Was heißt das: was für einen Zettel? Für meinen Wagen!«
»Ach so«, Jossele riß aus seinem Notizbuch einen Zettel heraus und schrieb die Nummer des Autos darauf, dem der Herr entstiegen war: T–14948.
Der Herr faltete den Zettel sorgfältig zusammen und steckte ihn in die Brieftasche. Hierauf verlangte er zu wissen, warum man hier für das Parken 35 Agurot zu zahlen habe; auf dem bewachten Parkplatz hinten beim Schwimmbecken koste es nur 20 Agurot.
Jossele stellte ihm frei, seinen Wagen zu nehmen und hinten beim Schwimmbecken zu parken.
Das Gesicht des Herrn lief rot an, aber da er die Ausstellung besuchen wollte, hörten wir nicht mehr genau, was er sagte. Freundlichkeiten waren es nicht.
Jossele seinerseits hatte den Plan, die Ausstellung zu besuchen, bereits aufgegeben. Er blieb auch nicht mehr an der Mauer stehen, sondern trat sofort an jeden parkenden Wagen heran, winkte den aussteigenden Fahrer zu sich, händigte ihm einen Zettel mit der Nummer des

Wagens und dem heutigen Datum ein und sagte:

»35 Agurot.«

Nur ein einziger Fahrer, ein stadtbekannter Geizkragen, weigerte sich zu zahlen und parkte seinen Wagen beinahe drei Kilometer weiter unten (wegen lumpiger 35 Agurot, man glaubt es kaum). Nach zehn Minuten war Josseles Notizbuch aufgebraucht. Glücklicherweise hatte ich ein paar Formulare mit der Aufschrift »Letzte Warnung vor der Zwangsvollstreckung« bei mir. Ich verarbeitete sie zu einer Anzahl von kleinen Zetteln, auf deren Rückseite Jossele weiter die Autonummern und das heutige Datum schrieb.

Schließlich war auch dieser Zettelvorrat erschöpft, und wir betraten die Ausstellung. Eine sehr hübsche junge Dame, die einen automatischen Kartoffelschäler vorführte, verwickelte uns in ein freundliches Gespräch und wollte uns ihre Telefonnummer geben, aber wir fanden in unseren sämtlichen Taschen kein Stückchen Papier mehr, um die Nummer aufzuschreiben.

Als wir die Ausstellung verließen, dachten wir kaum noch an die uns anvertrauten Wagen. Wir wurden erst wieder an sie erinnert, als der

Herr, mit dem der Strom unserer Kundschaften eingesetzt hatte, totenblaß auf uns zugewankt kam und Jossele seinen Zettel unter die Nase hielt. Man hatte ihm, wie er vorwurfsvoll bemerkte, den Wagen gestohlen.

Jossele prüfte den Zettel eingehend. Dann sagte er:

»T – 14948. Stimmt. Hier haben Sie Ihre 35 Agurot zurück.«

Das Wochenende wollen wir in Südamerika verbringen.

*Der letzte Schrei
der Medien*

Auf den ersten Blick unterschied sich das Taxi, das ich während der Hauptverkehrszeit an der Ecke der Frischmannstraße genommen hatte, durch nichts von den meisten seinesgleichen im Nahen Osten: ein wenig zerbeult, aber noch fahrbar, die Aschenbecher vollgestopft mit Nahrungsresten und Papierschnitzeln, an den Unterteilen der Sitzplätze fragmentarische Überbleibsel von Kaugummi, und auf den Sitzplätzen selbst, dort wo sich die von Zigaretten gebrannten Löcher befanden, ein paar hervorstehende Sprungfedern. Kurzum: ein ganz normales israelisches Taxi. Das einzig Ungewöhnliche war der Fahrer, ein stämmiger Bursche von vermutlich osteuropäischer Herkunft, nach seinem Profil zu urteilen. Ich urteilte nach seinem Profil, weil ich es deutlich sehen

konnte. Er hielt es schräg, auch während der Fahrt, und sein Blick war starr nach unten gerichtet. Nach rechts unten. Auch während der Fahrt.
Plötzlich hörte ich einen vertrauten Staccato-Ton, ein kurzes, rhythmisches »tatata-ta-tata«. Es war genau 21 Uhr.
»Was gibt's im Radio?« fragte ich.
»Keine Ahnung«, lautete die Antwort. »Ich hab das Fernsehen an. Simon Templar.«
Ich beugte mich ein wenig vor und sah ihm über die Schulter. Tatsächlich: zu seinen Füßen lag ein kleiner Fernsehapparat, über den gerade »Der Boß und die 40 Räuber« ihren Einzug hielten, tatata-ta-tata. Bild und Ton kamen verhältnismäßig deutlich, nur manchmal hüpfte der kleine Kasten auf und nieder, denn die Stadtverwaltung von Tel Aviv hatte sich endlich zu den überfälligen Reparaturarbeiten der Hauptverkehrsadern entschlossen.
Als wir die Ben-Jehuda-Straße entlangholperten, streckte der Boß einen intellektuellen Schurken zu Boden und umarmte seine weibliche Gefangene. Aber da nahte in einem Helikopter der dicke Spion.
»Setzen Sie sich schon endlich«, sagte der Fahrer, ohne die Haltung seines Profils zu verän-

dern. »Sie verstellen mir ja die Aussicht auf das Rückfenster.«
Ich ließ mich widerwillig in den Fond fallen:
»Wieso stört Sie das? Sie schauen ja ohnehin die ganze Zeit auf Ihre Füße.«
»Das geht Sie nichts an. Ich kenne meine Fahrbahn, auch ohne sie ständig zu beobachten.«
»Deshalb haben Sie gerade ein rotes Licht überfahren, was?«
»Pst. Sie kommen...«
Meinem neuerlichen Spähversuch begegnete der Wagenlenker auf höchst unfaire Art, indem er den Kasten in einen für mich unzugänglichen Winkel schob. Dabei sehe ich Simon Templar sehr gerne, noch lieber als die Bonanza-Serie.
Auf unsicheren Rädern kurvten wir in den Nordau-Boulevard ein. Soviel ich hören konnte, ging auf dem Bildschirm gerade ein wütender Kampf vor sich.
»Setzen!« herrschte das Profil mich an. »Das ist ein Mini-Apparat, nur für den Fahrer.«
Ganz knapp verfehlten wir in diesem Augenblick ein Moped in psychedelischen Farben, aber sichtlich noch ohne Fernsehapparat.
Das Profil beugte sich zum Fenster hinaus.

Sein Tonfall erreichte die Stärke eines mittleren Nebelhorns im Hafen von Haifa:
»Wo brennt's denn, du Idiot? Lern zuerst fahren, du Trottel! Willst du uns alle umbringen?«
Während das Kind auf dem Roller – nach kurzer Einschätzung der Körperkräfte seines Widersachers – eilends das Weite suchte, verschaffte ich mir rasch einen Blick auf den Bildschirm: Simon war gerade dabei, dem dicken Kerl, der den Mikrofilm bei sich trug, mit dem Revolver den Schädel zu spalten, mit der anderen Hand hielt er den Agenten der Gegenseite auf Distanz, und alles das in einem ziemlich rasch dahinschlitternden Taxi.
»Ein miserables Gerät«, beschwerte sich das Profil. »Japanisches Fabrikat, kostet in Amerika 80 Dollar, aber hier verlangen sie 2000 Pfund. Nicht von mir, hehe. Da können sie lange warten. Mein Schwager aus Brooklyn hat's durch den Zoll geschmuggelt.«
Er schüttelte sich vor Lachen, hielt aber jählings inne, weil Simon soeben dem feindlichen Millionär in die Falle zu gehen drohte.
Und weil das rechte Vorderrad auf den Gehsteig aufgefahren war, von wo es mit hartem Krach wieder die Fahrbahn erreichte.

Allmählich verlor ich die Geduld.

»Warum, zum Teufel, fahren Sie nur mit einer Hand?«

»Mit der andern muß ich den Draht halten, sonst setzt der Empfang aus. Der Mechaniker hat mir gesagt, daß ich eine Art Antenne bin, wenn ich den Draht halte. Er lebt bei meiner Schwester. Schon seit zwei Jahren. Der Mechaniker. Ein feiner Kerl.«

Wir glitten in einer Entfernung von höchstens eineinhalb Millimetern an einem langen, schweren Transportlaster vorbei. Wenn das so weiterging, würde uns Simon noch in einen Unfall verwickeln.

»Das Gesetz«, stieß ich zwischen zwei wilden Sprüngen des Wagens hervor, »das Gesetz verbietet Fernsehapparate in Personenkraftwagen!«

»Das ist eine Lüge. Sie werden in keinem Gesetzbuch eine solche Vorschrift finden. Hingegen ist es streng verboten, mit dem Fahrer zu sprechen.«

»Warten Sie ab, die Polizei wird's Ihnen schon zeigen!«

»Polizei? Wieso Polizei? Simon muß immer alles allein machen. Die Polizei kommt immer erst dann, wenn man sie nicht mehr braucht.

Genau wie bei uns. Und dafür werden sie auch noch dekoriert. Erzählen Sie mir nichts von der Polizei, Herr.«

Der Boß mußte in eine entscheidende Auseinandersetzung geraten sein, denn das Profil starrte unbeweglich zu Boden. Wir fuhren im Zickzack.

»Ein harter Junge, unser Simon. Läßt sich auch von den Weibern nicht drankriegen. Schmust mit ihnen herum, aber von Heiraten keine Rede. Hält sich fit, um die Gangster zu erledigen. Und *wie* er sie erledigt! Manche Leute sagen, daß er Glück hat. Aber in diesen Dingen kann man kein Glück haben...«

Doch. Manchmal kann man. Zum Beispiel wir, gerade jetzt. Obwohl der Wagen vor uns in rücksichtslos gleichem Tempo dahinfuhr, stießen wir nicht mit ihm zusammen. Seit der Boß dem Bombenräuber in einem gestohlenen Taxi nachjagte, hatte ich das unangenehme Gefühl, daß wir in eine entgegengesetzte Einbahnstraße eingebogen waren. »He –!«

»Setzen!« brüllte das Profil. »Wie oft wollen Sie mir noch die Aussicht blockieren?«

»Sagen Sie mir wenigstens, was auf dem Bildschirm vorgeht.«

»Verrückt geworden? Was soll ich noch alles

machen? Fahren – Draht halten – zuschauen – und erzählen?«

»Achtung!!«

Bremsen kreischten. Dicht voreinander, in der allerletzten Sekunde, kamen mit ohrenbetäubendem Krach das Taxi und ein großer, dunkelroter Tanker zum Stillstand. Simon war wie durch ein Wunder unverletzt geblieben. Das Profil fuhr im Rückwärtsgang bis zur Ecke.

»Genug«, sagte ich. »Mir reicht's. Ich will aussteigen.«

»Acht Pfund siebzig.«

Er nahm das Geld entgegen, ohne mich anzusehen. Geld war ihm gleichgültig. Was ihn interessierte war Simon Templar.

Ich sprang auf die Straße. Es war eine mir völlig unbekannte Gegend.

»Wo bin ich? Das ist doch nicht Ramat Aviv!«

»Sie wollten nach Ramat Aviv? Warum haben Sie das nicht gesagt?«

Und der Fahrer entschwand, ohne mich eines Blickes zu würdigen. Er hielt ihn starr auf seinen japanischen Bildschirm gerichtet. Ein miserables Fabrikat, aber wenn man den Draht in der einen Hand hält, hat man einen leidlich guten Empfang.

Süß ist die Reue

Der Wüstenwind wehte feinen Sandstaub über die Boulevards und auf die Kaffeehausterrasse, wo ich, wie gewohnt, mit meinem Freund Jossele saß. Die Luft war stickig, der Kaffee ungenießbar. Mißmutig beobachteten wir das Leben und Treiben ringsum. Mit besonderem Mißmut erfüllte uns der Verkehrspolizist an der Kreuzung, unter dessen Schikanen die hartgeprüften Autofahrer hilflos leiden mußten.
»Genug«, sagte Jossele und stand auf. »Jetzt will ich's wissen. Die Polizei, dein Freund und Helfer. Laß uns sehen, wie weit es damit her ist.«
Er zog mich auf die Straße und schlug den Weg zur nächsten Polizeistube ein.
»Wo kann ich eine Übertretung der Verkehrs-

vorschriften melden?« fragte er den diensthabenden Polizeibeamten.
»Hier«, antwortete der Beamte. »Was ist geschehen?«
»Ich fuhr mit meinem Wagen die Schlomo-Hamelech-Straße hinunter«, begann Jossele, »und parkte ihn an der Ecke der King-George-Straße.«
»Gut«, sagte der Beamte. »Und was ist geschehen?«
»Dann fuhr ich weiter.«
»Sie fuhren weiter?«
»Ja. Ich fuhr weiter und hätte die ganze Sache beinahe vergessen.«
»Welche Sache?«
»Eben. Als ich später wieder am Tatort vorbeikam, fiel es mir plötzlich ein. Um Himmels willen, dachte ich. Die Haltestelle!«
»Welche Haltestelle?«
»Die Autobushaltestelle. Wissen Sie nicht, daß sich an der Ecke Schlomo-Hamelech-Straße und King-George-Straße eine Autobushaltestelle befindet? Herr Inspektor! Ich bin ganz sicher, daß ich nicht in der vorgeschriebenen Entfernung von der Haltestelle geparkt habe. Es waren ganz sicher keine zwölf Meter.«
Der Beamte glotzte:

»Und deshalb sind Sie hergekommen, Herr?«
Jossele nickte traurig und ließ deutliche Anzeichen eines beginnenden Zusammenbruchs erkennen:
»Ja, deshalb. Ursprünglich wollte ich nicht. Du hast ja schließlich nur eine halbe Stunde geparkt, sagte ich mir, und niemand hat dich gesehen. Also wozu? Aber dann begann sich mein Gewissen zu regen. Ich ging zur Schlomo-Hamelech-Straße zurück, um die Parkdistanz in Schritten nachzumessen. Es waren höchstens neun Meter. Volle drei Meter zu wenig. Nie, so sagte ich mir, nie würde ich meine innere Ruhe wiederfinden, wenn ich jetzt nicht zur Polizei gehe und die Selbstanzeige erstatte. Hier bin ich. Und das« – Jossele deutete auf mich – »ist mein Anwalt.«
»Guten Tag«, brummte der Beamte und schob seinen Stuhl instinktiv ein wenig zurück, ehe er sich wieder an Jossele wandte: »Da die Polizei Sie nicht gesehen hat, können wir die Sache auf sich beruhen lassen. Sie brauchen kein Strafmandat zu bezahlen.«
Aber da kam er bei Jossele schön an:
»Was heißt das: die Polizei hat mich nicht gesehen? Wenn mich morgen jemand umbringt, und die Polizei sieht es nicht, so darf mein

Mörder frei herumlaufen? Eine merkwürdige Auffassung für einen Hüter des Gesetzes, das muß ich schon sagen.«
Die Blicke des Polizeibeamten irrten ein paar Sekunden lang zwischen Jossele und mir hin und her. Dann holte er tief Atem:
»Wollen Sie, bitte, das Amtslokal verlassen und mich nicht länger aufhalten, meine Herren!«
»Davon kann keine Rede sein!« Jossele schlug mit der Faust auf das Pult. »Wir zahlen Steuern, damit die Polizei für öffentliche Ordnung und Sicherheit sorgt!« Und mit beißender Ironie fügte er hinzu: »Oder sollte mein Vergehen nach einem halben Tag bereits verjährt sein?«
Das Gesicht des Beamten lief rot an:
»Ganz wie Sie wünschen, Herr!« Damit öffnete er sein Eintragungsbuch. »Geben Sie mir eine genaue Schilderung des Vorfalls!«
»Bitte sehr. Wenn es unbedingt sein muß. Also, wie ich schon sagte, ich fuhr die Schlomo-Hamelech-Straße hinunter, zumindest glaube ich, daß es die Schlomo-Hamelech-Straße war, ich weiß es nicht mehr genau. Jedenfalls –«
»Sie parkten in der Nähe einer Bushaltestelle?«
»Kann sein. Es ist gut möglich, daß ich dort geparkt habe. Aber wenn, dann wirklich nur für ein paar Sekunden.«

»Sie sagten doch, daß Sie ausgestiegen sind!«
»Ich bin ausgestiegen? Warum sollte ich ausgestiegen sein? Und warum sollte ich sagen, daß ich ausgestiegen bin, wenn ich – halt, jetzt fällt es mir ein: ich bin ausgestiegen, weil der Winker geklemmt hat. Deshalb habe ich den Wagen angehalten und bin ausgestiegen: um den Winker wieder in Ordnung zu bringen. Wollen Sie mir daraus vielleicht einen Strick drehen? Soll ich das Leben meiner Mitmenschen gefährden, weil mein Winker klemmt? Das können Sie unmöglich von mir verlangen. Das können Sie nicht, Herr Inspektor. Das können Sie nicht!«
Jossele war in seiner Verzweiflung immer näher an den Beamten herangerückt, der immer weiter zurückwich:
»Herr!« stöhnte er dabei. »Herr!« Und das war alles.
»Hören Sie, Herr Inspektor.« Gerade daß Jossele nicht schluchzend auf die Knie fiel. »Könnten Sie mich nicht dieses eine Mal laufen lassen? Ich verspreche Ihnen, daß so etwas nicht wieder vorkommen wird. Ich werde in Zukunft genau achtgeben. Nur dieses eine Mal noch, ich bitte Sie . . .«
»Hinaus!« röchelte der Beamte. »Marsch hinaus!«

»Ich danke Ihnen! Sie sind die Güte selbst! Ich danke Ihnen von ganzem Herzen.«

Jossele zog mich eilig hinter sich her. Ich konnte noch sehen, wie der Beamte hinter seinem Pult zusammensank.

Ab und zu muß man eben auch etwas für die Polizei tun.

*In den Händen
der Chauvinisten*

Es muß einmal der Öffentlichkeit verkündet werden, daß ich eine kritische Phase meines Lebens, zwei Wochen lang, als stolzer Besitzer eines Motorrades verbrachte.
Natürlich ist es unter etablierten Schriftstellern üblich, so einem Vehikel mit einer gewissen Geringschätzung zu begegnen. Man betrachtet es eher als standesgemäß, so lange an Autobushaltestellen Schlange zu stehen, bis die Tantiemen zur Anschaffung eines image-fördernden Straßenkreuzers reichen.
Bei näherem Hinsehen stellt sich aber oft heraus, daß besagte Schriftsteller im allgemeinen ihre zwei Beine als Fortbewegungsmittel in Anspruch nehmen.
Ich hingegen bin ein willensschwacher Mensch, der eher zu Kompromissen neigt. So

begab es sich eines Tages, als mein Luxusgefährt noch nicht einmal als Silberstreif am Horizont zu sehen war, daß ich die Nerven verlor und ein Motorrad erwarb.
Ich taufte es »Dr. Kaltenbrunner«, denn es kam aus Deutschland und erinnerte mich irgendwie mit seinem schwarzglänzenden Äußeren an Leute, die vor kurzem noch Dr. Kaltenbrunner zu heißen pflegten.
Soweit die Einführung in die Geschichte meines Motorradbesitzerdaseins.

Sie beginnt damit, daß ich am Ende der zweiten Woche meines motorisierten Daseins, auf meinem Doktor reitend, elegant bei einer Tel Aviver Tankstelle einkehrte und dem an der Benzinpumpe stehenden Fachmann mit ostentativer Lässigkeit zurief:
»Fünf Liter Sprit und 200 Gramm Öl.«
Der Mann an der Pumpe begann zu strahlen, dann fiel er mir um den Hals:
»Sie kommen auch aus Ungarn? Sagen Sie nichts, ich habe das gleich an Ihrem furchtbaren Akzent erkannt. Mitbürger! Freund! Landsmann, wie geht es Ihnen?«
Es wäre müßig zu leugnen, daß auch ich nicht gleichgültig blieb. Es ist nun einmal nichts All-

tägliches, wenn zwei bis dato einander völlig unbekannt Juden weit weg von ihrem heimatlichen Budapest zusammentreffen, um sich hemmungslos in ihrer stets auf der falschen Silbe betonten Muttersprache unterhalten zu können. Was Wunder also, daß wir beide einige Tränen der Rührung zerdrückten. Ja, das ist Israel, der Schmelztiegel.

Dann erzählte mir mein neuer Blutsbruder, daß sein Betrieb seit vierzig Jahren fest in ungarischer Hand sei. Der Boß sei zwar ein abscheulicher Litauer, das fiele aber nicht weiter auf, da er sich bereits die Grundkenntnisse der ungarischen Sprache angeeignet habe, und er sei sogar schon in der Lage, ein kurzes Kindergedicht von Vörösmarty Mihály mit nahezu verständlicher Aussprache vorzutragen.

Nach einigen Minuten des Schwelgens in magyarischer Lyrik ging mein Landsmann auf ein aktuelleres Thema über:

»Hören Sie, liebster Freund, ich will Sie nicht beleidigen oder gar, Gott behüte, kränken, aber Ihr Motorrad ist ziemlich verschmutzt. Man sollte ihm eine gründliche Säuberung angedeihen lassen. Zwar gibt es bei uns Freitag nachmittags prinzipiell keine Motorradwä-

sche, aber bei einem ungarischen Kunden wird sich natürlich eine Ausnahme machen lassen.«
»Danke, aber ich habe es leider sehr eilig.«
»Es handelt sich nur um fünf Minuten, keine Sekunde mehr. Ich frage, wer soll schon wem unter die Arme greifen, wenn nicht ein jüdischer Ungar einem ungarischen Juden?«
Ohne weitere Vorwarnung klatschte mein Landsmann in die Hände und bewirkte damit, daß ein transsylvanischer Bär aus einer Höhle hervorkam, um mein am ganzen Leibe zitterndes Motorrad unverzüglich in die Werkstatt zu entführen. Dort angelangt, setzte sich der Bär eine Röntgenbrille auf, ergriff eine Spritzpistole und schaltete sie ein. Der Strahl, der hervorschoß, war stark genug, um Löcher in den Asphalt zu bohren. Der Bruderbär lächelte mir ermutigend zu und lenkte den Strahl auf Doktor Kaltenbrunner. Dieser fiel sofort um und blieb wie ein k.o.-geschlagener Boxer verkrampft auf der Seite liegen.
»Keine Sorge, mein Freund«, tröstete mich der Bär in einem eher rustikalen Ungarisch, »so kann der Strahl besser durchspülen, um den ganzen Schmutz zu vernichten. Wissen Sie, wenn Sie zum Beispiel ein Pole wären oder Gott behüte gar ein Rumäne, nie im Leben hätte ich

am Freitagnachmittag diese Schwerarbeit begonnen. Weil Sie aber Ungarisch sprechen, überwinde ich mich. Wir müssen zusammenhalten, um uns gegen den starken balkanischen Druck wehren zu können, verstehen Sie?«
Doktor Kaltenbrunners Sitz begann sich mittlerweile unter dem starken Druck des ungarischen Reinigungsstrahls zu wellen, und die Drähte des Scheinwerfers rissen wie strapazierte Nerven.
»Hören Sie auf«, schrie ich, »hier scheint etwas nicht zu stimmen...«
»Nicht nervös werden«, erklang eine ungarische Stimme hinter mir. Wem sie gehörte, konnte ich nicht feststellen, da sich inzwischen das gesamte magyarische Personal des Betriebes in die Hände klatschend um mich geschart hatte.
»Wir Ungarn«, setzte einer fort, »wir sind berühmt für unsere einwandfreie Arbeit, besonders wenn wir für einen Landsmann arbeiten. Sehen Sie diesen ekelhaften Polen dort, wie er uns aus haßerfüllten Augen anstarrt?« Er zeigte mit seinem ölverschmierten Zeigefinger auf einen einsamen Arbeiter, der sich still in einer Ecke verkroch.
»Wer ist diese Fratze?« fragte ich.

»Er ist mein Schwager.« Dann wandte er sich an den transsylvanischen Bären: »Jancsikám, etwas mehr Druck!«

Jancsikám legte einige Dutzend Atü zu. Die Reinigungsmasse drang durch das Loch des Zündschlosses in die Dynamospulen und vernichtete dort alles, was zu vernichten war. Vermutlich auch den Schmutz. Aus einem der Ventile erklang ein zarter Pfeifton, kurz danach löste sich das Hinterrad von der Felge.

»Vorsicht!« schrie ich aus Leibeskräften, »was habt ihr vor?« Krachbumm!

Das Nummernschild des Motorrades wurde fortgeblasen und blieb in der Wand stecken. Der Putz fiel von der Decke. Der Fahrersitz war völlig verschwunden, so als hätte er niemals existiert. Aus dem Motor kamen klebrige Rauchschwaden hervor. Ich versuchte, dem Bären die Spritzpistole zu entreißen, aber der Strahl trennte mich von meinem dahinsiechenden Motorrad.

»Hören Sie, Mensch«, brüllte ich dem Bären mit einer Stimme zu, die fast noch lauter war als der aus der Spritzpistole dringende Lärm, »meine Mutter ist *Polin*, die dazu noch Rumänisch versteht! Ehrenwort! Hören Sie auf, es ist Freitag nachmittag...«

Das transsylvanische Untier grinste mir freundlich zu und ließ dem allmählich zum Schrotthaufen werdenden Motorrad aus einem riesigen Feuerlöschgerät einen Strahl kochenden Wassers angedeihen. Die Lenkstange krümmte sich zusehends, der Rückspiegel nahm die Form eines Monokels an, der Scheinwerfer glich einem Aquarium, das ganze Gefährt schrumpfte vor meinen Augen ein.
»So, das wäre erledigt«, verkündete mein Bruderbär, und warf mir mein ehemaliges Motorrad zu. »Aber sagen Sie keinem Menschen, daß wir am Freitagnachmittag noch gearbeitet haben. Das war ein Spezialservice für Sie, weil Sie eben...«
Mein armer Kaltenbrunner sah aus, als wäre er irrtümlicherweise von einem Pogrom heimgesucht worden. Seine Bestandteile waren über die ganze Werkstatt verstreut, und der Rahmen war mit einer öligen Patina überzogen. Der Kilometerzähler hatte mit dem Stopplicht Platz getauscht, der Benzintank war voller Grübchen und die Batterie unauffindbar.
Ich pumpte das von meiner Landsmannschaft so vorsorglich behandelte Hinterrad wieder auf und versuchte, mein zwei Wochen altes Fahrzeug in Gang zu setzen. Es gab einen kläglichen

Seufzer von sich, der nach einem fürchterlichen Fluch klang.
Ich stand allein und verlassen da. Das magyarische Tankstellenpersonal wandte sich wieder seiner verantwortungsvollen Arbeit zu. Ich trat einigemal auf den Kickstarter des Doktors seligen Angedenkens, in der waghalsigen Hoffnung, ihn vielleicht doch noch in Gang setzen zu können...
Meine Landsleute betrachteten mein Treiben mit unverhohlener Verachtung. Sie rügten mich nicht direkt, schließlich war ich ja ihr Landsmann, aber ihren Blicken war unschwer zu entnehmen, daß sie sich vor den Polen oder gar Rumänen, wo immer diese auch sein mochten, meinetwegen genieren müßten.
»Fahren Sie doch endlich los, mein Herr«, tadelte mich der brüderliche Vorarbeiter, »hier wird ja schließlich gearbeitet. Oder?«
Ich wagte schüchtern anzudeuten, daß mein Gefährt aus unersichtlichen Gründen den Dienst verweigerte.
»Dann bringen Sie es doch zu einem Pannendienst«, riet mir mein magyarischer Freund, »in Jaffa finden Sie einen erstklassigen Mechaniker aus Ungarn. Wenn Sie ihm sagen, daß Sie ein Landsmann sind, wird er es Ihnen vielleicht

schon nächste Woche reparieren. Wichtig ist nur, daß Sie zu keinem Polen oder gar zu einem Rumänen gehen. Diese Leute machen alles kaputt...«

Während ich Kaltenbrunner nach Hause schleppte, musterten einige Straßenpassanten mich und mein verunglücktes Motorrad mit hämischem Lachen. Es dürfte sich offensichtlich um Polen oder vielleicht Rumänen gehandelt haben.
Daheim angekommen, blieb Doktor Kaltenbrunner als provisorisches Ersatzteillager liegen. Ich sammelte die verblichenen Überreste, begrub sie und schrieb auf den Grabstein:
»Hier ruht ein Motorrad mit zweieinhalb Pferdestärken. Es wurde nur zwei Wochen alt. Es fiel in der ungarischen Abteilung des Schmelztiegels Israel auseinander.«

Ein Parasit fährt mit

In jener Nacht, von der ich erzählen will, es war kurz bevor Kaltenbrunner sein ungarisches Schicksal ereilte, verließ ich Petach Tikwah auf meinem Motorrad in Richtung Tel Aviv. Am Stadtrand von Petach Tikwah stand ein kleiner, vom Alter gebeugter Mann, winkte verzweifelt mit den Händen und krächzte, so laut er konnte: »Tel Aviv, Tel Aviv!«
Augenblicklich erwachte in meiner Brust das mitfühlende jüdische Herz. Eines Tags, so flüsterte es mir zu, eines Tags wirst auch du klein und vom Alter gebeugt sein und wirst dich freuen, wenn dich am Stadtrand von Petach Tikwah jemand nach Tel Aviv mitnimmt.
Ich bremste scharf und forderte den Alten durch Zeichensprache auf, den Hintersitz zu

erklimmen. Er tat es mühsam und umständlich.

»Gottlob gibt's noch anständige Menschen auf der Welt«, ließ er sich währenddessen in fließendem Jiddisch vernehmen. »Der Himmel segne Sie, junger Mann.«

Es widerstrebt mir, angebetet zu werden, und ich sah auch keinen Anlaß dafür. Ich hatte nichts weiter getan, als einem Nebenmenschen gegenüber meine Pflicht erfüllt, wie es die Charta der Vereinten Nationen verlangt.

»Sie müssen sich fest anhalten, Großpapa«, sagte ich sicherheitshalber und startete.

Bald darauf hörte ich hinter mir ein unverkennbar schmerzhaftes »Oj«, das sich mehrmals wiederholte.

»Oj«, stöhnte mein greiser Mitfahrer. »Haben Sie Ihren Rücksitz mit Steinen ausgestopft?«

Er hatte so unrecht nicht. Der Rücksitz besaß keine Federung und war sehr, sehr hart. Ich schämte mich, so bequem dahinzufahren, während hinter mir der Patriarch wie ein Schifflein auf stürmischer See umhergeschleudert wurde. Außerdem mußte er mit der einen Hand seinen Hut halten. Es war bestimmt kein Vergnügen für ihn.

»Ich kann Motorräder nicht ausstehen«, ver-

traute er mir an. »Sie machen Lärm und stinken. Und was ist mit Ihnen, junger Mann? Wo leben Sie?«
»In Tel Aviv.«
»Wieso haben Sie dann kein Auto? Jeder Schnorrer in Tel Aviv hat ein Auto.«
»Wenn Ihnen das Motorrad zu unbequem ist, Großpapa, können Sie ja absteigen.«
»Hier? Im Finstern? Wo sind wir hier überhaupt? Sie haben komische Einfälle, das muß ich schon sagen. Können Sie nicht schneller fahren?«
Ich gab Gas.
»Oj, wie windig!« ertönte hinter mir die klagende Greisenstimme. »Den Tod kann man sich holen. Aber was kümmert das Sie. Sie würden mich ja nicht einmal im Spital besuchen...«
Doch, doch, ich besuche dich, gelobte ich mir. Sei du erst einmal im Spital, dann werde ich dich schon besuchen... Aber ich verscheuchte den sündigen Gedanken alsbald und wurde aufs neue vom Mitleid für den alten Mann überflutet. Was mochte der Arme durchgemacht haben, daß solche Bitterkeit aus ihm sprach.
»Sie sind aber ein sehr schlechter Fahrer«, sprach jetzt die Bitterkeit aus ihm. »Ich staune,

daß man einen Kerl wie Sie überhaupt auf die Straßen losläßt. Das kann wirklich nur hier passieren. Hier geben sie jedem Rowdy, der Geld genug für Benzin hat, einen Führerschein. Und dann wundert man sich über die Verkehrsunfälle. Wie viele Menschen haben Sie schon überfahren?«

»Ich fahre seit zehn Jahren und hatte noch keinen einzigen Unfall«, versicherte ich stolz.
In diesem Augenblick ertönte ein lauter Knall. Der Reifen des Hinterrads war geplatzt, und wir befanden uns im Straßengraben. Der Motor spuckte noch ein paarmal, dann starb er ab.
Mein Fahrgast erhob sich stöhnend und fluchend.
»Sie Mörder«, schrie er mich an, »Sie rücksichtsloser Unmensch! Rast durch die Gegend wie ein Verrückter! Aber ich hab's ja gewußt, ich hab's von Anfang an gewußt...«
Jetzt faßte ich den Tobenden etwas genauer ins Auge. Wie sich zeigte, war er gar nicht so alt. Er war ein untersetzter Mann in den besten Jahren, stämmig, beinahe fettleibig. Wahrscheinlich war der Reifen unter der Last seines Gewichts zusammengebrochen.
»Sehen Sie mich an«, sagte er überflüssigerweise. »Hier stehe ich, mitten in der Nacht, mit einem Nervenschock und weiß Gott was für Verletzungen. Und daran sind nur Sie schuld.«
»Es tut mir leid, Herr. Ich habe es nicht mit Absicht getan.«
»Das ist kein Trost für mich. Meiner Nachbarin ist neulich das Bügeleisen aus der Hand gefallen, direkt auf den Kopf ihres Babys. Sie hat es

auch nicht mit Absicht getan. Aber das Kind ist jetzt fürs ganze Leben schwachsinnig.«

Es war klar, daß ich meine Taktik ändern mußte. Getzl – so nannte ich ihn in Gedanken, es war der Name eines meiner Todfeinde –, Getzl hatte sich am Straßenrand niedergelassen. Meine Aufforderung, mir beim Flottmachen meines Fahrzeuges zu helfen, quittierte er mit den Worten:

»Bin ich ein Lastenträger?«

»Wenn Sie mir nicht behilflich sind, das Motorrad bis zur nächsten Straßenlampe abzuschleppen, lasse ich Sie hier sitzen.«

Getzl erhob sich widerwillig und legte Hand an die Lenkstange. Sein wiederholtes Straucheln während der Bergungsarbeiten nahm er zum Anlaß, mich und meine Familie in polnischer Sprache zu verfluchen.

»Fluchen Sie ruhig weiter«, ermunterte ich ihn. »Mir macht das nichts aus. Für mich ist Polnisch eine Fremdsprache. Aber meine Mutter sollten Sie aus dem Spiel lassen. Sie versteht etwas Polnisch.«

Nach einiger Zeit hatten wir das Fahrzeug bis zur nächsten Laterne geschoben, wo ich es morgen abholen und richten lassen wollte. Im stärkeren Lichtschein gelangte ich endgültig zu

der Erkenntnis, daß ich keinen gebückten Greis vor mir hatte, sondern einen gesunden, stattlichen Mann meines Alters. Vielleicht war er sogar um ein paar Jahre jünger.
Eine Weile standen wir einander gegenüber, stumm, mit einem bemerkenswert geringen Ausmaß wechselseitiger Sympathie.
»Einen Moment!« rief Getzl plötzlich aus. »Sie kenn' ich doch. Haben Sie letzten Winter nicht bei Kirschbaum im Fleischerladen gearbeitet?«
»Wer – ich?«
»Ja, Sie. Sie haben wahrscheinlich geglaubt, ich würde Sie nicht erkennen. Zwei Tage mußte ich damals im Bett liegen.«
»Warum?«
»Das fragen Sie? Weil Sie mir ein tiefgekühltes Huhn an den Kopf geworfen haben!«
»Ein tiefgekühltes Huhn?«
»Tun Sie nicht so. Das waren doch Sie, oder nicht?«
»Jawohl«, sagte ich in plötzlichem Entschluß, dessen Wirkung mich zu sofortigem Nachstoßen veranlaßte: »Und wenn Sie nächstens in den Laden kommen, werfe ich Ihnen einen tiefgekühlten Truthahn an den Kopf.«
Getzl war sichtlich verwirrt. Eine Zeitlang folgte er sogar meinen Anweisungen. Ich ließ

ihn den Kotflügel halten und – als ich ihn bei einer Nachlässigkeit ertappte – auch die Kette. Davon bekommt man noch viel schmutzigere Hände als von der Veruntreuung öffentlicher Gelder.

»Das wird Ihnen leid tun«, keuchte Getzl. »Ich werde mich in Petach Tikwah bei der Polizei über Sie beschweren. Die sind berühmt für ihre Schärfe. Kennen Sie den Inspektor Goldblatt?«

»Natürlich. Er ist mein Bruder.«

Getzl drehte sich wortlos um und begann den vorüberfahrenden Autos zu winken. Das könnte ihm so passen! Mich mit meinem kaputten Motorrad in der Dunkelheit zurückzulassen und bequem nach Tel Aviv zu fahren! Zum Glück hielt kein einziger Wagen an.

Oder doch? Der Chrysler jetzt? Tatsächlich!

Mit einem Satz war ich am Schlag, riß ihn auf und sprang in den Wagen hinein.

»Ein Überfall!« rief ich dem Fahrer zu. »Der Mann dort wollte mich überfallen! Geben Sie Vollgas!«

Der Chrysler gab Vollgas. Getzl blieb allein zurück. Es war ein wunderschöner Anblick, ihn wie vom Schlag gerührt dastehen zu sehen. Vielleicht steht er immer noch dort. Meinetwegen kann man ihn ruhig abschleppen.

Die Gefahren
der guten Kinderstube

Dieser Tage kaufte ich einen geräucherten Fisch. Während ich heimwärts schlenderte, las ich im Abendblatt, in welches besagter Fisch gewickelt war, daß die Behörden über die steigende Unfallrate im Straßenverkehr höchst besorgt waren. Ich beschloß, der Ursache des Übels auf den Grund zu gehen.
Wie wir wissen, gibt es ein ungeschriebenes und trotzdem überall gültiges Gesetz der Straße. Demzufolge scheinen Autofahrer verpflichtet zu sein, einander prinzipiell mit »Idiot« anzusprechen. Dieses Grundgesetz – der Lateiner nennt es »jus incivile« – ist zur eisernen Tradition geworden, etwa so, wie man bei festlichen Anlässen »Dreimal Hoch« ruft.
Autofahrer, die bei der geringsten Provokation, oder auch ohne diese, nicht bereit sind, das

Schlachtgeschrei »Idiot« anzustimmen, gelten als nicht vertrauenswürdig. Sie sind entweder Anfänger, die man nicht auf die Straße lassen sollte, gefährliche Exzentriker oder bestenfalls ausländische Gäste, die unter Höflichkeitszwang stehen.

Ich für meinen Teil als echter Kavalier am Steuer bin es seit Jahren gewohnt, jedem Straßenkameraden, der versucht, mir die Vorfahrt zu verweigern, der mich schneidet, überholt oder mir sonst irgendwie unsympathisch auffällt, durch das eiligst heruntergedrehte Wagenfenster mit donnernder Stimme zuzubrüllen:

»Iiidiooot!«

Normalerweise geht mein »Iiidiooot!« in dem ebenso lautenden Autofahrergruß meines hochgeschätzten Gegners unter und wir setzen wütend unseren Weg fort. Doch manchmal passiert es, daß so ein Idiot aussteigt, breitspurig auf mich zukommt und schreit:

»Kannst du nicht aufpassen, du Kretin?«

Meine höchst phantasievolle Antwort auf eine solch unqualifizierte Attacke lautet üblicherweise:

»Warum paßt du nicht selber auf, du Armloch!«

(»Armloch« halte ich für einen besonders raffi-

nierten Schachzug: das Wort erinnert vage an irgend etwas anderes, ist aber nicht klagbar.)
Das war die Lage bis vor rund einem Monat. Dann allerdings widerfuhr mit etwas völlig Unerwartetes.
Ich war unterwegs ins Stadtzentrum und bog links ab, ohne ein entsprechendes Zeichen zu geben, und vernahm das Quietschen notgebremster Reifen, begleitet von dem obligaten »Iiidiooot!« Gleich darauf kam der Verursacher

des ohrenbeleidigenden Quietschens, ein vierschrötiger Hüne, auf mich zu. Doch noch ehe er sein Wutgeschrei loswerden konnte – ich weiß bis zum heutigen Tag nicht, was da eigentlich in mich gefahren ist –, entglitten meinem Mund unbegreifliche Worte:
»Tut mir wirklich leid«, hörte ich mich sagen, »Sie sind völlig im Recht. Ich habe vergessen zu blinken.«
Der Mann war sprachlos. Er wich einen Schritt zurück, als habe er eine schallende Ohrfeige erhalten, taumelte wie benommen zu seinem Wagen zurück und fuhr blindlings davon. Die Trance dürfte noch eine Weile angehalten haben, denn ich sah, wie er kurz danach auf den Gehsteig fuhr und in eine Stoptafel krachte.
Von dieser Wunderwaffe mache ich seither tagtäglich Gebrauch. Wann immer mich ein idiotischer Autofahrer anbrüllt: »Iiidiooot!, kannst du nicht aufpassen?«, sage ich höflich: »Verzeihen Sie vielmals, es war eindeutig mein Fehler.«
Ich glaube nach diesen Ausführungen sagen zu dürfen, daß meine mörderische Wunderwaffe zu einem nicht unwesentlichen Teil für die steigende Unfallrate verantwortlich ist.

*Jede Münze
hat zwei Seiten*

In der Regel habe ich immer einen Vorrat von Zehnpiastermünzen bei mir. An jenem Morgen hatte ich keine. Ratlos stand ich vor dem grausamsten Instrument unseres technischen Zeitalters: dem Parkometer. Sollte ein städtisches Amtsorgan des Weges kommen, dann könnte mich der Mangel eines Zehnpiasterstücks fünf Pfund kosten. Ich versuchte ein Fünfundzwanzigpiasterstück in den Schlitz zu zwängen, aber das Parkometer weigerte sich.
»Zehn Piaster?« fragte eine Stimme in meinem Rücken. »Werden wir gleich haben.«
Ich fuhr herum und erkannte Ingenieur Glick, der eifrig in seinen Hosentaschen stöberte.
»Hier!« Und damit warf er selbst die erlösende Münze in den gefräßigen Schlitz.
Ich wußte nicht, wie ich ihm danken sollte. Die

von mir sofort angebotene Fünfundzwanzigermünze wies er von sich:
»Lassen Sie. Es ist nicht der Rede wert.«
»Wenn Sie einen Augenblick warten, gehe ich wechseln«, beharrte ich.
»Machen Sie sich nicht lächerlich. Sie werden schon einen Weg finden, sich zu revanchieren.«
Damit wandte er sich zum Gehen und ließ mich in schweren, bedrückenden Gedanken zurück. Schulden sind mir zuwider. Ich mag das nicht. »Sie werden schon einen Weg finden« – was heißt das? Was für einen Weg? Wieso?
Um sicherzugehen, suchte ich auf dem Heimweg einen Blumenladen auf und schickte Frau Glick zehn rote Nelken. So benimmt sich ein Kavalier, wenn ich richtig informiert bin.
Warum es leugnen: ich hätte zumindest einen Telefonanruf vom Hause Glick erwartet. Nicht als ob mein Blumenarrangement besondere Dankesbezeigungen erfordert hätte, aber trotzdem...
Als bis zum Einbruch der Dämmerung noch nichts geschehen war, erkundigte ich mich telefonisch im Blumenladen nach dem Schicksal meiner Nelken. Ja, alles in Ordnung, die

Nelken wurden um 16 Uhr 30 durch Boten befördert.
Ich wartete noch eine Stunde. Als meine Nerven zu zerreißen drohten, rief ich bei Glicks an. Glick war selbst am Telefon. Wir unterhielten uns über die neuen Hafenanlagen in Ashdod und über die neue Einkommensteuer und noch über allerlei Neues. Eine Viertelstunde lang. Schließlich konnte ich nicht länger an mich halten.
»Da fällt mir ein«, sagte ich. »Hat Ihre Gattin die Blumen bekommen?«
»Ja. Meiner Meinung nach sollte Eschkol dem Druck der Religiösen nicht nachgeben. Er hat genügend Rückhalt, um...«
Und so weiter, und so weiter. Was war da los? Kein Zweifel, mit meinen Blumen stimmte etwas nicht.
Nachdem die läppische Konversation zu Ende war, berichtete ich den Vorfall meiner Ehefrau. Sie wunderte sich überhaupt nicht.
»Natürlich«, sagte sie. »Auch ich hätte mich beleidigt gefühlt. Wer schickt heute noch Nelken? Die billigsten Blumen, die es überhaupt gibt.«
»Aber ich habe zehn Stück geschickt!«
»Na wenn schon. Es muß einen fürchterlichen

Eindruck auf die Glicks gemacht haben. Jetzt werden sie uns für Geizhälse halten.«

Ich preßte die Lippen zusammen. Alles darf man mich nennen, nur keinen Geizhals. Am nächsten Morgen ging ich in die nächste Buchhandlung, erstand Winston Churchills vierbändige »Geschichte des Zweiten Weltkriegs« und ließ sie an Ingenieur Glick schicken.

Der Abend kam. Ein Anruf kam nicht. Zweimal wählte ich Glicks Nummer, zweimal legte ich im letzten Augenblick den Hörer wieder auf.

Vielleicht hatte Glick übersehen, daß es sich um ein Geschenk von mir handelte?

»Unmöglich«, versicherte mir der Buchhändler. »Ich habe auf einer Begleitkarte ganz deutlich Ihren Namen angegeben.«

Zwei Tage verstrichen, zwei fürchterliche, zermürbende Tage. Am dritten Tag wurden mir die vier Bände Churchill zurückgestellt, in einem mangelhaft verschnürten Paket, dem folgender Brief beilag:

»Mein lieber Freund, begreifen Sie doch, daß ich für die Hilfe, die ich Ihnen am 15. November um 9 Uhr geleistet habe, weder Dank noch Belohnung verlange. Was ich tat, tat ich aus gutem Willen und aus dem Bedürfnis, einem Mitmenschen, der in eine schwierige Situation

geraten war, meine brüderliche Hand hinzustrecken. Das ist alles. Ich bin sicher, Sie an meiner Stelle hätten ebenso gehandelt. Mein schönster Lohn liegt in dem Bewußtsein, daß ich unter schwierigsten Bedingungen, in einem Dschungel von Eigensucht und Grausamkeit, ein menschliches Wesen bleibe. Herzlichst Ihr Glick. PS: Den Churchill habe ich schon.«
Abermals wunderte sich meine Gattin nicht im geringsten, als ich ihr den Brief vorlas:
»Ganz klar. Es gibt eben Dinge, die sich mit schnödem Mammon nicht abgelten lassen. Manchmal ist eine kleine Aufmerksamkeit mehr wert als das teuerste Geschenk. Aber ich fürchte, das wirst du nie verstehen, du Büffel.«
Was werde ich nie verstehen, was? Noch am selben Tag bekam Ingenieur Glick ein Geschenkabonnement für die Vorzugsserie der Philharmonikerkonzerte.
Am Abend des ersten Konzerts lag ich an der Ecke der Hubermanstraße im Hinterhalt. Würde er kommen?
Er kam. Beide kamen. Ingenieur Glick und Gattin wohnten dem von mir gestifteten Vorzugskonzert bei.
Aufatmend ging ich nach Hause. Zum erstenmal seit vielen Tagen fühlte ich mich von

schwerem Druck befreit, zum erstenmal war ich wieder ich selbst. Pünktlich um zehn Uhr abends läutete das Telefon.

»Wir sind in der Pause weggegangen«, sagte Glick, und seine Stimme klang sauer. »Ein miserables Konzert. Ein miserables Programm. Ein miserabler Dirigent.«

»Ich ... ich bin verzweifelt«, stotterte ich. »Können Sie mir je verzeihen? Ich hab's gut gemeint, wirklich. Ich wollte mich ja nur für Ihre Hilfe von damals erkenntlich zeigen ...«

»Hoho, alter Junge«, unterbrach mich Glick. »Das ist es ja. Geben ist eine Kunst. Mancher lernt's nie. Man darf nicht nachdenken und nicht nachrechnen, man gibt aus vollem Herzen oder gar nicht. Wenn ich mich selbst als Beispiel anführen darf – Sie erinnern sich. Als ich Sie damals in hoffnungsloser Verzweiflung vor dem Parkometer stehen sah, hätte ich mir ebensogut sagen können: ›Was kümmert's dich, du bist kein Autobesitzer und brauchst dich mit einem Autobesitzer nicht solidarisch zu fühlen. Tu, als hättest du ihn nicht gesehen. Er wird es nie erfahren.‹ Aber so zu handeln, wäre eben nicht meine Art. ›Hier ist ein Mensch in Not‹, sagte ich mir. ›Er braucht dich.‹ Und schon – Sie erinnern sich – schon war das

Zehnpiasterstück im Schlitz Ihres Parkometers. Eine kleine Geste, weiter nichts. Und doch...«

Ich glaubte buchstäblich in die Erde zu versinken vor so viel Humanismus. Eine kleine Geste. Warum, lieber Gott, ermangle ich so völlig der Fähigkeit zu kleinen Gesten. Nicht nachdenken, nicht nachrechnen, nur geben, aus vollem Herzen geben...

»Glick hat vollkommen recht«, konstatierte die beste Ehefrau von allen. »Und jetzt ist der Karren natürlich völlig verfahren. Jetzt kann uns nur noch eine spektakuläre Aktion retten.«

Die ganze Nacht überlegten wir, was wir tun sollten. Den Glicks eine Eigentumswohnung kaufen? Mündelsichere Wertpapiere? Sie zu unseren Universalerben einsetzen? Wir zermarterten uns die Köpfe...

Schließlich brachte uns eine beiläufige Bemerkung des Ingenieurs auf den rettenden Einfall. Wie hatte er doch in seinem ausführlichen Monolog gesagt? Ich habe keinen Wagen, hatte er gesagt.

»Das ist die Lösung«, stellte die beste Ehefrau von allen befriedigt fest. »Du weißt, was du zu tun hast.«

»Aber ich kann auf meinen Wagen schon aus

Berufsgründen nicht verzichten«, wimmerte ich. »Ich brauche ihn.«
»Das ist wieder einmal typisch für dich. Du bist und bleibst eine levantinische Krämerseele.«

Der Wagen wurde mit einer ganz kurzen Begleitnote zu den Glicks befördert: »Gute Fahrt«, schrieb ich, und: »Nochmals Dank.«
Diesmal reagierte Glick positiv. Gleich am nächsten Morgen rief er mich an:
»Entschuldigen Sie, daß ich Sie schon zu so früher Stunde aufwecke. Aber ich kann den Wagenheber nirgends finden.«
Das Blut schoß mir zu Kopf. Vor mehr als einem Jahr war der Wagenheber gestohlen worden, und ich hatte noch immer keinen neuen gekauft. Jetzt wird Glick womöglich auf einer einsamen Landstraße einen Pneudefekt haben und mich bis an sein Lebensende verfluchen.
»Ich komme!« rief ich ins Telefon, kleidete mich in sausender Eile an, nahm ein Taxi und kaufte einen Wagenheber, den ich sofort bei Glick abliefern wollte.
Am Rothschild-Boulevard, auf den vom Magistrat zugelassenen Parkplätzen, deren Zulassung durch Parkometer kenntlich ist, sah ich einen Wagen stehen, der mir bekannt vorkam.
Er war es. Mein Wagen stand vor einem Parkometer, vor dem Parkometer stand Ingenieur Glick und kramte verzweifelt in seinen Taschen.

Ich ließ das Taxi anhalten und stürzte mit einem heiseren Aufschrei auf Glick zu:
»Zehn Piaster? Werden wir gleich haben!«
Glick wandte sich um und erbleichte:
»Danke! Ich brauche keine. Ich habe sie selbst! Ich habe sie selbst!«
Er setzte die fieberhafte Suche fort. Ich nahm die meine auf. Wir keuchten beide vor Anstrengung. Denn uns beiden war klar, was auf dem Spiel stand. Glick stülpte eine Tasche nach der anderen um, ohne ein Zehnpiasterstück zu finden.
Nie werde ich das schreckensbleiche Gesicht vergessen, mit dem er zusah, wie ich mein Zehnpiasterstück langsam und genießerisch in den Schlitz des Parkometers versenkte:
»Hier, bitte!«
Vor meinen Augen begann Glick um mehrere Jahre zu altern. Er schrumpfte sichtbar zusammen, während er in die Hosentasche griff und mir die Schlüssel zu meinem Wagen aushändigte. Aus seiner Brusttasche zog er das Abonnement für die Philharmonie und übergab es mir unter leisem Schluchzen. Gegen Abend kamen Blumen für meine Frau. Man muß es ihm lassen: er ist ein guter Verlierer.

Ein verkehrter Verkehrsunfall

Ich traf Jossele in unserem Stammkaffee in bedauernswertem Zustand an.
Er hatte seine verletzte Hand im Hemdschlitz verborgen, dicht über dem Herzen, so daß man unwillkürlich an die typische Pose Napoleons denken mußte. Mit der Linken führte er geistesabwesend die Kaffeetasse zum Mund. Die Beine hatte er in schmerzfreier Haltung ausgestreckt, in seinem Gesicht prangten rote und blaue Wundmale.
»Jossele«, fragte ich, »was ist los?«
»Was ist los, was ist los«, gab er giftig zurück. »Ein Unfall ist los, sonst nichts.«
Der Unfall hatte sich zwei Tage zuvor ereignet, als Jossele seinen neuen Wagen einzufahren versuchte. Es war, milde gesagt, ein Wagen von geringen Ausmaßen, ein Kleinwagen, eine

jener Minikonstruktionen, die dem Besitzer das Auffinden von Parkplätzen und den Ankauf von Treibstoff erleichtern sollen. Ein Zwergwagen. Länge: 2 Meter. Breite: 1 Meter. Höhe: nicht der Rede wert.

»Davon abgesehen, ist es ein sehr guter Wagen«, behauptete Jossele. »Natürlich gibt es am Anfang gewisse Schwierigkeiten mit dem Einsteigen. Man muß sich ein wenig hinunterbeugen, und da kann es schon vorkommen, daß man sich das Gesicht an der Fußmatte beschmutzt. Aber wenn man einmal drin ist und die richtige Position gefunden hat, um die Beine bis zu den Scheinwerfern auszustrecken, dann kommt man mühelos auf sechzig Stundenkilometer.«

»Diese Wagen sind jetzt sehr beliebt«, stimmte ich zu. »Und nicht nur bei uns. Erst unlängst habe ich in der Zeitung gelesen, daß ein solches Zwergauto in Argentinien von einem Lämmergeier attackiert wurde und glatt davonkam, weil der Fahrer es geistesgegenwärtig unter einen geparkten Laster steuerte.«

»Ja, es sind sehr zuverlässige Wagen«, bestätigte Jossele.

An seinem Unfall war natürlich die Gegenseite schuld. Jossele hatte an einer Verkehrsampel auf das grüne Licht gewartet und war streng nach Vorschrift losgefahren, als im letzten Augenblick ein Fußgänger zum Überqueren der Kreuzung ansetzte, plötzlich innehielt und mit Josseles Kotflügel zusammenstieß. Jossele verspürte einen dumpfen Schlag gegen die Fußsohlen, das Lenkrad drang in seine Mundhöhle und die Handbremse in seinen Ellbogen.

»Nur mit größter Mühe konnte ich mich freimachen«, fuhr Jossele in der Schilderung des Malheurs fort. »Ich wand mich aus dem Sitz heraus und öffnete den arg verklemmten Schlag. Der Anblick, der sich mir bot, war deprimierend. Mein Wagen glich, man kann es nicht anders ausdrücken, einer Ziehharmonika kurz nach dem Schlußakkord.«

»Entsetzlich. Und was war mit dem anderen?«

»Mit welchem anderen?«

»Mit dem Fußgänger?«

»Ach, der. Das war ein stämmiger Kerl, breitschultrig, mindestens hundert Kilo schwer. Dem ist nichts passiert. Nicht einmal ein Kratzer. Er staubte sich die Hose ab und wollte weitergehen. ›Haben Sie keine Augen im Kopf? Können Sie nicht aufpassen?‹ brüllte ich ihn an. ›Ich habe Sie nicht gesehen‹, entschul-

digte sich der Mann. ›Ich habe in eine andere Richtung geschaut.‹ Und er zuckte die Achseln.«
»Um Ausreden sind diese Verkehrssünder nie verlegen«, warf ich ein.
»Du sagst es. Inzwischen hatte sich bereits eine Menschenmenge angesammelt und ergriff, wie es die Gewohnheit von Menschenmengen ist, sofort Partei. Verschiedene Rufe erklangen: ›Der muß Ihnen Schadenersatz zahlen... Er ist wie ein Schlafwandler umhergetorkelt... Lassen Sie ihn nicht entwischen...‹
Darauf schien der Mann es nämlich angelegt zu haben. ›Rühren Sie sich nicht!‹ rief ich ihm zu. ›Bleiben Sie stehen, bis die Polizei kommt. Das könnte Ihnen so passen – zuerst auf einer Verkehrsstraße Amok zu laufen und dann verschwinden. Dafür werden Sie teuer zu zahlen haben.‹
›Nur keine Aufregung‹, ließ der unverschämte Wegelagerer sich jetzt vernehmen. ›Sie sind ja versichert, oder nicht?‹
›Was wollen Sie damit sagen?‹
›Daß ich Ihr beschädigter Unfallsgegner bin.‹
›Das wären Sie nur, wenn ich Sie überfahren hätte.‹
›Sie haben mich angefahren, das genügt.‹

So ging es eine Weile hin und her«, berichtete Jossele zähneknirschend. »Das Blut stieg mir zu Kopf, als ich meinen kaputten Wagen ansah und dann meinen völlig intakten Unfallsgegner, dieses Monstrum, dem es nichts ausmachte, sich auf einen Zusammenstoß mit einem Zwergwagen einzulassen. Noch ein Glück, daß ich so langsam gefahren war, sonst läge ich jetzt im Spital. Aber das kümmerte den brutalen Kerl natürlich nicht.«
»Von so einem darfst du keine Rücksicht erwarten«, tröstete ich meinen auch seelisch verletzten Freund.
»Die Verkehrsstauung wurde immer größer«, nahm Jossele den unterbrochenen Faden wieder auf, »und die Anteilnahme der Umstehenden begann ins Detail zu gehen. Wohlmeinende Passanten empfahlen meinem Gegner, mich durch eine sofortige Bezahlung von mindestens fünfzig Pfund zu versöhnen. Der Kerl tat, als ob er taub wäre. Wie ein Betrunkener über die Straße zu stolpern – das fand er offenbar ganz in Ordnung. Aber die Verantwortung für seine Fahrlässigkeit zu übernehmen – das fiel ihm nicht ein.«
»Habt ihr euch geeinigt?«
»Nein. Nach einer Weile wurde er ungeduldig:

er könne hier nicht in alle Ewigkeit stehen bleiben wie eine Salzsäule, er müsse nach Hause, seine Frau würde sich Sorgen machen. Ich warnte ihn vor einer so schwerwiegenden Gesetzesübertretung und gab ihm zu bedenken, daß er den Unfallort nicht verlassen dürfe, weil die Polizei den Hergang des Unfalls sonst nicht rekonstruieren könnte. Einige Herrenfahrer ermunterten mich: ›Er darf sich nicht vom Fleck rühren... Halten Sie ihn fest... Notieren Sie seine Nummer...‹ und dergleichen mehr.«
»Was für eine Nummer?«
»Die Nummer seines Personalausweises. Ich verlangte seine Papiere zu sehen. Er griff in die Tasche – aber das erwies sich als Täuschungsmanöver. Plötzlich wandte er sich um, durchbrach mit einem Satz den Ring der Umstehenden und flüchtete. Ich hinter ihm her. ›Aufhalten!‹ brüllte ich. ›Aufhalten den Banditen! Ich habe ihn überfahren! Aufhalten!‹ Aber es half nichts.«
Jossele starrte trüb in seinen Kaffee.
»Er ist entkommen. Ich mit meinem verletzten Bein konnte nicht so schnell laufen wie er. An einer Straßenkreuzung beging er einen weiteren Verstoß gegen die Verkehrsregeln und lief

bei rotem Licht hinüber. Als gesetzestreuer Bürger wartete ich natürlich auf Grün – und inzwischen war er längst verschwunden. Ich ging sofort zur Polizei, meldete den Vorfall und gab eine genaue Personenbeschreibung des Übeltäters. Vergebens. Trotz sofort aufgerichteter Straßensperren wurde er nicht mehr gefunden. Vielleicht hat er sich in einem Taxi aus dem Staub gemacht, der Verbrecher. Wirklich, es gibt nichts Verächtlicheres, als einen Verkehrsunfall zu verursachen und das Opfer auf der Straße zurückzulassen. Ein so niederträchtiger Fall von Fußgängerflucht ist mir noch nicht vorgekommen.«

Verfolgungswahn

Ich hatte eine Ehrenkarte zu einem Konzert bekommen, was nicht unbedingt eine große Ehre war, da alle Musikkenner den Gastdirigenten für eine Zumutung hielten. Ich entschloß mich, trotzdem hinzugehen. Erstens, weil ich mich zu ängstlichen Dirigenten mit bescheidenen Taktstockbewegungen hingezogen fühle, und zweitens, weil das Fernsehen das Konzert nicht in Stereo übertrug.

Auf dem Weg zum Theater tauchte plötzlich ein Polizist vor meinem Wagen auf und stoppte mich. »Diese Woche habe ich meinen Strafzettel schon bekommen, Inspektor«, wehrte ich mich und zeigte das Schriftstück voller Stolz. »Versuchen Sie es nächste Woche wieder.«

Das Auge des Gesetzes ignorierte meine Äuße-

rung, riß die Autotür auf, ließ sich auf den Beifahrersitz fallen und kommandierte: »Fahren Sie los.«
»Ich denke nicht daran«, sagte ich, »verlassen Sie sofort meinen Wagen.«
»Vergeuden Sie keine Zeit«, brüllte der Polizist, »sehen Sie zu, daß Sie den blauen Fiat dort kriegen! Wir müssen ihn stellen.«
»Warum?«
»Ich habe gesehen, wie er gegen eine Einbahnstraße gefahren ist. Aber er ist mir entkommen, der Schuft. Los! Geben Sie Gas!«
Das Jagdfieber packte mich, und ich sauste los. Aber der blaue Fiat merkte sehr bald, daß wir auf seiner Fährte waren und steigerte das Tempo.
»Steigen Sie aufs Gas«, befahl mein Passagier. »Haben Sie genügend Benzin?«
Mir fiel plötzlich ein, daß ich Wichtigeres zu tun hatte:
»Hören Sie, ich habe eine Ehrenkarte für ein Konzert«, protestierte ich, »und ich habe bestimmt schon den Anfang versäumt.«
Er hatte auch Wichtigeres zu tun:
»Musik? Unsinn!« fuhr mich das Sicherheitsorgan an. »Da können Sie auch morgen hingehen. Etwas schneller, bitte.«

»Es ist eine Ehrenkarte«, zischte ich zurück, »lassen Sie wenigstens mich aussteigen.«
Inzwischen waren wir in den Vororten angelangt, der blaue Fiat und wir.
»Ich hatte auch einmal eine Ehrenkarte für den Zirkus und konnte nicht hingehen, weil mein Sohn die Masern bekommen hat. Das ist nicht das Ende der Welt.«
Schließlich ging uns der Fiat auf der Autobahn ins Netz. Ich überholte ihn und stieg vor ihm hart auf die Bremse, worauf er mit aller Wucht in mich hineinkrachte. Der Polizist schoß wie eine Rakete aus dem Wagen und stürzte sich auf den Verkehrssünder.
Nach einem kurzen, aber heftigen Handgemenge kam er etwas angeschlagen zurück und meinte, es müßte sich um einen anderen blauen Fiat gehandelt haben. Vielleicht sollten wir in der Stadt noch einige Runden drehen. Mit etwas Glück könnten wir den Richtigen doch noch kriegen.
Ich sagte: »Ohne mich, Inspektor, mir reicht's.«
Daraufhin wünschte er meine Papiere zu sehen.
»Ihre Versicherungskarte ist gestern abgelaufen«, sagte er. »Tut mir leid, aber ich habe

meine Vorschriften. Sie kriegen einen Strafzettel.«
So haben wir schließlich doch noch etwas erreicht. Nach unserer langen und dramatischen Verfolgungsjagd haben wir wenigstens mich erwischt.

Das Werkstatt-Kabarett

Seit Jossele sich seinen neuen Wagen gekauft hat, vergeuden wir unsere Zeit nicht mehr mit Theaterbesuchen. Wir veranstalten unser eigenes Werkstatt-Kabarett, gestern zum Beispiel in Onkel Bens Werkstatt. Onkel Ben ist Israels einziger Mechaniker mit Seele. Bei ihm wird man nicht geneppt. Er betrachtet seine Kunden als menschliche Wesen. Der Gedanke, ihn aufzusuchen, kam uns während einer kleinen Spazierfahrt auf der neuen Überlandstraße nach Haifa.
»Was für ein prachtvoller Wagen!« stellte Jossele mit hörbarer Genugtuung fest. »Fliegt nur so dahin. Kein Lärm, keine Fehlzündung, kein Stottern. Man sollte immer nur fabrikneue Wagen fahren.«
»Du hast recht«, bestätigte ich. »Was machen wir also?«

»Wir suchen eine Werkstatt auf.«
Onkel Ben empfing uns persönlich:
»Ärger mit dem Wagen?«
»Weiß der Teufel.« Jossele schüttelte besorgt den Kopf. »Irgend etwas stimmt nicht mit meinem Wagen.«
Onkel Ben forderte ihn auf, den Motor laufen zu lassen, und stellte nach einigen Sekunden intensiven Abhorchens fest, es läge an den Ventilen. Sie wären abgenützt und müßten durch neue ersetzt werden.
»Was wird das kosten?« fragte Jossele.
»Sechzig Pfund.«
»In Ordnung.«
»Damit kein Mißverständnis entsteht: sechzig Pfund für jedes Ventil«, verdeutlichte Onkel Ben. »Macht für sechs Ventile 360 Pfund. Okay?«
»Okay.«
»Für das Einsetzen der Ventile bekomme ich 400 Pfund. Wie klingt das?«
»Durchaus annehmbar.«
»Und würden Sie es für übertrieben halten, wenn ich Ihnen das Abmontieren der alten Ventile mit 600 Pfund berechne?«
»Nein, das würde ich nicht für übertrieben halten.«

»Natürlich nicht. 600 Pfund fürs Abmontieren? Da müßte ich ja verrückt sein. Aber ich mache Ihnen einen fairen Preis: 800 Pfund. Fair genug?«
»Gewiß. Es ist ja eine sehr anstrengende Arbeit.«
»Eben. Sechs Ventile zu 800 Pfund macht 4800 Pfund. Zu teuer?«
»In keiner Weise.«
»Dann gehen Sie bitte hinüber ins Büro und hinterlegen Sie eine Anzahlung von 6000 Pfund.«
»Danke.«
»Nichts zu danken. Den Wagen lassen Sie gleich hier.«
»Das ist nicht mein Wagen«, sagte Jossele. »Meinen Wagen bringe ich Ihnen morgen.«
»Und der hier?« Onkel Ben sah ein wenig dümmlich drein.
»Der ist gestern aus der Fabrik gekommen und in tadellosem Zustand.«
»Na schön«, ließ sich nach kurzer Pause Onkel Ben vernehmen. »Dann kommen Sie morgen her, und wir tauschen die Ventile aus.«
Einen nachdenklichen Meister zurücklassend, fuhren wir ab.
»Ich habe einen Fehler gemacht«, sagte Jossele

nach einer Weile. »Ich hätte ihm den Wagen um 5400 Pfund verkaufen sollen – dann wäre ich ihm nur 600 für die Reparatur schuldig gewesen. Daß einem oft die simpelsten Lösungen nicht einfallen! Na, schadet nichts. Morgen fahren wir in die Werkstatt der Brüder Salomon und spielen einen Vergaser-Sketch...«

Schade um das Benzin

Seit dem dramatischen Anstieg der Ölpreise war es nur eine Frage der Zeit, daß der jüdische Genius dieses Weltproblem lösen würde. Es war also keine Überraschung, als das Patent für die Erzeugung von synthetischem Benzin aus Grapefruitsaft erteilt wurde.

Der Errichtung einer Fabrik stand somit nichts mehr im Wege. Die umwälzende Erfindung sollte die bedrohlich geleerte Regierungskasse mit Geld und die israelischen Kraftwagen mit beinahe kostenlosem Benzin füllen. Die Investitionskosten wurden durch einen argentinischen Kredit und einen nicht weiter nennenswerten Zuschuß inländischen Kapitals aufgebracht.

Sechs Monate später erhob sich im Süden des Landes eine imponierende Fabriksanlage. Die

Maschinen, hergestellt auf Grund der Entwürfe eines nach Israel berufenen italienischen Ingenieurs, wurden aus der Schweiz geliefert. Weitere drei Monate später konnte die »Israelische Grapolin AG« den Betrieb aufnehmen.

Die Eröffnungsfeier, ein wahrhaft glanzvolles Ereignis, ging unter Teilnahme hoher Regierungsbeamter, ausländischer Investitoren und strahlender israelischer Manager vor sich. In einer kurzen Ansprache betonte der Handelsminister, daß Israel nun endlich einen Industriezweig besäße, dem es niemals an Rohmaterial fehlen würde. Sodann zog der argentinische Botschafter an einem nerzverbrämten Hebel, und die riesenhaften Maschinen traten unter ohrenbetäubendem Lärm in Tätigkeit. Unübersehbare Mengen von Grapefruits rollten auf den Fließbändern zu den Schneidevorrichtungen und von dort zu den Saftpressen, und bald darauf zeigten sich am Ende des großen Leitungsrohres die ersten Tropfen jener kostbaren Flüssigkeit, die in der Vergangenheit so viele blut- und tränenreiche Konflikte hervorgerufen hat. Ein neues Zeitalter schien anzubrechen.

Es scheiterte an Juanito, dem minderjährigen Sohn des argentinischen Botschafters. In einem

unbewachten Augenblick rannte der Knabe zu dem großen Tank, in den sich die Flüssigkeit ergoß, steckte den Finger hinein, leckte ihn ab und wiederholte das mehrere Male, bevor man ihn endlich wegzerren und einem rasch herbeigeholten Arzt übergeben konnte.
Die Untersuchung blieb ergebnislos. Trotz gründlicher Analyse wurde nichts Nachteiliges entdeckt. Die Flüssigkeit, die sich aus den Leitungsrohren ergoß, war kein Benzin. Es war klarer, trinkfertiger Grapefruitsaft.

Der Skandal, der daraufhin losbrach, erschütterte das Land in seinen Grundfesten. Die Behörden suchten fieberhaft nach den Schuldigen, die Schuldigen machten die Behörden verantwortlich, Klagen und Gegenklagen jagten einander. Wie erst jetzt bekannt wurde, hatte sich der italienische Ingenieur kurz vor der Grapolin-Eröffnung ins Ausland abgesetzt, ohne eine Adresse zu hinterlassen. Das bot der sensationshungrigen Presse neue Gelegenheit zu Brand- und Hetzartikeln, an denen die Autorität der Behörden empfindlichen Schaden zu nehmen drohte. Einer dieser Artikel verstieg sich zu der Behauptung, daß das Produkt der Grapolin-Werke, also der dort erzeugte Grape-

fruitsaft, von minderer Qualität sei. Eine Verleumdungsklage auf 200000 Pfund Schadenersatz war die offizielle Antwort.
Auch sonst blieb die Regierung nicht untätig. Kommissionen und Unterausschüsse wurden eingesetzt, Berichte wurden erstattet, gelesen und verworfen. Nach wochenlangen hitzigen Debatten beschloß man, eine international anerkannte Autorität einzuladen, die ein bis zwei Jahre im Land bleiben und erforschen sollte, warum aus den Leitungsrohren kein Benzin herauskäme und was dagegen zu machen wäre.

Die internationale Autorität, ein amerikanischer Öl- und Kanonenbootexperte namens Joe Blowstine, verlangte sofort nach seinem Eintreffen die Grapolin-Werke zu sehen, trieb sich dort drei Tage lang herum, prüfte die Maschinen, inspizierte das Gelände und gab schließlich dem Generaldirektor des Unternehmens folgendes Ergebnis bekannt:
»Leider. Aus Grapefruits kann man kein Benzin machen.«
»Ja, schon gut«, erwiderte der Generaldirektor. »Aber trotzdem...«
»Was heißt hier trotzdem? Es ist unmöglich.

Wenn Sie ungefähr zwei Drittel der Maschinen stillegen, können Sie mit dem Rest immerhin Grapefruitsaft erzeugen. Etwas anderes nicht.«
An dieser Stelle erhob sich der Generaldirektor, packte den Experten am Kragen, schüttelte ihn und sprach:
»Hören Sie. Auf solche Ratschläge verzichten wir. Wir haben in dieses Projekt Millionen und aber Millionen investiert, ganz zu schweigen von unserem Enthusiasmus, von unserer Energie und von den Propagandakosten. Und das alles für *noch* eine Grapefruitsaft-Fabrik? Davon haben wir schon eine ganze Menge. Hier müssen wir Benzin erzeugen. Und zwar aus Grapefruitsaft.«
»Unmöglich. Es geht nicht. Und jetzt lassen Sie mich gefälligst los.«

Der Handelsminister bot dem Experten, den er in sein Büro gebeten hatte, eine Zigarre an.
»Ich habe Ihre Expertise aufmerksam gelesen«, begann er, »und muß Ihnen gestehen, daß sie mich ein wenig enttäuscht hat. Ich beziehe mich da zum Beispiel auf die folgende, meiner Meinung nach doch etwas übertriebene Formulierung: ›Die Errichtung der Anlage offenbart ein erschütterndes Ausmaß von Verantwor-

tungslosigkeit, wie man ja überhaupt den ganzen Plan nicht nur als kindisch bezeichnen muß, sondern...‹, undsoweiter, undsoweiter. Halten Sie diese Ihre Einstellung für fruchtbar und konstruktiv? Wollen Sie behaupten, daß wir alle nichts als Dilettanten sind? Sie haben, verehrter Herr, für unsere Bemühungen kein einziges Wort der Anerkennung gefunden,

kein einziges Wort, mit dem wir den Bau der Fabrik vor unseren Steuerzahlern rechtfertigen könnten. Ein derart undifferenziertes, um nicht zu sagen oberflächliches Urteil haben wir von einem so weltbekannten Fachmann wahrhaftig nicht erwartet. Sie scheinen sich über das Ausmaß der Enttäuschung, die Sie uns verursachen, kein richtiges Bild zu machen. Wenn Sie wüßten...«
Der Handelsminister konnte nicht weiterreden. Tränen liefen ihm über die Wangen.
»Aber was soll ich tun, Exzellenz?« murmelte der zutiefst betroffene Fachmann. »Es ist nun einmal so, daß man Benzin nicht aus Grapefruitsaft erzeugen kann.«
»Dann deuten Sie in Ihrem Bericht wenigstens an, daß wir an der Schwelle eines gewaltigen wissenschaftlichen Durchbruchs stehen.«
»Es tut mir leid – aber ich sehe nicht, wohin Sie durchbrechen wollen.«
Der Handelsminister schlug unvermittelt mit der Faust auf den Tisch.
»Wir werden Ihrem Sehvermögen schon nachhelfen«, brüllte er. »Adieu!«

Bald darauf sah sich Joe Blowstine gezwungen, sein Luxushotel zu verlassen und nach Jaffa zu übersiedeln, in ein kleines möbliertes Zimmer, von wo er nicht weit zur nächsten Autobusstation hatte. Das Regierungsauto, das ihm bisher zur Verfügung stand, wurde zu anderen Zwecken benötigt. Auch die Auszahlung des vereinbarten Gehalts stieß auf unvorhergesehene Buchungsschwierigkeiten.

Der Fachmann ließ sich von alledem nicht kleinkriegen.

»Nein«, erklärte er auf Befragen, »es geht nicht. Aus Grapefruitsaft kann man kein Benzin machen.«

Die Gewerkschaft schickte ihn auf einen sechsmonatigen Entwicklungskurs, von dem man sich einiges erhoffte. Die Hoffnung erfüllte sich nicht, hingegen wiederholte sich die Formulierung: »Es geht nicht. Es ist unmöglich, aus Grapefruitsaft Benzin herzustellen.«

Die folgende Woche verbrachte Joe Blowstine, von der Umwelt vollständig isoliert, im Negev. Dort suchte ihn der Generaldirektor der Grapolin-Werke auf.

»Nehmen Sie endlich Vernunft an, und schreiben Sie uns einen brauchbaren Bericht. Was haben wir Ihnen getan? Warum sind Sie überhaupt hergekommen? Wollen Sie uns vielleicht erpressen? Da kann ich Sie nur warnen, lieber

Herr. Mit solchen Leuten werden wir noch fertig!«
Damit zog er ein Papier aus seiner Tasche und legte es vor den Experten hin; es hatte folgenden Wortlaut:

Ich halte die Grapolin-Werke für ein höchst erfolgversprechendes Unternehmen. Der Einfall, der ihnen zugrunde liegt, ist genial und wird zweifellos Früchte tragen. Möge der Allmächtige dieses Vorhaben segnen!

Hochachtungsvoll

....
International anerkannte Autorität

»Unterschreiben Sie auf der punktierten Linie«, sagte der Grapolin-Direktor.
»Nein«, sagte die international anerkannte Autorität.

Am nächsten Tag wurde Joe Blowstine auf dem Flughafen Lod verhaftet, als er sich gerade in der Toilette eines startklaren Flugzeugs einschloß. Man brachte ihn ins Gefängnis, wo er bis zur Ausarbeitung der Anklage verbleiben sollte. Die Klage lautete auf Wirtschaftssabotage verbunden mit Fluchtversuch.

Nach einigen Tagen zermürbender Einzelhaft erschien abermals der Grapolin-Direktor, diesmal in Begleitung zweier breitschultriger eingeborener Fachleute.
»Also? Kann man aus Grapefruitsaft Benzin machen?«
»Eher noch Grapefruitsaft aus Benzin«, stöhnte Blowstine.
Und auch der Zuspruch der beiden einheimischen Experten konnte ihn zu keiner Änderung seines Standpunkts bewegen.
Unter bisher noch ungeklärten Umständen gelang ihm einige Wochen später die Flucht. Das offizielle Kommuniqué begnügte sich mit der Feststellung, daß »der international anerkannte Öl- und Kanonenbootexperte Joe Blowstine um vorzeitige Lösung seines Vertrags gebeten« hatte und daß sein Bericht über die Grapolin-Werke »vom Handelsministerium noch geprüft« werde.

Seit einiger Zeit wird in den Grapolin-Werken synthetischer Grapefruitsaft hergestellt. Die Meinungen über die Qualität des Erzeugnisses gehen auseinander. Eine international anerkannte Autorität wurde eingeladen, sie zu prüfen.

Auf Ölsuche

Jossele hat für derlei Probleme viel menschlichere Lösungen. Ein bedeutender Vorteil: sie funktionieren auch.
Es war ein warmer Frühlingsnachmittag, so recht geschaffen für einen Kaffeehausbesuch. Draußen pulsierte das städtische Leben, die ältere Generation oblag ihren Berufen, die jüngere stand Schlange vor den Kinos. Jossele schlürfte seinen Mokka und räkelte sich.
»Hättest du etwas dagegen, reich zu werden?« fragte er.
»Nicht das mindeste«, antwortete ich mit Überzeugung. »Aber wie?«
»Öl«, entschied Jossele. »Wir müssen nach Öl suchen.«
Gesagt, getan. Als erstes begaben wir uns zu einer nahegelegenen Tankstelle und fragten

den Boß, ob er billiges Benzin kaufen möchte. Ja, meinte der Boß, warum nicht, und woher wir's denn hätten? Von der Regierung, erklärte Jossele.

Als nächstes erwarben wir einen gut erhaltenen Gartenschlauch und etwa ein Dutzend antiquarischer Kanister. Dann faßten wir Posten an einer belebten Ausfallstraße aus Tel Aviv.

Der erste Wagen, den wir anhielten, war ein fettes, schwarzes Taxi.

»Guten Tag«, sagte Jossele höflich und bestimmt.

»Bitte öffnen Sie Ihren Tank.«

»Warum? Was ist los?« fragte der Taxifahrer ebenso bestimmt, aber weniger höflich.

»Treibstoffkontrolle. Das neue Gesetz gegen Luftverschmutzung. Wir müssen feststellen, ob Sie sauberes Benzin verwenden. Öffnen Sie, bitte.«

»Was zum Teufel –«

»Es hat keinen Sinn, mit mir zu streiten, Herr. Ich bin nur ein kleiner Beamter, der einen Auftrag des Verkehrsministeriums erfüllt. Machen Sie mir keine Schwierigkeiten, und öffnen Sie den Tank.«

Nach ein paar saftigen Flüchen folgte der Taxifahrer dem obrigkeitlichen Geheiß.

Jossele steckte den Finger in die Tanköffnung, zog ihn heraus, leckte daran und schnitt eine bedenkliche Grimasse: »Hm. Schmeckt nicht so, wie es sollte. Sie gestatten.«

Damit ergriff er den Schlauch, führte ihn in den Benzintank ein, pumpte zwei Kanister voll und versah sie in deutlicher Kreideschrift mit der Nummer des Taxis.

»Geht direkt ins Laboratorium für einen Wasserfrau-Test«, erläuterte er dem Fahrer. »Wenn's in Ordnung ist, haben Sie nichts zu fürchten. Aber jetzt müssen Sie Platz machen für den nächsten... Sie dort! Ja, der blaue Chevrolet! Hier herüber, bitte...«

Mittlerweile standen etwa zwanzig Wagen ordentlich hintereinander angereiht und warteten darauf, kontrolliert zu werden. Bis zum Einbruch der Dämmerung hatten wir mehr als 200 Liter Benzin gezapft, die wir zum Engrospreis an unseren Freund von der Tankstelle abgaben. Morgen kaufen wir ein paar Fässer und mieten einen Lieferwagen. Vielleicht schlagen wir der Regierung vor, mit uns gemeinsam in die Ölförderung einzusteigen.

Rauchzeichen

Etwas habe ich mir ein für alle Mal geschworen: ein Auto in der Familie ist genug. Ein Zweitwagen ist reiner Luxus, den sich nur Angeber leisten, die nicht fähig sind, ihren Ehefrauen gegenüber energisch aufzutreten.
Seit kurzem hat also die beste Ehefrau von allen einen Zweitwagen.
Es ist ein ziemlich großer Kleinwagen, der nur einen einzigen Fehler hat: er fährt nicht. Die beste Ehefrau von allen vergißt nämlich mit Vorliebe, die Handbremse zu lösen. Und das lähmt die Zugkraft des Wagens. Er kommt über ein paar ruckartige Ansätze nicht hinaus. Als nächstes beginnen dann die Reifen zu rauchen. Überdies verbreiten sie einen merkwürdigen Gestank, wie nach verbranntem Gummi oder Kautschuk. Wenn es soweit ist, ruft meine Frau

aus seiner stadteinwärts gelegenen Werkstatt den Mechaniker Mike herbei.
»Mike«, sagt sie, »als ich heute vormittag –«
»Ich weiß«, antwortet Mike. »Machen Sie die Handbremse los.«
Andererseits hat das handbremsenfeindliche Verhalten meiner Frau auch seine Vorteile. Sie ist dadurch leichter zu orten. Wenn ich sie zu Hause vergebens suche und wissen möchte, wo sie sich gerade befindet, brauche ich nur aufs Dach zu steigen und meine Blicke in Richtung Stadt zu lenken. Dort, wo eine kleine Rauchsäule aufsteigt, ist Frau Kishon. Eine sehr praktische Methode; allerdings keine sehr originelle, denn auch Indianer und Kardinäle verwenden Rauchzeichen.

Das Glück, wie man weiß, ist mit den dümmeren Bataillonen und sorgt dafür, daß der Kleinwagen meiner Frau nicht zu Schutt und Asche verbrennt. Im entscheidenden Augenblick, knapp vor dem tödlichen Infarkt, geht ihm das Benzin aus. Dann holt er tief Atem, hustet noch ein- oder zweimal und bleibt stehen.
Warum fährt meine Frau immer bis zum letzten Tropfen Benzin und noch ein paar Tropfen darüber hinaus? Warum tankt sie nicht recht-

zeitig? Künftige Forscher werden das entscheiden müssen. Mir ist es ein Rätsel. Vielleicht hofft sie, daß man irgendwo in der Negev-Wüste auf Öl stoßen wird. Vielleicht wartet sie auf ein ähnliches Wunder, wie es sich damals bei der Wiedereroberung des Tempels in Jerusalem begeben hat, als ein kleines Öllämpchen den Makkabäern trotz des Embargos sieben Tage und sieben Nächte lang brannte – zur Erinnerung daran feiern wir ja noch heute unser eigenes, Chanukka genanntes Lichterfest. Vielleicht wohnt der tiefe Glaube in ihr, Gott werde sie sieben Tage und sieben Nächte lang mit einem leeren Tank fahren lassen.

Vorläufig jedoch geschieht nichts dergleichen, der Wagen hustet und bleibt stehen, und da meistens der Ehemann der besten Ehefrau von allen neben ihr sitzt, wendet sie sich an ihn und sagt:

»O weh. Mir scheint, wir haben kein Benzin mehr. Geh welches holen.«

Da wir auf einem Zebrastreifen stehen, bleibt mir nichts anderes übrig. Es ist, als erwachte ein klassisches Ölgemälde, betitelt »Mann mit Kanister«, plötzlich zum Leben. Der Kanister liegt im Kofferraum und müßte eigentlich eine Treibstoffreserve enthalten. Leider vergißt meine Frau sehr oft, ihn zu füllen. Oder wenn sie ihn füllt, vergißt sie ihn zuzuschrauben, und da wäre es mir immer noch lieber, daß sie ihn zu füllen vergäße. Jedenfalls haben wir kein Benzin. Manchmal haben wir auch keinen Kanister, nicht einmal einen leeren. Dann muß ich mich eben vor einen herankommenden Wagen werfen und darauf vertrauen, daß der erschrockene Fahrer uns im Tausch gegen eine nicht erfolgende Schadenersatzklage etwas Benzin überläßt. Dieser erpreßte Treibstoff wird durch einen stinkenden Gummischlauch aus dem Tank des Spenders gesaugt, und die saugende Person ist immer der gesetzlich angetraute Ehemann meiner Frau. Ich habe mit der Zeit eine gewisse Vorliebe für Esso Super Oktan 96 entwickelt.

Nun mag ja die nicht gelöste Handbremse eine Folge von Vergeßlichkeit sein. Der nicht gefüllte Tank ist jedoch eine Folge kühler, wohldurchdachter Berechnung von seiten meiner Frau. Sie hat das Handbuch, das die Erzeugerfirma jedem Wagen mitgibt, sorgfältig gelesen, und dort steht schwarz auf weiß: »Wenn der Benzinanzeiger die rote Linie erreicht, enthält der Tank noch Treibstoff für etwa 8 km.«

»Alles in Ordnung«, beginnt Madame ihren

inneren Monolog. »Der Zeiger steht auf Rot, ich habe noch acht oder neun Kilometer bis nach Hause, und das schaffe ich mit Leichtigkeit.«
Manchmal schafft sie es wirklich und völlig unbekümmert darum, daß sie am nächsten Morgen nicht anfahren kann, weil der Tank leer ist. Hauptsache, daß sie es geschafft hat. Und außerdem: wozu hat sie einen Mann mit Kanister?
Ein- oder zweimal im Monat entfernt sich unser Haus, wenn der Zeiger den roten Distrikt betritt, bis auf 10 km vom Standort des Wagens. Dann steht die beste Ehefrau von allen vor der Alternative, entweder zu tanken oder eine Abkürzung zu nehmen. Tanken kommt, wie man weiß, nicht in Frage. Also abkürzen. Aber wie kürzt man ab? Noch dazu mit angezogener Handbremse?

Natürlich besitzt der Wagen ein kleines rotes Warnsignal, das wie verrückt zu blinken beginnt, wenn die Handbremse angezogen ist. Aber meine Frau muß zuerst feststellen, ob noch genug Benzin im Tank ist, und kann doch nicht gleichzeitig auf das Warnlicht und auf den Benzinanzeiger achten. Entweder – oder.
Einmal, nach einer besonders anstrengenden

»Mann-mit-Kanister«-Episode, fuhr ich den Wagen heimlich zu Mike dem Mechaniker und fragte ihn, ob er nicht ein zusätzliches Warnsignal einbauen könnte, etwas, das bei angezogener Handbremse laut zu ticken beginnt oder eine Sirene auslösen würde oder eine kleine Explosion.

Das hätte man ihn schon oft gefragt, sagte Mike. Einer seiner Kunden wollte sogar ein System von entsicherten Drähten installiert haben, das im Bedarfsfall elektrische Schläge austeilt.

Da ich das für übertrieben hielt, entschieden wir uns für eine musikalische Lösung. Dank einer sinnreichen Leitung vom Gaspedal zu einer Musikkassette wird in Hinkunft, wenn meine Frau mit angezogener Handbremse startet, das Torerolied aus »Carmen« ertönen.

Sollte einer meiner geneigten Leser demnächst auf einer der Hauptstraßen von Tel Aviv mitten im Stoßverkehr einen Wagen mit rauchenden Pneus stehen sehen, aus dem Bizets mitreißende Melodien erklingen, dann möge er getrost sein. Der Mann mit dem Kanister ist nicht weit.

Busfahren ist gefährlich

Vor ein paar Tagen erwarteten wir Besuch aus Amerika. Es handelte sich um eine angesehene Persönlichkeit und einen glühenden Bewunderer des Heiligen Landes. Unser Bekannter – wir wollen ihn Bob nennen, unter anderem deshalb, weil er ohnehin so heißt – taumelte zitternd und blaß in unser Wohnzimmer. Auf unsere besorgte Frage, was ihm denn zugestoßen sei, erzählte er uns, er hätte im Autobus Plonski getroffen.
»Normalerweise nehme ich ja immer ein Taxi«, fuhr Bob fort, nachdem er sich mit einem Drink gestärkt hatte. »Aber heute entschloß ich mich, mit dem Bus zu fahren. Irgendwo habe ich einmal gelesen, daß dies für einen Touristen die beste Methode wäre, die wahre Atmosphäre eines Landes kennenzulernen. Mit dem Dau-

men auf dem Puls der Bevölkerung reisen, wenn Sie wissen, was ich meine. Also, da kam ein Bus daher, und ich fragte einen Mann, wohin dieser Bus führe. Der Mann war Plonski.«
»Ein Bekannter von Ihnen?«
»Ach wo! Ich habe ihn noch nie im Leben gesehen. Er stand zufällig neben mir an der Bushaltestelle und schien ein harmloser Bürger zu sein, der, seinem gestutzten Schnauzbart nach zu urteilen, vielleicht sogar Englisch verstünde. Es stellte sich ziemlich bald heraus, daß er lieber und nur Jiddisch sprach, hingegen aber denselben Weg hatte wie ich.
Also blieben wir zusammen und setzten uns gemeinsam auf die hinterste Bank.
Nach zwei Haltestellen legte Plonski plötzlich den Kopf an meine Schulter und begann zu weinen. Es war rührend, wenn auch recht peinlich.
Ich fragte ihn, was ihm zugestoßen sei, und er begann zu erzählen, daß ihn seine heißgeliebte Frau, diese billige Nutte, verlassen hätte. Sie lebe jetzt in New York, und ob ich sie nicht zufällig kenne. Ich versuchte ihn zu trösten, sagte ihm, es seien schon viel schlimmere Dinge auf der Welt passiert und erkundigte

mich ganz nebenbei nach seinem Namen. Plonski sagte mir, daß er Plonski heiße, und seine Frau Rifka, aber mit ef. Ich versicherte ihm, es täte mir leid, aber die Dame sei mir nicht bekannt.
»Na ja, New York ist schließlich kein Provinznest.«
»Eben. Das habe ich auch gesagt. Da begann Plonski zu jammern und zu betteln, ich möge doch seine Frau in New York anrufen und ihr ausrichten, sie möge unbedingt wieder zu ihm zurückkehren. Ich versprach ihm, mein Bestes zu tun und schrieb die Adresse der Dame, mit ef, in mein Notizbuch. Plonski war außer sich vor Freude. Er fiel mir um den Hals, küßte mich ab, und versicherte mir, ich sei ein Engel. Nach zwei weiteren Stationen aber wurden seine Augen plötzlich schmal, und er fragte mißtrauisch: ›Sagen Sie mal, wie kommen Sie eigentlich dazu, meine Frau einfach anzurufen?‹ Ich fragte völlig verwirrt zurück, was er damit sagen wolle und ob ich seine Frau nun etwa nicht anrufen solle, obwohl er mich doch eben darum angefleht hätte. Da packte er mich am Hals...«
»War er stark?«
»Stark nicht, aber zornig. Jedenfalls packte er

mich an der Gurgel, schüttelte mich wie einen Mixdrink und begann zu schreien: ›Ich bringe dich um, wenn du an meine Frau auch nur einen Gedanken verlierst, du elender Schuft. Ich kenne euch amerikanische Halunken, ich bin nicht von gestern!‹ Die Passagiere drehten ihre Köpfe nach uns und ließen einige abfällige Bemerkungen über Touristen fallen, die glaubten, sie könnten für ihre schmutzigen Dollars alles kaufen. Hoch und heilig schwor ich Plonski, Frau Rifka nicht anzurufen, nicht für alles Geld der Welt, aber er gab meine Gurgel erst frei, nachdem ich mein Notizbuch in tausend kleine Fetzen zerrissen hatte. An der nächsten Haltestelle stieg ich aus. Plonski würdigte mich keines Blickes und murmelte vor sich hin, er hätte eigentlich wissen sollen, daß man diesen Lumpen von Ausländern nicht über den Weg trauen dürfe.«

»Man kann so etwas nicht verallgemeinern«, meinte ich. »An Ihrer Stelle würde ich jedoch seltener Autobus fahren.«

»Ich teile Ihre Meinung«, versicherte mir Bob und bat mich, ihm einen Krankenwagen zu bestellen.

Augenzeugen müssen blind sein

Welchen besonderen Genuß es bereitet, auf den eigenen fahrbaren Untersatz zu verzichten und ein öffentliches Verkehrsmittel zu benützen, kann ich aus persönlicher Erfahrung mit folgendem dramatisierten Erlebnis beweisen.

Ort der Handlung: Jede israelische Autobushaltestelle
Zeit: Jederzeit
Personen: Lauter gesetzestreue Bürger
Dr. Partzuf *(bricht die bereits geschlossenen Türflügel auf und drängt sich in den zur Abfahrt bereiten Bus):* In Ordnung. Fahren wir!
Fahrer *(stellt den Motor wieder ab):* Sie dort! Steigen Sie aus!
Dr. Partzuf: Warum?
Fahrer: Ich bin kein Auskunftsbüro. Sagen Sie

schön »Idiot« oder etwas Ähnliches, und steigen Sie aus.

Dr. Partzuf: Ich denke nicht daran. Hier ist Platz genug. Die Herrschaften brauchen nur ein wenig zusammenzurücken. Na? Wird's bald? (*Er drängt mit voller Wucht gegen die geballte Menge.*)

Die Seitenwand: Autsch... Ch-ch... (*es entsteht ein Sprung*)

Nervöser Herr: Was gibt's denn? Was denkt sich der Fahrer eigentlich? Ein Passagier mehr oder weniger spielt doch keine Rolle! Fahren wir!

ÄLTERE DAME: Ganz richtig. Noch dazu ein so magerer Mensch. Der nimmt sowieso keinen Platz weg. Fahren wir endlich!

FAHRER: Solange der Mann noch im Wagen ist, wird nicht gefahren. Ich habe Zeit.

DR. PARTZUF: Idiot! *(will aussteigen)*

ZWICKER *(packt ihn am Ärmel):* Warten Sie, warten Sie. Nur nicht nervös werden. Und Sie, Fahrer – hören Sie mit den Witzen auf und lassen Sie diesen armen Kerl mitfahren. Aus so etwas macht man keine Prestigefrage. Geben Sie Gas, und fahren Sie los.

FAHRER: Ich weiß nicht, mit wem Sie reden. Ich habe Zeit.

NERVÖSER HERR: Unverschämtheit! Und das heißt Sozialismus? Der Mann will an seinen Arbeitsplatz. Er hat es eilig. Fahren Sie schon endlich, Sie Kretin!

MANFRED TOSCANINI: Durch solche Fahrer entstehen die Wirtschaftskrisen. Es ist ein Skandal.

ÄLTERE DAME: Pfui!

EIN IRAKI: Ben Gurion. Natürlich Ben Gurion.

DR. PARTZUF: Ich möchte aussteigen.

ZWICKER: Immer mit der Ruhe, alter Freund.

Wir lassen Sie nicht aussteigen. Das ist jetzt nicht mehr Ihre Privatangelegenheit. Es betrifft uns alle. Seien Sie kein Feigling. Hauen Sie dem Fahrer eine hinein, und gut.

Dr. Partzuf: Ich möchte aussteigen.

Viele Stimmen: Nichts da... Hiergeblieben... Bestehen Sie auf Ihrem guten Recht, Mann... Sie sind Steuerzahler... Wir dürfen uns nicht tyrannisieren lassen... Heute dir, morgen mir...

Nervöser Herr *(beugt sich zum Fenster hinaus, was streng verboten ist)*: Polizei! Polizei!

Fahrer *(sortiert mit nervenzermürbender Ruhe sein Kleingeld)*

Polizist *(zwängt sich mühsam in den Wagen)*: Alles nach hinten, bitte!

Der Sprung in der Seitenwand: Ch-ch-ch... *(wird größer)*

Polizist: Nicht drängen! Was geht hier vor?

Nervöser Herr: Der unverschämte Kerl von einem Fahrer hat diesen Herrn hier einen Idioten geschimpft und wollte ihn vom Trittbrett stoßen... Natürlich mußte sich der Herr zur Wehr setzen und hat ihn geboxt... Daraufhin hat der Fahrer zurückgeschlagen... Das ist alles.

POLIZIST: Wenn das so ist, nehme ich den Fahrer sofort auf die Polizeistube mit. *(Zieht sein Rapportbuch hervor.)* Ich brauche zwei Zeugen für die Gerichtsverhandlung...

EIN KALTER LUFTZUG *(weht durch den Autobus und kriecht lähmend über die Rücken der Passagiere, die beim Gedanken an tagelanges Sitzen und Warten in den dunklen Gerichtskorridoren von wachsender Furcht befallen werden)*

POLIZIST: Ihr Name?

NERVÖSER HERR: Ich Tourist. Nicht sprechen Hebräisch. Amerikaner. Nje ponjemaj po ruski.

POLIZIST: Vielleicht Sie?

ÄLTERE DAME: Das machen Sie gut! Und wer wird für den kleinen Herschl kochen? Sie? No also. Außerdem hab ich nichts gesehn. Ich hab meine Brille zu Haus vergessen.

POLIZIST: Sie heißen?

IRAKI: Ben Gurion.

POLIZIST *(blickt zornig um sich)*: Jetzt ist es genug. Wenn sich keine Zeugen melden, kann ich gegen den Fahrer nicht einschreiten... He, Sie dort!

PANIK *(greift um sich. Alles drängt verzweifelt zum einzigen Ausgang der Mausefalle. Der Autobus gleicht einem Hexenkessel. Bruder kämpft gegen*

Bruder, Söhne verkaufen ihre Väter. Da und dort sieht man angstgeschüttelte Gestalten aus den Fenstern springen.)

POLIZIST *(deckt den Ausgang mit seinem Leib)*: Schluß! Sie dort – kommen Sie sofort her! Wie heißen Sie?

MANFRED TOSCANINI: Dr. Ezechiel Sauermilch, interne Krankheiten, Abdul-Nasser-Boulevard 101, zweimal läuten... *(er versteckt sich unter der Bank, während der Polizist Notizen macht)*

POLIZIST: Jetzt brauche ich noch einen Zeugen... *(Es herrscht vollkommene Stille. Man hört eine asthmatische Fliege gegen ein Fensterglas ansurren.)*

NERVÖSER HERR: Ich weiß gar nicht, was man gegen diesen Fahrer überhaupt aussagen sollte. Ist es vielleicht seine Schuld, wenn ein undisziplinierter Fahrgast sich weigert, einen zum Bersten überfüllten Autobus zu verlassen?

ÄLTERE DAME: Ganz meine Meinung! Der jüdische Autobuslenker arbeitet unter den schwierigsten Bedingungen – und dann kommt so ein Schwarzhändler daher...

MANFRED TOSCANINI *(steckt seinen Kopf unter der Bank hervor)*: Gegen den wackeren Arbeitsmann darf man überhaupt nichts mehr sagen! Die Zeiten sind vorbei!

Dr. Partzuf: Ja... nein... gewiß... ich wollte ja gar nicht...

Zwicker: Schweigen Sie! Vor ein paar Minuten haben Sie noch das Maul aufgerissen – und jetzt wissen Sie plötzlich von nichts. Sie sind mir ein Held! Nächstens steigen Sie aus, wenn der Fahrer Sie höflich darum ersucht!

Manfred Toscanini: Warum halten wir uns so lang mit dem Kerl auf? Wir brauchen ihn nur hinauszuwerfen und können weiterfahren.

Viele Stimmen: Jawohl... Sehr richtig... Wachtmeister, werfen Sie diesen fetten Gauner hinaus... Der Fahrer hat vollkommen recht... Das wäre ja noch schöner... Fahren wir...

Dr. Partzuf: Aber bitte... ich wollte ja...

Polizist *(wirft ihn hinaus):* Ich werde Sie lehren, den Verkehr aufzuhalten... Marsch... Stehen Sie sofort vom Pflaster auf... Ihre Identitätskarte!

Fahrer *(läßt den Motor an):* Vielen Dank, Jungs. Das habt ihr brav gemacht.

Amtshandlung mit menschlichen Zügen

Es beginnt regelmäßig damit, daß man zu seinem geparkten Wagen zurückkommt, wo ein Uniformierter soeben dabei ist, ein Strafmandat auszuschreiben.
»Was steht auf dieser Tafel, Herr?« fragt er ohne aufzublicken.
»Hier steht«, antwortete ich zaghaft, »Parken verboten bis 19 Uhr...«
»Und wie spät ist es?«
»19 Uhr 30.«
»Also?«
»Also darf ich hier parken.«
Das Auge des Gesetzes blinzelt verblüfft, sieht mich an, sieht die Verbotstafel an, dann wieder mich, dann den Wagen, dann seine Uhr und dann das Ganze noch einmal.
»Hm... ja... richtig. Aber was mache ich jetzt

mit dem Zettel? Wir haben strenge Vorschrift, ein einmal ausgeschriebenes Strafmandat nicht mehr zurückzuziehen. Und das ist eine sehr gute Vorschrift, Herr. Sonst würden die Fahrer, die wir bei einem Verstoß ertappen, so lange betteln und winseln, bis wir –«
»Aber ich habe ja gar keinen Verstoß begangen«, unterbrach ich.
Der Hüter des Gesetzes dachte nach:
»Was Sie da sagen, hat etwas für sich. Ich behaupte nichts Gegenteiliges. Und wenn Sie mich rechtzeitig gewarnt hätten, so hätte ich diesmal, ausnahmsweise, fünf gerade sein lassen. Aber jetzt kann ich nichts mehr machen. Sie sind zu spät gekommen, Herr. Also unterschreiben Sie hier auf der punktierten Linie und passen Sie nächstes Mal besser auf die Verkehrszeichen auf.«
Ich betrachtete ihn genauer. Für einen Verkehrspolizisten wirkte er verhältnismäßig sympathisch. Er war keiner von diesen Glattrasierten ohne Schnurrbart. Er schien ein Mensch zu sein.
»Ich habe nichts verbrochen«, sagte ich. »Ich zahle keinen Cent.«
»So?« Er hob drohend die Stimme. »Und wer wird zahlen? Vielleicht ich? Von meinem

Gehalt? Ich bin Familienvater, Herr!« Dann wurde er etwas sanfter. »Es sind ohnehin nur fünfzig Pfund. Wenn ich aufsässig wäre, hätte ich Ihnen den Paragraph 5/T verpassen können. Also unterschreiben Sie endlich.«
»Aber ich bin doch vollkommen schuldlos!«
»Vollkommen schuldlos?« Jetzt wurde er zornig. »Und wie oft haben Sie die Verkehrsvorschriften gebrochen, ohne daß man Sie erwischt hätte? He? Ein merkwürdiges Benehmen, das muß ich schon sagen. Wenn man Ihnen den Wagen stiehlt, rennen *Sie* sofort zur Polizei. Wenn Sie einen Unfall haben, können wir gar nicht rasch genug zur Stelle sein. Aber wenn Sie lumpige 50 Pfund zahlen sollen, werden Sie renitent!«
»Schon gut, schon gut«, sagte ich entschuldigend, unterschrieb und nahm das Strafmandat entgegen. »Man wird vielleicht noch fragen dürfen.«
»Aber nur, wenn's etwas zu fragen gibt«, belehrte mich das Amtsorgan und ging ab.

Rechtsprechung
mit menschlichen Zügen

Es war kurz nach 23 Uhr, als ich von einer wilden Orgie nach Hause fuhr. Plötzlich tauchte dicht vor meiner Kühlerhaube ein Hund auf. Ich riß den Wagen nach links, geriet auf den Gehsteig und von dort in einen Obst- und Gemüseladen, schlitterte zwischen sorgfältig angeordneten Zitrusfrüchten und Tomaten hindurch bis an die Rückwand, die ich krachend durchbrach, und landete auf der anderen Seite in einer ruhigen Wohngegend. Ein Laternenpfahl brachte mich zum Stehen und schlug sodann der Länge nach hin.
Nach erstaunlich kurzer Zeit erschien ein Hüter des Gesetzes, zog sein Notizbuch hervor und begann in den Trümmern meines Wagens nach mir zu forschen. Er fand mich schließlich im weit aufgeklafften Kofferraum, einigermaßen

verkrümmt zwischen dem Ersatzreifen und der gebrochenen Achse.

»Was ist los?« fragte er.

»Nichts Besonderes«, antwortete ich. »Ich versuche hier zu parken.«

»Keine dummen Witze, Herr! Sie sind vorschriftswidrig gefahren, und das wird Sie teuer zu stehen kommen.«

Ich kroch aus meinem ehemaligen Wagen auf den Vertreter der Staatsgewalt zu:

»Ein Grundsatz unserer Rechtsprechung lautet, daß man unschuldig ist, solange man keiner Schuld überführt wurde. Vergessen Sie das nicht!«

»Mir brauchen Sie nicht zu sagen, was ich nicht vergessen soll. Ich werde Sie jedenfalls zur Anzeige bringen.«

»Warum?«

»Weil ich deutlich gesehen habe, wie Sie aus dem Gemüseladen herausgekommen sind.«

»Das tun zahlreiche Hausfrauen jeden Tag.«

»Aber Sie sind vorher hineingefahren.«

»Und? Wozu habe ich einen Wagen? Andere gehen zu Fuß, ich fahre.«

Meine Logik schien ihn zu beeindrucken. Er kratzte sich am Hinterkopf. Dann nahm er wieder Haltung an:

»Außerdem parken Sie gerade jetzt auf dem Gehsteig, oder nicht?«
»Nur vorübergehend. Wollen Sie eine solche Kleinigkeit hochspielen?«
Der Ordnungshüter stieg verlegen von einem Fuß auf den anderen:
»Und der zertrümmerte Gemüseladen?«
»Wir wollen Gemüse und Gehsteig scharf auseinanderhalten. Nur nicht zuviel auf einmal. Dann würde ich unter Umständen zugeben, daß ich vorschriftswidrig gefahren bin.«
»Was soll das heißen?«
Ich faßte ihn unterm Arm und begann mit ihm friedlich auf und ab zu gehen:
»Hören Sie zu, mein Freund. Wir beide können nur gewinnen, wenn wir zusammenarbeiten. Das verkürzt den Prozeß, und Sie müssen nicht immer wieder vor Gericht erscheinen, um sich von gerissenen Rechtsanwälten ins Kreuzverhör nehmen zu lassen. Seien Sie vernünftig. Sie ersparen sich damit eine Menge Unannehmlichkeiten.«
»Außerdem sind Sie mit achtzig Stundenkilometern gefahren.«
»Warum nicht sechzig? Auch damit habe ich die zulässige Höchstgeschwindigkeit überschritten, und es klingt besser.«

»Und Sie haben einen Hund getötet.«
»Eine Katze.«
Die Untersuchung war an einem toten Punkt angelangt. Nochmals erklärte ich meine Bereitschaft, mich in einigen Punkten schuldig zu bekennen, wenn die Anklage einige andere Punkte fallenließe:
»Lassen wir den Laden beiseite«, schlug ich vor, »und nehmen wir statt dessen den Laternenpfahl.«
»Unmöglich.«
»Gut, nehmen wir beide. Aber mit vertauschtem Schaden.«
»Ich verstehe nicht.«
»Schreiben Sie, daß ich in den Laternenpfahl hineingefahren bin und den Gemüseladen geknickt habe.«
»Der Laternenpfahl ist nicht geknickt, Herr. Sie haben ihn umgelegt.«
»Hm. Warten Sie. Mir fällt etwas ein.« Aufs neue trat ich mit meinem Partner einen vertraulichen kleinen Spaziergang an. »Voriges Jahr habe ich einen Fernsehapparat durch den Zoll geschmuggelt, ohne erwischt zu werden. Ich bin bereit, den Schmuggel nachträglich zu gestehen, wenn Sie dafür den Laternenpfahl weglassen.«

»Ganz so wird's nicht gehen. Ich muß ihn zumindest erwähnen. Sagen wir: Sie haben ihn gestreift.«

»In diesem Fall würde ich nur einen Transistor geschmuggelt haben.«

»Der Beschuldigte hat ein Rundfunkgerät ohne Einfuhrbewilligung importiert«, notierte der Ordnungshüter. »Und was machen wir mit dem vorschriftswidrigen Fahren?« fragte er.

Ich schlug als Ersatz einen Kinderwagen vor, den ich im Frühjahr bei einem Parkmanöver beschädigt hatte. Der öffentliche Ankläger war einverstanden, vervollständigte das Protokoll durch einige neutrale technische Daten und hielt es mir hin:

»Hier, bitte. Unterschreiben Sie auf der punktierten Linie.«

Schon wollte ich den Kugelschreiber ansetzen, als mir ein neuer Gedanke kam:

»Einen Augenblick. Haben Sie Zeugen?«

Das Auge des Gesetzes glotzte:

»Nein... eigentlich nicht... es war ja kein Mensch auf der Straße...«

»Abgesehen von mir«, sagte ich. »Und das bedeutet, daß Sie auf mich angewiesen sind. Ich bin Ihr einziger Zeuge. Wenn ich die Anklage nicht unterstütze, bricht sie zusammen. Das sollten Sie bei Ihrer Aussage bedenken!«

»Ja, schon gut«, stöhnte das Amtsorgan. »Lassen Sie uns zu Ende kommen, ich bitte Sie!«

Der Morgen dämmerte. Ich unterschrieb das Protokoll als Staatszeuge in Sachen Rundfunkgerät und Kinderwagen, verabschiedete mich von meinem uniformierten Freund mit einem kräftigen Handschlag und ging nach Hause.

Die beste Ehefrau von allen empfing mich ein wenig ungehalten. Warum ich so spät nach Hause käme? Was denn geschehen sei?

Ich bedauerte, in ein schwebendes Verfahren nicht eingreifen zu dürfen, und verweigerte die Aussage.

Freund in der Not

Der Wolkenbruch erwischte mich mitten im Stadtzentrum. Natürlich hatte ich keinen Regenschirm. Glücklicherweise erblickte ich ein herumstreunendes Taxi. Ich brüllte aus Leibeskräften, riß die Türe auf, machte einen Hechtsprung ins Innere des Wagens und befahl dem Fahrer: »Fahren Sie los, egal wohin!«
Dann erst fiel mein Blick auf den knochigen Unbekannten am anderen Ende der Sitzbank, der gleichzeitig mit mir von der gegenüberliegenden Seite herein gehechtet war. Wir starrten einander an, bis die Spannung zwischen uns unerträglich wurde.
»Tut mir leid«, sagte der Taxifahrer, »ich darf nur einen Fahrgast befördern.«
»Oje«, stöhnte ich. »Warum?«
»Vorschrift«, erklärte der Taxler vorschriftsmä-

ßig. »Während einer Fahrt kein zweiter Fahrgast. Also keine Verbrüderung, bitte.«
Es war einer jener historischen Augenblicke, in denen sich die unterdrückten Massen gegen die allmächtige Bürokratie zuammenrotten.
»Was heißt hier Verbrüderung, wir gehören zusammen«, sagte ich dem Fahrer, und prompt wandte ich mich an meinen knochigen Mitfahrer: »Hast du eine Ahnung, Walter, warum Lefkovitz am Sonntag nicht gekommen ist? Shlomo war fuchsteufelswild, und man kann es ihm nicht einmal übelnehmen.«
»Shlomo ist ein Trottel«, kapierte der Knochige blitzschnell. »Er hat genau gewußt, daß Lefkovitz eine leichte Kolik hatte. Übrigens, findest du nicht auch, daß Shlomo sich in letzter Zeit vollkommen verändert hat?«
Der Fahrer drehte sich um und durchbohrte uns mit seinem Blick. In seinen Gesichtszügen spiegelte sich ein gewisses Mißtrauen. Daher fühlte ich mich verpflichtet, dem Knochigen all meine Vorbehalte gegen den unverschämten Shlomo und seine Machenschaften zu eröffnen. Der Taxifahrer gab sich geschlagen und fuhr los. Während der Fahrt besprach ich mit Walter eingehend die obskuren Familienverhältnisse von Dr. Grünberger, unter besonde-

rer Berücksichtigung der Seitensprünge seiner zweiten Frau. Als unser Taxifahrer in einer Gesprächspause leicht bremste, ergriff uns Panik, und wir erweiterten unseren Themenkreis auf die drei siamesischen Katzen dieses liederlichen Weibes...

Als wir endlich aus dem Taxi stiegen, der Knochige und ich, waren wir so gut befreundet, daß wir in der nächsten Bierstube weitere zwei Stunden Lefkovitz' Nierensteine, Shlomos trübe Geschäfte und Grünbergers ärgerlichen Lottogewinn besprachen.

Dann hörte es auf zu regnen.

Wir fuhren mit einem Taxi heimwärts. Unterwegs machten wir noch einen Höflichkeitsbesuch in der nächsten Irrenanstalt, Walter und ich, und fühlten uns ganz wie zu Hause.

*Fernsehen hat
Vorrang*

Es war ein klassischer Verkehrsunfall. Ich habe alles beobachtet. Ein Pkw streifte eine ältliche, mit dem Überqueren der Straße beschäftigte Fußgängerin, geriet ins Schleudern und fuhr auf einen geparkten Lieferwagen auf, tatsächlich auf, ungefähr bis zur Hälfte der Ladefläche. Es war, rein geometrisch betrachtet, ein merkwürdiger Anblick. Der Pkw-Fahrer verharrte auf seinem Sitz, ließ den Kopf aus dem Fenster und die Zunge aus dem Mund hängen und schien sich nicht besonders wohl zu fühlen.
Die Zweiwagenpyramide lockte alsbald eine größere Menschenmenge an, die – wie immer in solchen Fällen – nichts Vernünftiges zu tun wußte. Nur ein junger Mann behielt den Kopf oben und eilte zur nächsten Telefonzelle. Nach einer Minute kam er zurück:

»Ich habe sie verständigt«, berichtete er. »Sie fahren sofort los. Der Kameramann sagt, daß man nichts anrühren soll.«

»Es ist zu spät«, bemerkte ein Zuschauer. »In die Abendnachrichten kommt's nicht mehr. Bevor sie den Film entwickeln und schneiden, und was es da sonst noch zu tun gibt – das schaffen sie nie.«

»Doch, sie schaffen es«, widersprach ein anderer.

In aller Augen leuchtete die Fernseh-Gier, in aller Ohren klang schon jetzt die Stimme des Ansagers: »Unser Reporter befragte an der Unfallstelle einige Augenzeugen.« Vielleicht kommt ein ganzes Team mit drei oder vier Kameras. Vielleicht werden die Aufnahmen für die neue Erziehungsserie des Verkehrsministeriums verwendet: »Die Schrecken der Straße, und was man dagegen tun kann.« Dann würden sie mehrmals hintereinander gesendet werden. Dann kommen wir mehrmals hintereinander auf den Bildschirm.

Der Pkw-Fahrer oben auf der Pyramide begann zu stöhnen. Das hat uns gerade noch gefehlt: daß er zu Bewußtsein kommt und die Aufnahme schmeißt! Auch auf den Polizisten mit seinem ewigen »Bitte zurücktreten!« könnte

man verzichten. Hämische Zurufe schwirrten ihm entgegen:
»He, Lieutenant Kojak... Hältst du dich für die Straßen von San Francisco... Du möchtest wohl allein die ganze Show bestreiten, was...«
Jemand schlug vor, den Pkw noch ein wenig höher zu schieben, damit es richtig sensationell aussähe.
»Lassen Sie nur«, sagte ich. »So, wie er jetzt liegt, ist es gut genug.«
Damit stand für die Menge fest, daß ich ein Mann vom Fernsehen wäre. Einige erinnerten sich, mich in der Sendereihe »So ist das Leben« gesehen zu haben und umringten mich aufgeregt:
»Euer Popsong-Programm ist miserabel«, beschwerte sich einer. »Warum engagiert ihr keine italienischen Sänger? Sie sind die besten.«
Die ältliche Dame, die den Unfall verursacht hatte – ihr selbst war weiter nichts geschehen –, fand es unschön von mir, daß der verbilligte Seniorentarif abgeschafft worden sei. Das hätte ich nicht tun dürfen, meinte sie.
Ein Pensionist zupfte mich am Ärmel: auf seinem Bildschirm erschienen immer wieder diese gewissen Wellenlinien, und ich sollte das end-

lich reparieren. Im ganzen schien die Ansammlung mit meiner Regie des Vorfalls nicht recht zufrieden zu sein, aber niemand sprach es deutlich aus, weil alle ins Bild kommen wollten.
Der Fahrer oben stöhnte schon wieder.
Plötzlich erklang eine freudige Stimme:
»Sie kommen!«
»Keine Spur!« entgegnete die Menge. »Das ist nur die Ambulanz.«
Es war ein schlimmer Augenblick. Was, wenn die Sanitäter den Verletzten abtransportierten? Wo bleiben dann die Aufnahmen?
»Tragen Sie ihn noch nicht weg!« baten die Umstehenden. »Nicht bevor die anderen kommen! Bitte!«
Das Ambulanzteam erkannte die Stichhaltigkeit dieses Ansuchens und übte Zurückhaltung. Nur der Sanitäter, der die Tragbahre bereithielt, warf einen besorgten Blick zu dem eingeklemmten Fahrer hinauf: »Vielleicht braucht er eine Bluttransfusion oder sonst etwas?«
»Nein, nein«, beruhigte man ihn. »Der nicht. Eben hat er sich wieder bewegt. Und außerdem will er ja ins Bild kommen.«
Ein paar Halbwüchsige kletterten auf Later-

nenpfähle, um im geeigneten Augenblick in die Kamera grinsen und winken zu können.
»Wasser«, hörte man den Fahrer abermals stöhnen. »Wasser...«
»Du kriegst einen ganzen Eimer voll!« wurde ihm zugerufen. »Aber jetzt halt still!«
Ein Taxi bog um die Ecke, hielt an und entließ einen schläfrigen Gesellen mit einer Kamera, gefolgt von einem Minderjährigen mit einem Mikrofon.
Die Menge verstummte ehrfürchtig. Für die meisten war es das erste Mal, daß sie der Erfindung Fernsehen sozusagen in Fleisch und Blut begegneten. Ein alter Mann murmelte einen Segensspruch.
»Was ist los?« fragte der Kameramann.
Die beinahe überfahrene Fußgängerin bezog Posten: »Er hat mich beinahe überfahren!« rief sie mit schriller Altweiberstimme. »Beinahe überfahren hat er mich!«
Ein Samurai-Typ in einem japanischen Sporthemd stieß sie beiseite:
»Ich hab's genau gesehen! Diese kleine Wanze kam in rasendem Tempo herangesaust...«
Ringsum ertönten Protestrufe:
»Der Kerl war ja gar nicht dabei... Er ist spä-

ter gekommen als die Ambulanz... Und jetzt stiehlt er uns die Show... Unerhört...«
Auch ich war angeekelt. Warum haben sie nicht mich gefragt?
»Ich selbst bin ein routinierter Fahrer«, sagte der Samurai gerade in die emsig surrende Kamera. »Fuhr einen Ferrari. Habe an Autorennen teilgenommen. Aber dann hat meine Schwester diesen Verbrecher geheiratet, und da hat mein Vater gesagt: Schluß mit den Autorennen. Na ja, und wie dann die Scheidung kam, war ja vorauszusehen, nicht wahr, da hat's also bei mir mit dem Training Schwierigkeiten gegeben, man wird ja nicht jünger...«
Inzwischen hatte ich mich an die Kamera herangearbeitet und wäre gut ins Bild gekommen, wenn mich die fast Überfahrene nicht weggezerrt hätte.
»Er hat *mich* überfahren!« kreischte sie wütend. »Mich, nicht Sie!«
Die alte Hexe war mir in der Seele zuwider. Jetzt begann sie sogar zu heulen, nur um die Kamera auf sich zu ziehen. Ich, der ich bekanntlich in der Sendung »So ist das Leben« mitgewirkt habe, werde schnöde übergangen, weil sich eine uninteressante Vettel ohne die geringste Kameraerfahrung vordrängt. Man

sollte gar nicht glauben, wozu Leute imstande sind, um ins Bild zu kommen.
Kurz entschlossen boxte ich die alte Hexe in die Hüfte, schob mich auf den von ihr usurpierten Platz und deutete auf mich:
»Hallo, Kinder!« stieß ich in großer Hast hervor. »Hier ist Papi! Er war dabei!«
Ein Wißbegieriger nahm die Gelegenheit wahr und richtete ausgerechnet an mich die Frage, ob es sich hier um Video oder um Stereo handelt, der Idiot. Das nützte wiederum der Samurai aus, um die Lebensgeschichte seiner Schwester zu beenden. Kein Wunder, daß der Kameramann es vorzog, die Wagenpyramide zu erklimmen und sein Gerät auf den Fahrer zu richten.
Als der Fahrer das sah, öffnete er die blutleeren Lippen und flüsterte:
»Um Himmels willen... nicht das Profil..., bitte von vorne...«
Der Inhaber eines nahegelegenen Ladens drängte sich mit einem Glas Wasser durch die Reihen der Gaffer:
»Ich bringe Wasser für den Verunglückten!« rief er mit breitem Lächeln in die Kamera. »Trinken Sie, alter Junge! Es wird Ihnen guttun!«

Jetzt war der große Augenblick des Verunglückten gekommen:
»Soll ich hinunterkriechen?« fragte er den Kameramann. »Geben Sie mir ein Handzeichen, wenn's so weit ist!«
Die Sanitäter mit der Tragbahre traten in Aktion. Beim drittenmal klappte es. Die Show war zu Ende.
Erwartungsvoll ging ich nach Hause.
Punkt 21 Uhr versammelte sich die Familie um den Fernsehschirm, um Papi in den Abendnachrichten zu sehen. Der Sprecher vertrödelte kostbare Minuten mit allerlei politischem Firlefanz, aber dann war endlich mein Unfall dran.
Achtung, jetzt–!
»Wo bist du, Papi?« fragte unsere Jüngste. »Man sieht dich ja gar nicht!«
Tatsächlich. Diese Halunken hatten fast den ganzen Samurai im Bild gelassen, dazu etwas Hexe und die Ambulanz. Mich hatten sie geschnitten. Statt dessen trat irgendein offizieller Phrasendrescher vor die Kamera und sprach über Verkehrssicherheit und dergleichen überflüssiges Zeug.
Die können lange warten, bevor ich wieder an einem ihrer Unfälle mitwirke!

Für die Katz'

In einer der neuen Wohnbauten unserer Regierung hatte endlich auch Sulzbaum eine Wohnung bekommen, der Glückspilz, und lud mich ein, sie zu besichtigen.
»Ich habe noch keine Adresse«, sagte Sulzbaum, »weil das Haus noch nicht numeriert ist. Deshalb muß ich dir genau erklären, wie du hinkommst. Du fährst bis zur Rabbi-Cook-Straße in Ramat Gan. Kümmere dich nicht um die erste Abzweigung nach links. Auch nicht um die zweite. Nimm die dritte. Sie ist leicht zu erkennen, weil an der Ecke ein Mann in einem gelben Pullover sitzt und seinen Sohn verprügelt. Dann kommst du an drei gefleckten Kühen vorbei und biegst links ab, wo die Häuser stehen, die noch keine Dächer haben. Und jetzt gib acht. Deine nächste Abzweigung ist

die zweite Straße rechts. Nicht die erste, denn in der ersten wohnen die Orthodoxen, die am Sabbath mit Steinen nach Radfahrern werfen. Also die zweite Straße rechts. Wenn du richtig fährst, triffst du auf ungefähr halbem Weg einen jungen Mann, der vor einem Geräteschuppen kniet, sein Motorrad repariert und die Regierung verflucht. Kurz darauf wird dir ein unangenehmer Gestank entgegenschlagen. Dem mußt so so lange folgen, bis du auf den

Kadaver einer Katze stößt, die vor zwei Monaten überfahren wurde. Das ist der Punkt, wo du nach rechts abbiegst und zu einem Privatweg mit der Tafel ›Durchfahrt verboten‹ kommst. Nachdem du durchgefahren bist, bleibst du stehen und fragst nach der Blumenhandlung. Den weiteren Weg kann ich dir nicht erklären. Er ist zu kompliziert. Ich werde vor der Blumenhandlung auf dich warten. Wann kommst du?«

»Um elf Uhr«, antwortete ich. »Vielleicht nicht auf die Minute genau. Sagen wir: zehn nach elf. Gut?«

»Gut.«

Es war leider nicht gut, obwohl es sich ganz gut anließ. Rabbi Cook machte mir keine Mühe, der gelbe Pullover prügelte wie angekündigt seinen Sohn, die drei gefleckten Kühe befanden sich an der ihnen zugewiesenen Stelle, ebenso der Regierungsgegner mit dem Motorrad, auch an Gestank herrschte kein Mangel – aber die tote Katze war nirgends zu sehen. Ich mußte umkehren und nach Hause zurückfahren.

Sulzbaum meint, der Katzenkadaver wäre von den Schakalen weggeschleppt worden. Er wird einen anderen herbeischaffen, damit ich mich beim nächstenmal zurechtfinde.

Parkplatz-Safari

Jossele kam von der Ecke der Fruchtmann-Straße auf mich zugeeilt. »Entschuldige«, keuchte er. »Es hat so lange gedauert, ehe ich einen Parkplatz fand.«
Ich traute meinen Ohren nicht. Die Fruchtmann-Straße – eine schmale, sonnendurchglühte Häuserzeile und noch dazu eine Einbahn in entgegengesetzter Richtung – lag gute fünf Minuten von unserem Stammcafé entfernt.
Was veranlaßte Jossele, den genialen Überwinder aller irdischen Schwierigkeiten, seinen Wagen gerade dort zu parken?
Wir hatten Gustis Kaffeehaus erreicht, ließen uns nieder, bestellten den üblichen Espresso und beobachteten den Nahen Osten in Aktion. Draußen wimmelte es von tatendurstigen jun-

gen Polizisten, die ihre Tagesquote noch nicht erfüllt hatten und nach Parksündern Ausschau hielten. Tafeln mit Aufschriften wie »Parken verboten«, »Halten verboten«, »Parken und Halten verboten« verschönten das Stadtbild. Eine schräg vor der Kaffeehausterrasse angebrachte Tafel »Ladetätigkeit nur von 14–16 Uhr« erwies sich als besonders ertragreich und brachte der Regierung pro Stunde ungefähr 500 Pfund ein.

»Es gibt für den Staat keine bessere Investition als einen Verkehrspolizisten«, konstatierte Jossele. »Wenn so einer in der Stunde nur drei Strafmandate zu 80 Pfund ausschreibt, hat er nach zwei Tagen sein Monatsgehalt verdient, und der Rest ist Reingewinn. Kein Wunder, daß jetzt auch weibliche Kräfte eingestellt werden.«

»Hier liegt wahrscheinlich der Grund«, vermutete ich, »warum das Parkproblem in den großen Städten gar nicht gelöst werden soll. Das würde den ganzen Staatshaushalt über den Haufen werden.«

Jossele erwog einen neuartigen Ausweg:

»Vielleicht sollte man für die Autofahrer Straf-Abonnements in einer bestimmten Höhe auflegen, so daß sie den Strafzettel selbst unter den

Scheibenwischer stecken können, und wenn sie ihren Block verbraucht haben, kaufen sie einen neuen. Das würde den ganzen Vorgang vereinfachen und außerdem häßliche Zusammenstöße mit der Obrigkeit vermeiden.«
»Aber es würde Tausende von Polizisten beiderlei Geschlechts arbeitslos machen«, gab ich zu bedenken.
»Und was ist mit den Lückenwächtern?«
»Mit wem?«
Jossele erklärte mir diesen neuen Beruf. Die Lückenwächter, auch Parklochhyänen genannt, lungern am Randstein der dafür geeigneten Straßen herum, warten, bis ein Wagen wegfährt, stellen sich dann vor den freigewordenen Platz und winken jeden, der ihn zu benützen versucht, mit einem barschen »Besetzt!« weiter – bis irgendein Idiot bereit ist, für die Benützung zu zahlen. In der Umgebung der Herzl-Straße kassieren sie für einen amerikanischen Straßenkreuzer 20 Pfund, an Sonn- und Feiertagen 30. Mit dieser Gebühr sind auch Anweisungen wie »Links einschlagen... noch ein Stückchen... stopp!« abgegolten.
»Besser eine Parkhyäne als ein Strafmandat«, sagte ich. Jossele schüttelte den Kopf:
»Jetzt kennst du mich schon so lange und hast

noch immer nichts gelernt. Was heißt da Strafmandat? Wenn man die Verhaltensweisen der israelischen Polizei studiert hat, braucht man kein Strafmandat zu fürchten. Angewandte Psychologie, weißt du. Ich parke grundsätzlich nur in engen Seitengassen, auf dem Gehsteig, mindestens dreißig Meter mit dem Rücken zur Hauptstraße, wo die Gesetzesaugen patrouillieren. Mein Wagen ist der einzige, den sie sehen, und zwar in beträchtlicher Entfernung von der Straßenecke. Wird der Hüter der Verkehrsgesetze jetzt vielleicht diese ganze Strecke zurücklegen und obendrein riskieren, daß er auf der Windschutzscheibe dann schon ein Strafmandat vorfindet? Er wird nichts dergleichen tun. Dazu ist er viel zu faul. Und dazu gibt es viel zu viele Parksünder, die es ihm bequemer machen. Komm. Ich will's dir beweisen.« Wir begaben uns an den Ort der Beweisführung, passierten ganze Reihen wütend hupender Autos, die nicht vorwärtskamen, und hatten alsbald die Fruchtmann-Straße erreicht. Tatsächlich: auf dem Gehsteig, in stolzer Einsamkeit, stand Josseles Wagen.
Mit einem Zettel unter dem Scheibenwischer.
Ein Strafmandat. Ein Strafmandat für Jossele.

Das war ihm noch nie passiert. Er erbleichte. Ich meinerseits konnte eine leise Schadenfreude nicht unterdrücken.

»Angewandte Psychologie, was? Zum Selbstkostenpreis von 80 Pfund, wie?«

»Wann wirst du endlich erwachsen werden,

mein Kind«, brummte Jossele, sperrte den Wagen auf und ging weiter.
Ich folgte ihm, ohne zu fragen, was er vorhatte. Das würde sich ja bald genug herausstellen.
Auf der nächsten Polizeiwachstube stellte es sich heraus.
»Inspektor«, meldete Jossele dem diensthabenden Organ, »irgendwo in Ihrem Rayon ist mein Wagen gestohlen worden. Wo, kann ich nicht genau sagen. Es war eine mir unbekannte Abzweigung der Dizengoff-Straße.« Und er gab noch einige weitere Aussagen zu Protokoll. Die Polizeistreifen des Rayons empfingen über Sprechfunk die Anweisung, den gestohlenen Wagen zu suchen.
»Ich warte in Gustis Kaffeehaus«, verabschiedete sich Jossele.
Eine Stunde später hatten unsere Freunde und Helfer den Wagen gefunden. Er stand auf dem Gehsteig der Fruchtmann-Straße. Der Sergeant, der ihn zurückbrachte, wehrte Josseles Dank bescheiden ab:
»Wir tun nur unsere Pflicht«, sagte er; und fügte mit maliziösem Grinsen hinzu: »Aber wenn wir den Dieb erwischen, wird er zu allem anderen auch noch ein saftiges Strafmandat zu bezahlen haben!«

Ein Profi am Steuer

Menschen, die den alten Lustig nicht näher kennen, halten ihn für einen Taxifahrer. Er ist prinzipiell schlecht rasiert, seine Augen sind demonstrativ rot und geschwollen, weil er absichtlich zu wenig schläft. Beim Gehen klirren in seiner Tasche zahllose Autoschlüssel, und wenn er sitzt, dann nur hinter dem Lenkrad seines schwarzen Taxis. Genaugenommen ist Lustig ein Taxifahrer. Diese lapidare Definition jedoch wird den Tatsachen nicht annähernd gerecht.

De facto managt Lustig den internationalen Flughafen von Tel Aviv.

Das habe ich selbst herausgefunden, als vorige Woche mein Wagen streikte und ich ausgerechnet in sein Taxi stieg, um zum Flughafen zu fahren. Ich sollte einen entfernten Onkel abho-

len, dessen Ankunft für 7 Uhr 30 morgens angekündigt war. »Regen Sie sich nicht auf«, beruhigte mich Lustig, als wir uns dem Flughafen näherten. »Lustig weiß Bescheid. Mit was fliegt er denn, Ihr Onkel?«
»Soviel ich weiß mit der Sabena.«
»Und deswegen habe ich mich so beeilen müssen?« Lustig nahm seinen Fuß vom Gaspedal. »Die Maschine kommt erst um 8 Uhr 40 an. An Donnerstagen hat Sabena immer 1 Stunde 10 Minuten Verspätung. Air France 25 Minuten und TWA 1 Stunde 12 Minuten. Paß- und Zollkontrolle werden nicht zu lange dauern, weil zu diesem Zeitpunkt das Zollgewerkschaftskomitee seine allmorgendliche Sitzung abhält. Ihr Onkel wird ein bißchen erschöpft sein nach dem Sturm über Griechenland, aber ansonsten munter und fröhlich, wenn auch verärgert wegen des säuerlichen Rotweins, den ihm die schlampige Stewardeß serviert hat.«
»Wieso wissen Sie das alles?«
»Wieso Lustig das weiß, fragt er! Werter Herr, ich fahre seit über vierzig Jahren zum Flughafen und zurück. Ich bin heute so weit, daß ich einem Menschen nur ins Gesicht schaue, und schon weiß ich, wo er herkommt, wieviel Geld er bei sich hat und was er schmuggelt. Ein Blick,

und ich weiß: fünf Koffer und eine Hutschachtel. Ich habe mich noch nie um mehr als ein Stück Handgepäck geirrt. Bedenken Sie, vierzig Jahre...«

Wir erreichten den Flughafen. Ein Wachposten verlangte meine Identitätskarte. Vor Lustig hingegen salutierte er.

»Im Moment tut sich ziemlich viel hier«, bemerkte Lustig, »wegen der vielen Emigranten aus Osteuropa. Sachen kann man hier erleben – manchmal gehen die einem wirklich nahe. Vorigen Montag zum Beispiel kam eine alte Frau an, die ihre Tochter fünfundzwanzig Jahre lang nicht gesehen hat. Fünfundzwanzig Jahre, Herr! Die sind einander um den Hals gefallen und haben geschlagene zehn Minuten lang abwechselnd geweint und gelacht...«

In diesem Augenblick strömte eine Schar von Passagieren in die Ankunftshalle. Ein junger Mann drängte sich durch die wartende Menge, stürzte auf einen langbärtigen Mann zu, und beide brachen in Tränen aus.

Lustig beobachtete die beiden schweigend. Dann sagte er:

»Dreizehn Jahre.«

Auch Radfahren ist gefährlich

Auch die merkwürdigsten Geschichten müssen irgendwie beginnen. Diese zum Beispiel beginnt mit dem Besuch zweier honoriger Herren. Sie läuteten eines Tages an meiner Wohnungstür und erkundigten sich, ob ich der wäre, den sie suchten. Dann stellten sie sich vor, sie seien Vertreter der Stadtverwaltung von Jaffa und wären beauftragt, mich zu einem Vortrag über die Pariser Architektur einzuladen.
»Wer wird diesen Vortrag halten?« erkundigte ich mich eher desinteressiert.
»Sie, mein Herr.«
Selbstverständlich lehnte ich ab.
Daraufhin wurde mir bedeutet, daß ich persönlich für sämtliche baulichen Mängel in der Stadt Jaffa verantwortlich gemacht würde, wenn ich mich weigerte, diesen Vortrag zu halten.

Also nahm ich selbstverständlich das ehrende Anerbieten an.

Das Rathaus von Jaffa liegt nicht allzuweit von meinem Wohnsitz entfernt. Demnach beschloß ich, statt meines Wagens die Dienste meines altbewährten Fahrrades in Anspruch zu nehmen.

Sicherheitshalber unterzog ich es vorerst einer technischen Überprüfung und mußte leider feststellen, daß die Antriebskette ziemlich viel Rost angesetzt hatte. Kurz entschlossen brachte ich das Fahrrad zu unserem Haus- und Hofmechaniker Awri mit der Bitte, die Kette zu erneuern, oder sonst etwas damit zu tun.

Awri betrachtete mißmutig die Kette, klopfte leicht gegen die Lenkstange und verkündete sein Urteil:

»Morgen früh.«

Am nächsten Morgen sprang ich munter aus dem Bett und erschien kurz danach mit Proviant und Gummiflickzeug, für alle Fälle, vor Awris Werkstatt. Sie war mit drei riesigen Vorhängeschlössern hermetisch abgeriegelt.

Ich ging eine Weile unruhig auf und ab und überlegte, was zu tun sei. Abwechselnd blickte ich auf die drei Schlösser und auf meine Uhr, bis aus dem benachbarten Lebensmittelge-

schäft der dicke Ladenbesitzer hervorquoll, um mich mißtrauisch zu fragen:
»Was haben Sie hier zu suchen, mein Herr?«
»Den Mechaniker Awri«, teilte ich ihm mit.
»Er ist krank«, sagte der Dicke. »Was wollen Sie von ihm?«
»Mein Fahrrad. Er wollte es bis heute früh in Ordnung bringen.«
Der Dicke führte mich in den Hof und zeigte mir Awris Geräteschuppen. Genaugenommen war es nicht einmal ein Schuppen. Es handelte sich lediglich um eine Art Baldachin aus Teerpappe, der von vier Holzpfosten windschief abgestützt wurde. Darunter war ein knappes Dutzend Fahrräder zu sehen, die alle sehnsüchtig ihrer Reparatur entgegenharrten.
Meines war das fünfte von rechts.
»Wunderbar«, sagte ich, »ich werde mein Fahrrad gleich mitnehmen.«
»Hier werden Sie nichts mitnehmen«, verkündete der Krämer mit Stentorstimme. »Sie werden gefälligst warten, bis Awri wieder gesund ist.«
Einerseits freute ich mich über die staatsbürgerliche Wachsamkeit des Dicken, andererseits brauchte ich das Fahrrad. Also holte ich den amtlichen Zulassungsschein für meinen fahr-

baren Untersatz hervor, um zu beweisen, daß es sich tatsächlich um mein Eigentum handelte. Aber der Mann war nicht umzustimmen, er blieb fest wie der Fels von Gibraltar.

Mir blieb nichts anderes übrig, als mich von dem sturen Kerl freundlich zu verabschieden. Dann spazierte ich einmal um den Häuserblock und kehrte unter Einhaltung sämtlicher Vorsichtsmaßnahmen auf Zehenspitzen zurück. Im Hof angelangt, ging ich schnurstracks zum Schuppen und begann, mein Fahrrad aus seiner Belagerung zu befreien. Es war nur noch ein einziges Rad zwischen mir und dem meinen...

Da hörte ich plötzlich ein rabiates Brüllen hinter mir:

»Wenn Sie nicht sofort verschwinden, hole ich die Polizei!«

»Lieber Freund«, versuchte ich den dicken Krämer zu beschwichtigen, »es geht um die städtebauliche Zukunft der Stadt Jaffa.«

Noch bevor ich ausgesprochen hatte, standen etliche aufgeregte Nachbarn um uns herum. Der wutschnaubende Zerberus erklärte jedem, der es hören wollte, er habe mich von allem Anfang an durchschaut, weil ich den verstörten Blick eines ausgekochten Sittenstrolches hätte.

Seine Suada kulminierte in der wehmütigen Feststellung, solche Leute wären vor 30 Jahren gar nicht ins Land hineingelassen worden...
Da plötzlich kam mir eine geniale Idee: Warum warten, bis mich der Mob an die Polizei ausliefert? Ich selbst würde zur Polizei gehen und auf meinem Recht bestehen. Wenn ein Polizist mein Fahrrad aus dem Schuppen holt, kann doch niemand ernsthafte Einwände vorbringen, oder? Gedacht, getan. Ich eilte zur nächsten Polizeiwache, um dem diensthabenden Beamten zu erklären, daß mein Fahrrad komischerweise...
»Moment, mein Herr«, unterbrach mich der Ordnungshüter mit ausgesuchter Höflichkeit, »zunächst einmal bin ich angehalten, Ihre werten Personalien zu Papier zu bringen. Erst dann sehe ich mich in der Lage, Ihrer Beschwerde nachzugehen. Name? Geboren? Wo? Warum? Familienstand? Vorstrafen...«
Schon nach einer Viertelstunde – das Formular war inzwischen mit vielen kleinen Buchstaben übersät – gab mir der Beamte zu verstehen, daß er nun bereit sei, meine Beschwerde entgegenzunehmen.
»Wer hat etwas von einer Beschwerde gesagt?« frage ich. »Es geht um mein Fahrrad. Es befin-

det sich beim Mechaniker Awri in einem offenen Schuppen...«
»Offener Schuppen«, wiederholte der Mann mit der Amtskappe und schrieb »offener Schuppen« ins Protokoll. Er begann offensichtlich, die Sache zu durchschauen. Dann wandte er sich wieder an mich: »Ist Ihnen bekannt, wer den Schuppen aufgebrochen hat?«
»Nein, nein, der Schuppen war ja schon immer offen...« »Identität des Täters nicht feststellbar«, notierte der gewissenhafte Beamte. Dann erkundigte er sich weiter: »Haben Sie irgendeinen begründeten Verdacht?«
»Warum soll ich irgendeinen Verdacht haben? Ich will nur mein Fahrrad zurück.«
Um die Prozedur zu beschleunigen, legte ich dem Mann meine amtliche Zulassung für »Inbetriebnahme und Benutzung eines zweirädrigen Gefährts ohne Motorantrieb« vor. Der Gesetzeshüter studierte das Dokument mit aller gebotenen Aufmerksamkeit.
»Die Papiere sind in Ordnung.«
»Gott sei Dank! Können wir jetzt endlich hingehen?«
»Eine diesbezügliche Entscheidung kann erst nach Unterzeichnung des Protokolls gefällt werden.«

Er reichte mir ein dicht beschriebenes Papier mit der Aufforderung, meinen Namen darunterzusetzen. Ich las: »Heute morgen um acht Uhr siebenundvierzig erschien hieramts der erregte Beschwerdeführer, um dem diensthabenden Journalbeamten zu hinterbringen, daß sich sein Fahrrad (die diesbezüglichen Begleitdokumente entsprechen den amtlichen Vorschriften laut gültigem Straßenverkehrsgesetz) in einem Schuppen befände, der von einem oder mehreren unbekannten Täter(n) aufgebrochen wurde. Der Beschwerdeführer besteht auf eingehender Untersuchung sowie auf angemessener Entschädigung.«

»Was soll das sein?« fragte ich.

»Ein ordnungsgemäßes Protokoll, welches der Behörde erst die nötigen Voraussetzungen schafft, entsprechend einzugreifen.«

»Aber ich wollte doch nur den Rost von der Kette entfernen lassen...«

»Davon steht nichts im Protokoll, also ist es gegenstandslos. Unterzeichnen Sie bitte.«

»Wenn ich unterzeichne, gehen wir dann mein Fahrrad holen?«

»Herr Beschwerdeführer, ich fordere Sie hiermit zum letztenmal auf, die Amtshandlung nicht hintanzuhalten.« Während ich meine

Unterschrift auf das Protokoll setzte, ging mir kurz die gescheiterte Stadtplanung von Jaffa durch den Kopf. Aber ich zwang mich zur Ruhe und ließ den Beamten wissen, daß ich in Zeitdruck wäre.
»Dann nehmen Sie Platz und warten Sie.«
»Worauf?«
»Soll ich etwa das Wachzimmer unbemannt lassen? Sobald die Funkstreife zurückkommt, werden Sie mit ihr an den Tatort fahren, um an Ort und Stelle den Hergang der Tat zu rekonstruieren.«
Ich versuche, die Schilderung des nun Folgenden sachlich und kühl zu gestalten. Nach etwa eineinhalb Stunden war noch immer keine Spur von der Funkstreife zu sehen.
Während dieser Zeit läutete nur ein einziges Mal das Telefon und der diensthabende Beamte meldete seinem Vorgesetzten, daß keine besonderen Vorfälle zu berichten wären. Lediglich ein Fall von Diebstahl eines zweirädrigen Zivilfahrzeuges sei angezeigt worden, und zwar in Tateinheit mit dem Aufbrechen eines Schuppens.
Während der gewissenhafte Ordnungshüter mit seinem Vorgesetzten sprach, pirschte ich mich an ihn heran und bat im Flüsterton, einige

Worte mit dem Chef sprechen zu dürfen. Doch es wurde mir, ebenfalls im Flüsterton, der Bescheid zuteil: »Dafür sind keine gesetzlichen Vorkehrungen getroffen worden, Herr Beschwerdeführer.«
Zu diesem Zeitpunkt war ich nicht nur einigermaßen nervös, sondern auch hungrig. Ich versuchte also, trotz der mangelnden gesetzlichen Vorkehrungen mit dem Mann am anderen Ende der Leitung Kontakt aufzunehmen, indem ich wie wild in Richtung Telefon losbrüllte: »Herr Polizeichef, oder wer immer Sie sind, dieser verblödete Polizist hat mich überhaupt nicht verstanden! Hier gibt es keinen Diebstahl und keinen Einbruch! Es ist nichts weiter passiert, als daß Awri krank ist und der dicke Krämer mich nicht mein Fahrrad holen läßt. H-i-l-f-e!«
Natürlich war dieser Ausbruch sinnlos, denn der Mann hinterm Schreibtisch hatte abrupt die Telefonleitung unterbrochen. Er warf mir einen vernichtenden Blick zu und drohte mir mit Einzelhaft für den Fall, daß ich nicht sofort mein Toben einstellte.
»Wenn Sie imstande waren, eine derart gravierende Anklage zu erheben, Beschwerdeführer, dann werden Sie wohl auch in der Lage sein,

geduldig zu warten, bis die Funkstreife kommt, um einen Lokalaugenschein vorzunehmen.«
Nach einer weiteren Dreiviertelstunde des bangen Wartens teilte ich meinem Folterknecht mit, daß ich mal müsse. Er verwies mich mißmutig an den diesbezüglichen Ort. Ich ging gemäßigten Schrittes bis ans Ende des Ganges, doch noch ehe ich an meinem Ziel angelangt war, machte ich eine resolute Kehrtwendung und schoß auf die Hintertür zu . . .
»Wenn ich alles so sicher gewußt hätte.« Der an der Hintertür aufgetauchte Polizist grinste mich an. »Sie haben nämlich den verstörten Blick eines Sittenstrolches, Beschwerdeführer.«
»Herr Polizeidirektor«, murmelte ich auf dem Rückweg zu meiner Bank, »ich bitte Sie in aller Demut, meine Beschwerde rückgängig machen zu dürfen und den Akt des aufgebrochenen Schuppens zu schließen.«
»Das wäre ja noch schöner! Wie stellen Sie sich das vor, Beschwerdeführer? Erwarten Sie von mir, daß ich ein bereits unterzeichnetes amtliches Protokoll ignoriere?«
»Ich werde unter Eid aussagen, daß ich das Protokoll nur unter psychischem und physischem Druck unterzeichnet habe.«

»Darüber werden die Gerichte befinden, Beschwerdeführer. Von Ihnen wird hieramts erwartet, daß Sie sich gefälligst auf diese Bank setzen und ruhig warten, bis Ihr Fall einer Klärung zugeführt werden kann.«

Ich will auch weiterhin sachlich bleiben. Es dauerte nur noch eine halbe Stunde, während der ich gedankenverloren an der Tube mit dem Gummiklebezeug kaute, bis die Funkstreife mit lautem Karacho eintraf. Mein Bewacher wechselte einige geflüsterte Worte mit dem ranghöchsten Streifenmann, worauf dieser meinen Akt zur Hand nahm, um ihn sorgfältig zu studieren.

»Der Fall liegt klar«, faßte er schließlich zusammen, »wann haben Sie, Herr Beschwerdeführer, festgestellt, daß der Schuppen offen ist?«

»Der Schuppen ist offen, seit es ihn gibt.«

»Und das melden Sie jetzt erst?«

»Was gibt es da zu melden? Ein offener Schuppen ist ein offener Schuppen!«

»Sie sind ein Zyniker«, zischte mir der Streifenführer verachtungsvoll zu. Dann begab er sich mit seinen Kollegen in die andere Ecke, um mit ihnen längere Zeit zu flüstern. Als Ergebnis dieses Konziliums fragte einer der Polizisten den Streifenführer:

»Sollen wir ihm nicht Handschellen anlegen?«
»Natürlich«, antwortete der Vorgesetzte.
Gleich danach klickten die Handschellen zu, und ich wurde in den Streifenwagen gestopft.
»Wohin bringen Sie mich?« wagte ich schüchtern zu fragen.
»Das geht Sie nichts an.«
Nach wenigen Minuten hielt der Streifenwagen vor dem Schuppen. Als erster verließ der Chef den Wagen, ihm folgten zwei Uniformierte mit Sturmgewehren. Dann erschienen meine Handschellen mit mir, eskortiert von zwei weiteren Polizisten, die sich an ihren Schlagstöcken festhielten.
Als ob er auf uns gewartet hätte, stand vor dem Schuppen der dicke Krämer und hielt seinen vor Erregung zitternden Zeigefinger unter meine Nase:
»Das ist er! Seine Sittenstrolchvisage ist nicht zu verkennen! Endlich hat man ihn erwischt!«
Durch den Lärm angelockt, strömten aus allen Richtungen wutentbrannte Nachbarn herbei. Vermutlich habe ich es nur dem großen Polizeiaufgebot zu danken, daß ich mit knapper Not der Lynchjustiz entging. Der dicke Krämer wurde aufgefordert, den Hergang der Tat zu schildern.

»Also, das war so: Heute in aller Herrgottsfrüh höre ich ein verdächtiges Rascheln, schau zum Fenster hinaus, und was seh ich?« Er warf mir einen haßerfüllten Blick zu. »Ich sehe diesen Strolch! Ha! – denke ich mir, einer wie der kann nichts Gutes im Schild führen. Schon die Art, wie er seinen verstörten Blick hinter diesen dicken Brillen verbirgt...«

»Danke, das genügt«, verkündete der Streifenführer und wandte sich an mich: »Ich an Ihrer Stelle würde schleunigst ein umfassendes Geständnis ablegen. Hatten Sie irgendwelche Helfershelfer?«

»Ja«, gestand ich und zeigte auf den dicken Krämer. »Er war es, der mir den vertraulichen Hinweis gab, daß dieser Schuppen offen steht.«

»Aha«, der Leiter des Lokalaugenscheins zeigte sich höchst befriedigt. »Wenn ich alles so sicher gewußt hätte. Der Dicke hat mir von Anfang an nicht gefallen.« Er wandte sich an den neuen Häftling: »Und jetzt heraus mit der Sprache! Machen Sie den Mund auf und beginnen Sie zu singen.«

»Ich denke nicht daran zu singen«, schluchzte der Dicke, »ich will mit meinem Anwalt sprechen.«

Soweit der Sachverhalt. Wir wurden in getrennten Zellen untergebracht, um uns nicht gegenseitig die Schädel einschlagen zu können.

Der Anwalt meint, daß meine Aussichten angesichts der mildernden Umstände zu gewissen Hoffnungen berechtigen. Schließlich hätte ich mich ja selbst der Polizeibehörde gestellt, wohingegen der dicke Krämer als der planende Kopf der Tat erst durch meine Aussage überführt werden mußte. Gegen mich spräche lediglich der mißglückte Fluchtversuch durchs Klo, andernfalls wäre es ihm vielleicht sogar gelungen, mich gegen Kaution freizubekommen.

Ich sagte, daß es darauf auch nicht mehr ankäme, da ich, als Beschwerdeführer, meinen Termin in Jaffa ohnehin versäumt hatte. Aber, fügte ich hinzu, ich hätte nicht die Absicht, mich je wieder zu beschweren.

Die Kunst der Höflichkeit

Motorisierte Touristen haben es bei uns besser als anderswo. Kein Wunder, denn seit der Staatsgründung fordert unsere Regierung uns regelmäßig auf, die Touristen gut zu behandeln. Sie verlangt, daß wir ihr Gepäck tragen, ihnen den Weg zum Museum zeigen und ihre Valuten zum anständigen Schwarzmarktkurs wechseln.
Ich persönlich finde das lächerlich. Erstens *sind* wir von Natur aus äußerst hilfsbereit, und zweitens sind andere Völker auch nicht so schrecklich zuvorkommend. Im Gegenteil, in ihrem tiefsten Inneren sind sie ausgesprochen unhöflich, nur bemerkt man es nicht, weil sie nach außen hin so ausgesprochen höflich sind.
Fragen Sie nur einmal in irgendeiner fremden Stadt irgend jemanden nach irgendeiner

Adresse. Der Befragte wird ein gerütteltes Maß an gutem Willen heucheln und affektiert flöten: »Ich bringe Sie gerne hin, wenn es Ihnen recht ist.« Dann wird er sich in Ihr Auto setzen und den ganzen langen Weg die Schönheiten seiner Stadt preisen. Am Ziel angelangt, wird er sich sogar dafür bedanken, daß er Ihnen behilflich sein durfte. Aber kaum ist er ausgestiegen, wird er Sie höchstwahrscheinlich mit Flüchen bedenken, die selbst einen hartgesottenen Matrosen erröten ließen.

Also frage ich, ist dem Minister mit solch einem Getue gedient? Legt er wirklich Wert auf so eine Maskerade? Um wieviel ehrlicher ist doch der kleine Mann auf der Straße des Nahen Ostens. Nach einer Adresse befragt, antwortet er: »Hauen Sie ab!« Das entspricht nämlich in diesem Moment seiner aufrichtigen, persönlichen Überzeugung. Keine Heuchelei, kein Theater, dafür aber Zivilcourage.

Zur Erläuterung ein Beispiel aus dem Alltag.

Einer meiner amerikanischen Vettern zweiten oder dritten Grades besuchte uns. Eines Tages hatte er sich in seinen riesigen Wagen gesetzt, um einen anderen unserer zahlreichen Vettern aufzusuchen, der an der Bamramstraße wohnte. Natürlich verlor er sich schon bald im

Tel Aviver Dickicht und fragte einen Passanten nach dem Weg. »Ein Fremder wie Sie, mein Herr«, sagte der einfache Mann von der Straße, der vermutlich einen langen Arbeitstag hinter sich hatte, »ein Fremder wie Sie wird die Bamramstraße niemals finden. Wenn Sie möchten, steige ich ein und zeige Ihnen den Weg.«
Sprach's, stieg in den Wagen meines Vetters und lotste ihn unermüdlich eine halbe Stunde lang rechts und links durch den dichtesten Verkehr, bis sie schließlich in einer bezaubernden, kleinen Gasse landeten. Da stieg der einfache Mann aus und sagte: »Hier wohne ich. Danke schön.«
Mein Vetter fragte:
»Aber wo ist die Bamramstraße?«
Darauf erwiderte der einfache Mann:
»Ich habe keine Ahnung. Am besten, Sie fragen jemanden. Hier ist sie jedenfalls nicht. Auf Wiedersehen. Ich wünsche Ihnen ein angenehmes Wochenende.«
Es war ein Dienstag.
Als mein Vetter zweiten oder dritten Grades mir die Geschichte erzählte, zitterte er immer noch vor Wut. Ich kann es aber nicht leiden, wenn ein dahergelaufener motorisierter Tourist an meinen Landsleuten herumnörgelt.

»Ihr Touristen seid eigenartig«, sagte ich pikiert. »Ihr glaubt, mit euren Taschen voller Devisen könnt ihr euch alles erlauben!«

Außerdem gibt es keine Bamramstraße in Tel Aviv.

*Gottes Hand und
Josseles Fuß*

Gestern bekam ich Nachricht von Jossele. Es war ein Anruf aus dem Krankenhaus: er ließ mich bitten, ihn zu besuchen. Überflüssig zu sagen, daß ich mich sofort auf den Weg machte. Ich fand Jossele im Garten des Spitals, bleich und niedergedrückt in einem Rollstuhl sitzend, ein Bild des Jammers. Und was mich am meisten erschütterte: er hielt ein Gebetbuch in der Hand.
»Jossele!« rief ich beklommen. »Was ist los mit dir? Ein Herzanfall? Oder sonst etwas Lebensgefährliches?«
»Nein, nichts davon.« Er schüttelte müde den Kopf, seine Stimme klang tonlos. »Aber was mir am Montag passiert ist, hat mich davon überzeugt, daß es eine göttliche Gerechtigkeit gibt.«

»Bitte, erklär dich genauer«, sagte ich und setzte mich neben ihn.
Jossele holte tief Atem.
»Mein Wagen war in einer Reparaturwerkstatt, und das Schicksal ereilte mich in einem städtischen Autobus«, begann er. »Linie 33. Montag. Zur Stoßzeit. Und wahrlich, ich habe gestoßen. Mit Händen, Füßen und Ellbogen habe ich mir einen Sitz erkämpft. Und kaum daß ich saß, pflanzte sich irgendein alter Idiot vor mir auf und begann sich völlig ungefragt über meine Person zu äußern. Er äußerte sich abfällig. Es sei ein Skandal und eine Schande, ein junger, gesunder Mensch wie ich bleibt sitzen, und ein alter, kränklicher Mann wie er muß stehen. Ich reagierte nicht. Die Leute sollten mich für einen Neueinwanderer halten, der die Landessprache noch nicht versteht. Der Alte schimpfte weiter, erging sich in immer heftigeren Mißfallenskundgebungen über die heutige Jugend im allgemeinen und mich im besonderen. Ich blieb ungerührt. Es fiel mir gar nicht ein, meinen bequemen Sitz gegen einen Stehplatz im Gedränge einzutauschen. Unterdessen hatten die Hetzreden des Alten den ganzen Bus gegen mich aufgebracht. Plötzlich packte er mich am Kragen, riß mich hoch und setzte sich unter

dem Jubel der Menge auf meinen Platz. Jetzt war der Augenblick gekommen, ihm und seiner verhetzten Gefolgschaft eine Lektion zu erteilen. Ich schwankte, hielt mich nur mühsam aufrecht und bahnte mir stöhnend den Weg zum Ausgang, wobei ich mit schmerzverzerrtem Gesicht das rechte Bein nachschleppte. Über den Bus fiel verlegenes Schweigen, das von beschämtem Geflüster abgelöst wurde. ›Der arme Kerl‹, flüsterte es ringsum. ›Ist gelähmt... hat ein krankes Bein... kann sich kaum bewegen... und dieser alte Trottel verjagt ihn von seinem Sitz. Ein Egoist! Ein Unmensch! Pfui!‹ Es fehlte nicht viel, und sie wären über ihn hergefallen. Einige standen auf, um mir ihren Sitz anzubieten. Ich winkte mit müder Märtyrerstimme ab. Und da ich sowieso am Ziel war, bereitete ich mich unter neuerlichem Stöhnen zum Aussteigen vor.«

»Gut gemacht!« Ich nickte anerkennend. »Und dann?«

»Dann«, sagte Jossele, »bin ich auf dem Trittbrett ausgerutscht und hab mir das Bein gebrochen.«

Damit wandte er sich wieder seinem Gebetbuch zu.

Autofahren ist gesund

Einmal muß es gesagt sein. Nichts in unserem Jahrhundert hat die Sportlichkeit so sehr auf Vordermann gebracht wie der Autoverkehr.
Sogar mich.
Eigentlich bin ich von Natur aus kein ausgesprochener Bewegungsfetischist. Es gab einmal eine Zeit, da ging ich überhaupt nicht zu Fuß, sondern nahm den Autobus oder ein Taxi. Hie und da machte ich sogar Autostop. Offen gesagt, war ich damals eher pummelig, und lief Gefahr, das Gehen zu verlernen.
Aber seit ich Besitzer eines eigenen Wagens bin, bewältige ich täglich ungeheure Entfernungen zu Fuß. Meine Beine sind muskulös und stark geworden, und ich habe mich nie besser gefühlt.
Das ist ganz einfach zu erklären: auf unserem

Planeten gibt es keine Parkplätze mehr. Vor allem in Tel Aviv nicht. Hat man zum Beispiel im Stadtzentrum zu tun, muß man irgendwo an der Meeresküste parken. Um zur Hauptstraße zu gelangen, empfiehlt es sich, den Wagen an der Peripherie stehen zu lassen. Wenn ich ein Treffen im Geschäftsviertel von Tel Aviv habe, marschiere ich sechs Kilometer hin und sechs Kilometer wieder zurück.
Macht zwölf.
Wohlgemerkt, ich beschwere mich nicht. Schließlich ist das ein gesundes Training, von Ärzten warm empfohlen. Auch die beste Ehefrau von allen ist dafür. Wenn ich in der Stadt etwas zu erledigen habe, sagt sie oft zu mir:
»Nimm den Wagen. Der kleine Spaziergang wird dir guttun.«
Verschonen Sie mich also mit Fitneß-Training. Wir Autobesitzer haben so etwas nicht nötig. Wir sind längst olympiareif.

Ein Tag
ohne Dienstwagen

Die Limousine des Ministers blieb unterwegs plötzlich stehen. Gabi, der Fahrer, stellte den Motor ab und wandte sich um:
»Tut mir leid, Chef – aber Sie haben ja den Rundfunk gehört.«
Das bezog sich auf die Neun-Uhr-Nachrichten, die den Streik der Kraftfahrergewerkschaft angekündigt hatten. Die Kraftfahrergewerkschaft wollte sich mit der Gewerkschaft der Chemie-Ingenieure fusionieren oder wollte die Fusion mit der Transportarbeitergewerkschaft rückgängig machen, oder vielleicht wollte sie etwas anderes. Jedenfalls streikte sie.
Gabi verließ den Wagen und begab sich ins Gewerkschaftshaus, um Instruktionen einzuholen.
Der Minister saß mitten auf der Straße. Er

konnte nicht Auto fahren. Erfindungen, die auf einen Knopfdruck hin laute Geräusche erzeugen, flößten ihm seit jeher Angst ein. Soweit seine Erinnerung zurückreichte, hatte er nur ein einziges Mal ein Auto gesteuert. Das war vor vierzig Jahren, in einem Vergnügungspark, wo der Minister – damals noch jung und ehrgeizig – sich einem Autodrom anvertraut hatte. Später war er dann der führenden Partei beigetreten, hatte Karriere gemacht und jederzeit einen Fahrer zur Verfügung gehabt.

Jetzt werde ich wohl einen Helikopter bestellen müssen, dachte der Minister. Man erwartete ihn zu einer dringlichen Kabinettsitzung. Auf dem Programm stand die Krise der Zementindustrie. Um elf Uhr.

Der Minister begann, die Passanten zu beobachten, die an seinem Wagen vorbeihasteten. Ein merkwürdiges, fast abenteuerliches Gefühl überkam ihn: er war auf der Straße. Mit Verblüffung stellte er fest, wie viele fremde Menschen es im Lande gab. Er kannte nur die immer gleichen Gesichter, die er täglich in seinem Ministerium sah. Fremde bekam er höchstens in anonymen Massen zu Gesicht, am Unabhängigkeitstag oder im Fußballstadion

bei... wie hieß doch das Ding... beim Kupferfinale.
Der Minister stieg aus und ging die Straße entlang. Allmählich wuchs sein Vertrauen in diese Art der Fortbewegung. Er dachte nach, wann er zuletzt etwas dergleichen getan hatte. Richtig: 1951. Damals hatte ein Fernlaster seinen Wagen gerammt, und er war zu Fuß nach Hause gegangen, quer durch die Stadt, zu Fuß.
Die Blicke des Ministers richteten sich abwärts, dorthin, wo unterhalb der Bauchwölbung seine Füße sichtbar wurden, seine eigenen Füße, die sich rhythmisch bewegten, tapp-tapp, tapp-tapp, linker Fuß, rechter Fuß – jawohl, er wußte seine Füße noch zu gebrauchen. Er wußte noch, wie man auf der Straße geht. Ein gutes Gefühl. Nur die Schuhe sahen ein wenig fremdartig aus. Wo kamen sie her? Er hat sich doch noch niemals Schuhe gekauft, oder?
Genaueres Nachdenken ergibt, daß er selbst überhaupt keine Einkäufe tätigt. Was ist's mit diesen Schuhen?
Er bleibt vor dem Schaufenster eines Schuhgeschäfts stehen und starrt hinein. Seltsam. Ein völlig neuartiges Phänomen. Schuhe, viele

Schuhe, Herren-, Damen- und Kinderschuhe, paarweise arrangiert, auf Sockeln, auf langsam rotierenden Drehscheiben, oder nur so.

In plötzlichem Entschluß betritt der Minister den Laden, einen hohen, langgestreckten Raum mit Reihen bequemer Fauteuils und mit Regalen an den Wänden, und in den Regalen Schuhe, nichts als Schuhe.

Der Minister schüttelt die Hand eines ihm entgegenkommenden Mannes:

»Zufrieden mit dem Exportgeschäft?«

»Mich dürfen Sie nicht fragen«, lautet die Antwort. »Ich suche Sämischlederschuhe mit Gummisohlen.«

Der Minister sieht sich um. Wie geht's hier eigentlich zu?

Nehmen die Leute einfach Schuhe an sich oder warten sie, bis der Kellner kommt?

Eine Gestalt in weißem Kittel, vielleicht ein Arzt, tritt an den Minister heran und fragt ihn, was man für ihn tun könne.

»Schicken Sie mir ein paar Muster«, sagte der Minister leutselig und verläßt den Laden.

Draußen auf der Straße fällt ihm ein, daß er sich nicht zu erkennen gegeben hat. Und daß er nicht von selbst erkannt wurde. Ich muß öfter im Fernsehen auftreten, denkt der Minister.

Es wird spät. Vielleicht sollte er in seinem Büro anrufen, damit man ihm ein Transportmittel schickt oder ihn abholt. Anrufen. Aber wie ruft man an? Und wenn ja: wo? Er sieht weit und breit kein Telefon. Und sähe er eines, wüßte er's nicht zu handhaben. Das macht ja immer seine Sekretärin, die gerade heute nach Haifa gefahren ist, in irgendeiner Familienangelegenheit. Außerdem wäre sie ja sonst in seinem Büro und nicht hier, wo es kein Telefon gibt.

Da – ein Glasverschlag – ein schwarzer Kasten darin – kein Zweifel: ein Telefon.
Der Minister öffnet die Zellentür und hebt den Hörer ab: »Eine Leitung, bitte.«
Nichts geschieht. Der Apparat scheint gestört zu sein.
Von draußen macht ihm ein kleiner Junge anschauliche Zeichen, daß man zuerst etwas in den Kasten werfen muß.
Natürlich, jetzt erinnert er sich. Er ist ja Vorsitzender des Parlamentsausschusses für das Münz- und Markenwesen. Er kennt sich aus.
Der Minister betritt den nächsten Laden und bittet um eine Telefonmarke.
»Das hier ist eine Wäscherei«, wird ihm mitgeteilt. »Telefonmarken bekommen Sie auf dem Postamt.«
Eine verwirrende Welt fürwahr. Der Minister hält nach einem Postamt Ausschau und erspäht auf der jenseitigen Straßenseite einen roten Kasten an einer Häusermauer. Er weiß sofort, was das ist. In solche Kästen tun die Menschen Briefe hinein, die sie vorher zu Hause geschrieben haben.
»Entschuldigen Sie«, wendet er sich an eine Dame, die neben ihm an der Straßenkreuzung wartet, »bei welcher Farbe darf man hinüber?«

Er ist ziemlich sicher, daß sein Wagen immer bei grünem Licht losfährt. Aber gilt das auch für Fußgänger?

Der Menschenstrom, der sich jetzt in Bewegung setzt, schwemmt ihn auf die gegenüberliegende Straßenseite mit. Dort, gleich neben dem roten Kasten, entdeckt er ein Postamt, tritt ein, und wendet sich an den nächsten Schalterbeamten:

»Bitte schicken Sie ein Telegramm an mein Ministerium, daß man mich sofort hier abholen soll.«

»Mit einem Flugzeug oder mit einem Unterseeboot?« fragte der Schalterbeamte und läßt zur Sicherheit die Milchglasscheibe herunter.

Der Mann scheint verrückt zu sein, denkt der Minister und geht achselzuckend ab.

Nahe dem Postamt befindet sich ein Zeitungsstand. Wie sich zeigt, hat der Minister große Schwierigkeiten, unmarkierte Zeitungen zu entziffern. In den Zeitungen auf seinem Schreibtisch sind die Artikel, die er lesen soll, immer eingerahmt.

»Ein Glas Orangensaft?« fragte eine Stimme aus dem Erfrischungskiosk, vor dem er stehengeblieben ist.

Der Minister nickt. Er ist durstig geworden und

leert das Glas bis auf den letzten Tropfen.
Welch wunderbares Erlebnis: allein auf der
Straße ein Glas Orangensaft zu trinken und
erfrischt weiterzugehen.
Der Kioskinhaber kommt ihm nachgerannt:
»45 Agurot, wenn ich bitten darf!«
Der Minister starrt ihn an. Es dauert sekundenlang, ehe er begreift, was gemeint ist. Dann greift er in seine Tasche. Sie ist leer. Natürlich. Solche Sachen werden ja immer von seiner Sekretärin erledigt. Warum mußte sie gerade heute nach Haifa fahren?
»Schicken Sie mir die Rechnung, bitte«, sagt er dem gierigen Inkassanten und entflieht.
Als er endlich innehält, steht er vor einem in Bau befindlichen Haus. Die emsigen Menschen, die rundum beschäftigt sind, beeindrucken ihn tief. Nur der Lärm stört ihn ein wenig. Und was ist das für eine graue Masse, die sie dort in dem Bottich zusammenmischen?
»Einen schönen guten Tag wünsche ich!«
Ein alter Mann, wahrscheinlich ein Sammler für irgendwelche neu aufgelegten Anleihen, hält ihm die Hand hin. Auch ihn verweist er an sein Büro.
Immer neue Überraschungen: dort, in einer Reihe von Glaskästen, hängen Bilder halbnack-

ter Mädchen! Der Minister blickt auf – jawohl, er hat's erraten: ein Kino. So sieht das also aus. Er empfindet heftige Lust, hineinzugehen und endlich einmal einen Film zu sehen. Sonst kommt er ja nie dazu.

Der Minister klopft an die versperrte Eisentür. Er muß mehrmals klopfen, ehe eine verhutzelte Frauensperson den Kopf heraussteckt:

»Was los?«

»Ich möchte einen Film sehen.«

»Jetzt? Die erste Vorstellung beginnt um vier Uhr nachmittag.«

»Nachmittag habe ich zu tun.«

»Dann sprechen Sie mit Herrn Weiss.«

Und die Eisentür fällt ins Schloß.

An der nächsten Straßenecke steht ein ungewöhnlich großer, länglicher, blaulackierter Wagen, der eine Menge wartender Leute in sich aufnimmt. Ein Bus! schießt es dem Minister durch den Kopf. Erst vorige Woche haben wir ihnen das Budget erhöht. Um 11,5 Prozent. Da kann ich ja einsteigen.

»Hajarkonstraße«, sagte er dem Fahrer. »Nummer 71.«

»Welcher Stock?«

»Wie bitte?«

»Machen Sie, daß Sie vom Trittbrett herunterkommen!« Der Fahrer betätigt die automatische Tür und saust los.

Eine merkwürdige Welt mit merkwürdigen Spielregeln. Der Minister versucht sich zu orientieren, kann jedoch mangels irgendwelcher Wahrzeichen – Hilton-Hotel oder griechisches Restaurant – nicht feststellen, wo er sich befindet.

Menschen fluten an ihm vorbei, als wäre nichts geschehen. Dies also ist die Nation, das Volk, die Masse der Wähler. Den jüngsten Meinungsumfragen zufolge wird im Oktober jeder dritte dieser fremden Menschen für ihn stimmen. Der Minister liebt sie alle. Er ist seit seiner frühesten Jugend ein überzeugter Sozialist.

Endlich, auf vielfach verschlungenen Wegen, hat er zu seiner Limousine zurückgefunden; gerade rechtzeitig, um den Fahrer Gabi herankommen zu sehen.

»Zwei Sonderzahlungen jährlich und erhöhtes Urlaubsgeld«, sagte Gabi.

Der Streik ist beendet. Sie steigen ein. Gabi läßt den Motor anspringen.

Und der Minister kehrt von seinen Abenteuern auf einem fremden Planeten in die Welt seines Alltags zurück.

Ein abstrakter Strafzettel

Als Kind wunderte ich mich immer über die Aufkleber mit der Aufschrift »Presse« an der vorderen und hinteren Scheibe mancher Autos. Denn, obwohl Presse daraufstand, war weit und breit kein Wein zu sehen. Im Laufe der Jahre wurde ich etwas reifer und wunderte mich über ganz andere Dinge. Zum Beispiel darüber, daß die Polizei diese berufsbezeichnenden Schilder nur an Journalisten vergibt und nicht auch an Meteorologen oder Bürstengroßhändler.
Warum diese Diskriminierung?
Mit der Zeit fand ich auch dafür die Erklärung. Denn von dem Tag an, da ich selbst ein polizeiliches Presseschild an meinen Wagen kleben durfte, verpaßte mir dieselbe Polizei dreimal so viele Strafzettel wie in den guten alten, presse-

freien Tagen. Natürlich habe ich ein gewisses Verständnis für die Hüter der Ordnung. Wer kann Journalisten schon ausstehen?

Ein symptomatisches Erlebnis hatte ich neulich. Wie jeder Bürger Tel Avivs weiß, wird die eine Seite der Pipkinstraße seit zwei Jahren immer wieder aufgerissen. Vermutlich, weil man bei der letzten Ausgrabung irgend etwas unter der Asphaltdecke vergessen hat. Daher ist die Straße für den Verkehr gesperrt, was zwei rote Verbotstafeln sowie ein grüner Polizist anzeigen.

Was tut also ein erfahrener Journalist wie ich, wenn er etwas Wichtiges in der gesperrten Straßenhälfte zu tun hat? Er fährt trotzdem hinein. Die beiden Verbotstafeln zucken teilnahmslos die Achseln, nicht jedoch der Polizist.

»He, Sie da«, sagte er. »Sehen Sie nicht, daß diese Straße für alle Fahrzeuge gesperrt ist?«

»O ja«, sagte ich, »aber ich bin von der Presse. Also tun Sie mir den Gefallen, und lassen Sie mich hinein.«

»Sie sind also von der Presse«, meinte der Polizist, »ich erschauere vor Ehrfurcht, aber Sie können hier trotzdem nicht hinein.«

»Nun gut«, sagte ich, »und was ist, wenn ich doch fahre?«

»Dann kriegen Sie einen Strafzettel.«
»Okay, ich warte.«
»Auf was?«
»Auf den Strafzettel.«
»Warum?«
»Damit ich endlich fahren kann.«
»Das würde Ihnen so passen«, sagte der Polizist pikiert. »Nein, zuerst wird gefahren, dann erst bekommen Sie den Strafzettel.«
»Lassen wir die Formalitäten«, ich versuchte eine gütliche Regelung. »Was haben Sie davon, wenn ich losfahre und Sie mir durch diese Kraterlandschaft nachlaufen müssen. Schreiben Sie das Strafmandat aus, und wir vergessen den Fall.«
»Nun gut«, stimmte das Auge des Gesetzes zu, holte seinen Block hervor und schrieb: »Nichtbeachtung eines Verkehrszeichens.« Dann hielt er plötzlich inne und fragte: »Was haben Sie gesagt? Ich soll Ihnen nachlaufen?«
»Ja, durch diese Kraterlandschaft.«
»Sie würden also nicht anhalten?«
»Ich fürchte nein.«
»Das gibt eine Strafverschärfung.« Das Gesicht des Polizisten verfinsterte sich. Er schrieb: »Nichtbefolgung einer polizeilichen Anordnung.«

Dann fragte er weiter: »Sie hätten mich sicherlich auch beschimpft, nicht wahr?«
»Vermutlich«, gab ich zu.
»Sie hätten mich ›Blöder Plattfuß‹ genannt, oder?«
Dein Freund und Helfer fixierte mich mit zornigem Blick und schrieb: »Beleidigung eines Polizeiorgans im Dienst.«
»Das wird Sie aber teuer zu stehen kommen, mein Herr«, warnte er mich. »Unterschreiben Sie bitte hier.«
Ich unterschrieb, wir schüttelten uns die Hände, und ich wendete, um nach Hause zu fahren.
»He«, schrie der Polizist, »wohin fahren Sie? Was ist mit der Verkehrsübertretung?«
»Morgen!« schrie ich zurück. »Morgen früh!«
Morgen werde ich mich bei der Verkehrspolizei nach dem seit langem fälligen Strafmandatsabonnement erkundigen.

Im Westen nichts Neues

Die Franzosen sind seltsame Leute. Man kann sie bewundern, weil sie so geistreich sind und ihre wunderschöne Sprache so perfekt beherrschen, man kann sie verachten, weil sie eingebildete Schurken sind, doch es gibt etwas, das man keinesfalls kann: nämlich einen Franzosen dazu bringen, daß er *dich* mag. Egal wer du bist, Franzosen verachten dich mit einer Intensität, die ihresgleichen sucht, und zwar aus dem einfachen Grund, weil du ein schäbiger Ausländer bist, der sich womöglich auch noch einbildet, französisch zu können.
Den ersten Geschmack dieses Abscheus bekommt man schon am Flughafen zu kosten. Die riesige Eingangshalle, die vermutlich wegen ihrer Länge nach De Gaulle benannt wurde, erstreckt sich über etliche Kilometer

und beinhaltet nur einen einzigen Gepäckwagen namens Suzanne. Wenn man sich vor Augen hält, daß einige Millionen Touristen jedes Jahr nach Paris pilgern, kann man sich die Feindseligkeiten vorstellen, die Tag für Tag um besagte Suzi ausgefochten werden. Und zu allem Überfluß quietscht sie auch noch.

Doch eines muß man ihr lassen, diese Suzi bereitet auf all das vor, was man später mit den Pariser Taxifahrern zu erleben hat. Wenn der Leser jemals in Paris gewesen ist, kann ich mir weitere Erklärungen sparen. Wenn nicht, helfen auch Erklärungen nichts.

Denn das Pariser Straßenbild ist förmlich gespickt mit Taxis. Hier finden wir das genaue Gegenteil der Story von der einsamen Suzi. Es gibt in Paris Taxis wie Flöhe auf einem französischen Pudel. Aber man kann die Taxis nicht erwischen, weil sie alle besetzt sind. Und sollten sie es wider Erwarten nicht sein, nehmen sie dich nicht mit, weil ihnen dein Gesicht nicht gefällt. Paris dürfte die einzige Stadt der Welt sein, in der die Taxifahrer eine traditionelle Art von Gesichtsforschung betreiben.

Zwar sind auch in der übrigen Freien Welt die Taxichauffeure wählerisch und anspruchsvoll. In New York zum Beispiel mußte eine eigene

Gesetzesnovelle verfaßt werden, welche die Taxichauffeure dazu anhält, *jeden* Fahrgast mitzunehmen, und zwar ohne Rücksicht auf Hautfarbe, Rasse oder Geberlaune. Vorausgesetzt, daß der Fahrer nicht gerade zum Essen fährt. Deshalb führen die New Yorker Taxifahrer auch ein besonderes Hunger-Licht auf ihren Dächern mit. Es ist eine Lampe, die automatisch angeht, wann immer ein hungriger Fahrer nach einer größeren finanziellen Beute ausschaut, als du ihm bieten kannst.

In Frankreich braucht man kein Licht auf dem Dach. Man erkennt dich auch so. Der herkömmliche Pariser Taxler sieht auf den ersten Blick, ob du ein lausiger Tourist bist oder nicht, ob du mit ihm – Gott steh dir bei – über Land fahren willst, ob dein Hotel in einer belebten Straße liegt, vor allem aber, ob du großzügig bist oder ein Amerikaner. Also stehst du am Gehsteig in Paris und turnst herum wie eine einarmige Windmühle. Die ersten fünf Taxis rauschen zunächst garantiert vorbei, ohne auch nur mit dem Winker zu zucken. Das sechste bleibt in der Regel stehen, aber der Fahrer hält die Türklinke von innen fest: »Wohin?« fragt er aus einem Mundwinkel. Natürlich ist es jener Mundwinkel, in dem seine Zigarette steckt.

Was immer du ihm jetzt sagst, er antwortet »*Merde*« und fährt weiter, weil er in der entgegengesetzten Richtung zu tun hat. Aus Prinzip. In Wahrheit kann er dich nicht ausstehen. Er ist nämlich Taxifahrer und du, für gewöhnlich, nicht. Du bist ein verdammter Tourist. Zuerst dachte ich, daß es da einen geheimnisvollen Code geben könnte, der besagt, daß sie keine Männer ohne Westen oder keine Brillenträger transportieren dürfen. Nach einer Woche in Paris habe ich erfaßt, daß es nur ein einziges Gesetz für sie gibt: sie fahren *dich* nicht. Punktum.

Eines Tages, nachdem ich schon eine halbe Stunde lang auf den regenfeuchten Champs-Elysées vergebens geturnt hatte, kam endlich Nummer Sechs des Weges und fragte: »Wohin?«

Durchnäßt bis auf die Haut stammelte ich:
»Egal, fahren Sie mich, wohin Sie wollen.«
»Liegt nicht auf meinem Weg.«
Und weg war er. Sie durchschauen dich sofort, diese Pariser Taxler. Natürlich wußte der Mann, daß ich, wenn ich einmal in seinem Wagen säße, Wünsche äußern und Ansprüche stellen würde, irgendwohin mit seinem Taxi zu fahren

Also änderte ich meine Taktik. Ich versuchte intuitiv zu erraten, welchen Weg der Chauffeur fahren könnte. Nichts lag mir nämlich ferner, als ihm zur Last zu fallen. Einmal ist es mir sogar beinahe gelungen, meinen Plan zu verwirklichen.

Das kam so: Ich wollte zur Oper und hatte wieder einmal gute zwanzig Minuten gewunken und geturnt. Da plötzlich blieb ein echter Pariser Taxifahrer neben mir stehen. Jean-Pierre, mit Zigarette im Mundwinkel, steckte den Kopf durchs Fenster und fragte:

»Wohin?«

Und da geschah es: PSI stand mir bei. Er fährt in die entgegengesetzte Richtung von der Oper, sagte der kleine Uri Geller in mir. Meine Handlungsweise war demnach vorgezeichnet. Ich spürte sie in allen Knochen.

»Montmartre«, bestimmte ich mit Brustton.

Jean-Pierre lüftete eine Augenbraue – natürlich wußte er genau, daß ich zur Oper wollte – und sagte:

»Herein mit Ihnen!«

An diesem Tage fuhr ich leibhaftig in einem echter Pariser Taxi. Egal wohin, egal wozu, ich fuhr. Ich war höchst zufrieden mit mir und genoß mein stilles Taxiglück. Tagelang, auch

heute, durchströmt mich noch diese enorme Befriedigungswelle. Vergessen ist der stundenlange Fußmarsch durch die Pariser Nacht, nachdem ich in einem obskuren kleinen Theater ein unverständliches Stück ansehen mußte, statt in der Oper gewesen zu sein...
Egal, ich fuhr. Opern gibt es viele.
Nun aber stand ich wieder in dieser Vollmondnacht am Rande von Montmartre und turnte wie üblich, rief und jammerte, ich habe sogar hebräisch gebetet und ungarisch geflucht, aber Taxis kamen und gingen. Auch nach einer Stunde intensiver Gymnastik war ich noch immer zu Fuß unterwegs...
Um drei Uhr nachts sank ich endlich mitten auf der Fahrbahn in die Knie und begann zu weinen. Keiner blieb stehen. Sie sind nicht von gestern, diese Pariser Taxifahrer, natürlich kennen sie den billigen Trick mit Knien und Tränen. Im Morgengrauen erreichte ich endlich mein Hotel.
»Das nächste Mal, Monsieur«, sagte mir der Nachtportier, »suchen Sie sich ein Zimmer in der Nähe des Theaters.« Und dann passierte es eines denkwürdigen Tages, daß das allererste von mir angerufene Taxi tatsächlich stehen blieb. Der Kerl dürfte besoffen gewesen sein

oder sonst was. Ich hechtete hinein und sagte ihm den Namen des Kinos, das ich besuchen wollte.

»Tsss«, erklärte Marcel, »liegt nicht auf meinem Weg.«

»Da kann ich Ihnen leider nicht helfen.«

Marcel stieg aus, steckte seinen Kopf durch das Fenster und blies mir ein Wolke von Zigarettenrauch ins Gesicht. »Mein Motor ist abgesoffen«, zischte er. »Raus, *cochon*.« Ich weiß nicht, was in mich fuhr, doch ich blieb, wo ich war. Bleich, aber gefaßt.

»Dann reparieren Sie eben Ihren Motor«, zischte ich zurück, »ich warte.«

Marcel, sichtlich beeindruckt, änderte daraufhin seine Taktik.

»Schaun Sie, Monsieur«, appellierte er an das Gute in mir, »von diesem Taxi muß ich leben. Ich habe eine Familie, etliche Kinder und eine alte Konkubine zu ernähren. Wenn ich Sie zu Ihrem dreckigen Kino fahre, verliere ich bares Geld, weil ich auf dem Rückweg keinen Fahrgast finde und leere Kilometer fahren muß. Also seien Sie ein Mensch und steigen Sie aus.«

Ich blieb hart. Er war um einen Kopf kleiner als ich.

Marcel zuckte mit der Schulter und ver-

schwand in einem Bistro auf der anderen Straßenseite, um sich an einigen Pernods zu laben. Ich aber wich nicht von der Stelle. Ich war bereit zu ertragen, was auch kommen möge. Aber kapitulieren? Nie.
Über eine Stunde saß ich da. Schließlich kam Marcel zurück, setzte sich wortlos hinter das Steuerrad, startete den abgesoffenen Motor und fuhr mich schnurstracks zu meinem Kino. Er hatte mich als würdigen Gegner anerkannt.
Ich gab ihm ein beachtliches Trinkgeld. Überflüssig zu sagen, daß ich den Film versäumte und wieder zu Fuß in mein Hotel zurück mußte. Aber das Gefühl des Triumphs, das mich in dieser Nacht befiel, das lasse ich mir von keinem Menschen mehr rauben.
Mein letzter Tag in Paris brachte auch meine letzte Erfahrung mit Pariser Taxifahrern.
Der Chauffeur, der kurz nach Mitternacht am Montparnasse neben mir stehen blieb, dachte gar nicht daran, irgendwelche Instruktionen von mir abzuwarten.
»Nach Norden fahre ich nicht«, informierte er mich durch seine Zigarette. »Aber auch nicht nach Süden. Der Etoile kommt nicht in Frage, und was das Trinkgeld betrifft, so ist es schließlich mitten in der Nacht...«

»Bemühen Sie sich nicht«, unterbrach ich ihn. »Da haben Sie zehn Francs Trinkgeld. Ich gehe zu Fuß.«
Mißmutig nahm der Taxifahrer mein Geld.
»Das soll ein Trinkgeld sein!« fragte er. »*Merde*.«
Damit steckte er meine *merde* in die Tasche und fuhr davon.
Ich kann mir nicht helfen, ich bewundere die Pariser Taxifahrer.

Tour d' Obélisque

Hier muß aber der Gerechtigkeit Genüge getan werden.
Einmal, ein einziges Mal sind wir einem bescheidenen, anständigen Pariser Taxifahrer begegnet, der uns ohne Widerspruch und Zögern in sein kostbares Gefährt einsteigen ließ.
Und das kam so:
Wir waren am späten Morgen in Paris angekommen. Alles ging planmäßig vonstatten, es herrschte freundliches Wetter, die Reise war angenehm, und im Hôtel St. Paul, 15 rue St. Honoré, war für uns ein Zimmer reserviert. Obendrein hatten wir im Zug einen alten Freund getroffen, der zeitweilig in Paris lebte und uns mit ein paar guten Ratschlägen eines Eingeweihten versah:

»Ihr müßt unbedingt darauf achten, ein kleines Taxi zu nehmen«, riet er uns. »Beim Einsteigen nennt ihr Namen und Adresse eures Hotels, und bis zum Aussteigen sprecht ihr kein weiteres Wort.«
»Wir wissen Bescheid«, bestätigten wir und machten sofort ein paar kurze Sprechproben. Da die beste Ehefrau von allen als echtbürtige Sabre das gutturale R perfekt beherrscht, wurde sie mit der Nennung der Adresse betraut und übte fleißig den entscheidenden Satz:
»Quinze rue St. Honoré, Hôtel St. Paul... quinze rue St. Honoré...«
Ferner riet uns unser Freund, bei der Adressenangabe und anderen wichtigen Verhandlungen eine Zigarette lässig im Mundwinkel baumeln zu lassen, was nicht nur typisch französisch aussähe, sondern auch gewisse Unebenheiten unserer Aussprache camouflieren würde. Und während der Zug schon in die Halle rollte, schloß er ab:
»Euer Hotel liegt in der Nähe der Place de la Concorde, wenige Minuten vom Bahnhof. Die Fahrt sollte euch nicht mehr als sechs neue Francs kosten.«
Alsbald hatten wir wunderbarerweise ein klei-

nes Taxi gefunden. Während wir unser Gepäck unter den wachsamen Blicken des Chauffeurs in den Kofferraum zwängten, veranstaltete unser Freund eine französische Schnellfeuer-Konversation, die wir nur gelegentlich durch einen kleinen Bestandteil unsres reichen Vokabelschatzes unterbrachen, etwa durch ein »Oui«, ein »Non« oder ein stummes Achselzucken.
Dann war es so weit. Nachdem wir unsrem Freund noch einmal zugewinkt hatten, steckte meine Frau eine Zigarette in ihren Mundwinkel, schaltete ihr bestes eingeborenes Guttural-R ein und sagte:
»Quinze rue St. Honoré, Hôtel St. Paul.«
Es läßt sich nicht leugnen, daß wir maßlos aufgeregt waren. Aber der Fahrer merkte nichts. Mit geschäftsmäßiger Gleichmütigkeit startete er und fuhr los. Alles war in bester Ordnung. Wir ließen uns in den Sitz zurücksinken, eng aneinandergeschmiegt wie ein Liebespaar, so daß unser Schweigen dem Fahrer nicht weiter auffiel. Nach wenigen Minuten passierten wir den Obelisk auf der Place de la Concorde. Meine Frau griff nach der französischen Zeitung, die ich demonstrativ in der Hand hielt, und kritzelte mit ihrem Augenbrauenstift an den Rand:

»Wir werden gleich im Hotel sein. Der Idiot von einem Fahrer hält uns für Franzosen.«
Unerforschlich jedoch ist Gottes Ratschluß, wahrhaft unerforschlich. – Ein paar Sekunden später öffnete meine Frau ihre Handtasche, warf einen angstvoll suchenden Blick hinein und erbleichte:
»Oj!« rief sie in lautem, unverfälschtem Hebräisch. »Wo, um Gottes willen, sind unsere Pässe?«
Ich hielt ihr rasch den Mund zu (die Pässe befanden sich, wie immer, in meiner rechten Brusttasche) und versuchte im Rückspiegel das Gesicht des Fahrers zu erspähen. Umsonst. Nun, wenigstens hatte er sich nicht nach uns umgewandt. Es schien mir nur, als ob er ein paarmal mit den Ohren gezuckt hätte. Sonst geschah nichts. Außer, daß er plötzlich das Lenkrad scharf nach links drehte und Gas gab.
Unruhe erfaßte uns. Es war keine Frage mehr: der Schreckensruf meiner Gattin hatte uns als Ausländer entlarvt. Jetzt hieß es handeln, sonst waren wir verloren. In die angespannte Stille – und so, daß der Fahrer es hören konnte – ließ ich mein bestes Französisch los:
»Comment allez vous? La plume de ma tante est plus belle que le jardin de mon oncle. Gar-

çon, je voudrais manger. L'addition, s'il vous plaît.«

Noch während die Durchsage lief, sah ich im Rückspiegel das eine Auge des Fahrers auf mich gerichtet, direkt auf mich, ein großes, graues, stählernes, unbarmherziges Auge. Ich begann zu zittern und fühlte, wie mir der Schweiß ausbrach. In diesem Augenblick fiel die beste Ehefrau von allen aus einer instinktiven Eingebung über mich her und begann mich zu küssen, à la Parisienne, wie eben nur Französinnen in der Öffentlichkeit zu küssen verstehen...

Als der Kuß zu Ende war, zeigte das Taxameter 9,60 Francs. Der Fahrer hatte uns durchschaut. Er wußte, daß wir keine Franzosen waren. Er, Jean-Pierre, wußte es. Auch die Art, wie er jetzt fuhr, war ein Beweis dafür. Immer neue Linkskurven warfen uns immer wieder in die rechte Ecke des Fonds. Kaum hatten wir die Seine überquert, kam wieder eine scharfe Wendung nach links und dann wieder die Seine. Wir überquerten sie mehrere Male. Dann passierten wir einen langen Tunnel und dann einen neuen Obelisk. Ich konnte mich einer tadelnden Bemerkung nicht enthalten:

»Diese Franzosen mit ihren ewigen Säulen«, flüsterte ich meiner Gattin zu.
»Es ist der Obelisk von vorhin«, entgegnete sie tonlos.
Das Taxameter stand auf 18 Francs. Das war genau das Dreifache der von unserem Freund veranschlagten Summe.
Vielleicht interessiert es den geneigten Leser,

warum wir nichts unternahmen, um den Wagen, der wie ein scheugewordener Satellit im Weltraum umhersauste, zu stoppen? Dafür gibt es verschiedene Erklärungen. Erstens sind wir beide von Natur aus eher schüchtern. Zweitens sprechen wir beide – der geneigte Leser erinnert sich vielleicht – sehr schlecht Französisch. Und drittens: was sollten wir tun? Ein andres Taxi nehmen? Schließlich hatte uns Jean-Pierre jetzt schon durch einen ansehnlichen Teil Frankreichs geführt, wir kannten seine Fahrweise, seine Eigenheiten und Schwächen – warum sollten wir uns auf Experimente mit einem neuen Chauffeur einlassen? Trotzdem gaben wir noch nicht völlig auf. Meine Frau versuchte es abermals mit einer Aktion à la Parisienne, aber ich war außerstande, ihr den richtigen Partner abzugeben. Wir mußten unsere Kräfte sparen, mußten unsere Verluste möglichst niedrig halten und weiterkämpfen. Jean-Pierre, daran bestand kein Zweifel, fuhr mit uns im Kreise. In regelmäßigen Intervallen von sechs Minuten kamen wir an dem Obelisk vorbei, also genau zehnmal in der Stunde. Selbst wenn wir für die Verkehrsstauungen während der Stoßzeit eine geringere Quote einsetzten, ergaben sich noch immer rund 240

Obelisk-Umkreisungen pro Tag, und das bedeutete pro Woche ...

Als das Taxameter auf 27 Francs sprang, öffnete der Fahrer das Handschuhfach und entnahm ihm eine erste Mahlzeit, bestehend aus belegten Broten, kleinen Essiggurken und Obst. In einer hebräisch geführten Lagebesprechung stellten wir fest, daß unsere eigenen Vorräte sich auf zwei Äpfel, eine Orange, eine vertrocknete Semmel und etwas Kaugummi beschränkten. Wenn wir sehr sparsam damit umgingen, könnten wir vielleicht bis morgen abend durchhalten. Länger nicht. Plötzlich zuckte ein Aufleuchten über das verhärmte Antlitz meiner Frau:

»Benzin!« brach es jauchzend aus ihr hervor. »Der Kerl wird ja Benzin brauchen! Irgendwann muß er tanken – und wir sind gerettet!«

Ich beugte mich vor, um einen Blick auf den Kontrollanzeiger zu werfen. Der Tank war noch nicht einmal zur Hälfte geleert. Und das Taxameter stand auf 35,50.

Wir beschlossen vorsorglich, mit Einbruch der Dunkelheit immer abwechselnd eine Stunde zu schlafen, sonst würde Jean-Pierre vielleicht heimlich tanken und weiterfahren.

Fünf- oder sechsmal versuchten wir sein Wohl-

wollen zu erregen, indem wir beim Anblick des Obelisk ein bewunderndes »Oh!« ausstießen. Jean-Pierre reagierte nicht. Sein breiter, mächtiger Rücken blieb reglos, auch bei der schärfsten Linkskurve.
Das Taxameter zeigte 45 Francs. Ich nahm meine Nagelfeile und ritzte in den Plastikbelag der Querleiste folgende Inschrift:
»In diesem Taxi verhungerten am 23. August Ephraim Kishon und seine Frau.«
Und dann, gerade als wir alle Hoffnungen aufgeben wollten, hielt der Wagen an, ich weiß nicht wieso und warum. Vielleicht war Jean-Pierre von Müdigkeit überkommen worden, vielleicht von irgendwelchen menschlichen Regungen, von Gedanken an Weib und Kind – jedenfalls drehte er nach dem Obelisk auf der Place de la Concorde plötzlich nicht mehr links ab, sondern fuhr noch etwa hundert Meter geradeaus und hielt vor dem Hôtel St. Paul.
»Cinquantecinq«, sagte er.
Er meinte Francs, 55 Francs. Mit Trinkgeld 56. Schließlich war dies der erste Taxichauffeur, der uns nicht als lausige Touristen behandelt hatte.

Ein vierbeiniger Autofan

Bei einem unserer Englandaufenthalte waren wir dem Würgegriff der Hoteliers entgangen und hatten uns in einer Privatwohnung eingemietet. Ihre Inhaberin hieß Mrs. Mrozinsky und war, wie schon aus ihrem Namen hervorging, die einzige Witwe des verewigten Mr. Mrozinsky, eines typisch englischen Gentlemans von polnischem Geblüt. Er hatte ihr ein kleines Häuschen hinterlassen, dessen entbehrliche Zimmer an farbige Touristen zu vermieten waren (und da wir aus Israel kamen, wurden wir vom Zimmervermittlungsdienst in diese Kategorie eingestuft). Der Rest der Verlassenschaft bestand in einem hellhaarigen Hund namens Oswald, einer undefinierbaren Promenadenmischung, die aber von Mrs. Mrozinsky kaltblütig als hochgezüchteter Spaniel vorgestellt wurde. Sei dem wie immer – Mrs. Mrozinsky, die seit dem Beginn des Zweiten Weltkriegs in England lebte, hatte sich dort schon so vollkommen akklimatisiert, daß sie auch die traditionelle Zuneigung des Engländers zu seinen vierbeinigen Freunden teilte. Sie sprach von Oswald viel öfter und liebevoller als von ihrem dahingeschiedenen Gatten, und sie hätte das geliebte Tier nicht eine Minute lang allein lassen mögen.

Einmal aber geschah es doch.

An jenem schicksalsschweren Nachmittag klopfte Mrs. Mrozinsky an unsre Zimmertüre und teilte uns mit, daß ihre Schwester plötzlich erkrankt sei, in Nottingham im Spital läge und dringend ihren Besuch erwarte, heute noch, sofort. – Uns schwante Böses.

»Sollten Sie nicht besser erst morgen fahren, Mrs. Mrozinsky?« fragte ich besorgt. »Nächtliche Reisen sind unbequem.«

»Ich dachte, daß Sie mir den kleinen Gefallen tun...«

»Man wird Sie bei Nacht gar nicht in das Spital hineinlassen...«

»...und auf Oswald achtgeben könnten...«

»...weil der Patient schlafen muß...«

»...nur bis morgen mittag...«

»Warum telefonieren Sie nicht nach Nottingham?«
»Ich danke.« Und ohne den einigermaßen wirren Dialog fortzusetzen, brachte sie uns den fröhlich wedelnden Oswald ins Zimmer.
»Sie brauchen ihn nicht öfter als einmal am Tag auf die Gasse zu führen«, rief sie uns im Abgehen zu. »Lassen Sie ihn ruhig an der Tür kratzen.«
»In England darf man Hunde in den Zug mitnehmen«, rief ich ihr nach. Aber die Wände blieben stumm.
Das alles wäre nie geschehen, wenn unsere Beziehungen zu Mrs. Mrozinsky nicht gar so freundlich gewesen wären. Die alte Dame hatte sich eng an uns angeschlossen, hatte uns von den Schrecken des Blitzkrieges und des Bombardements erzählt, von den ständig wachsenden Lebenskosten in England und von vielen anderen persönlichen Problemen. Jetzt rächte sich unsre Geduld. Nicht als ob wir etwas gegen Hunde gehabt hätten. Wir lieben Hunde. Besonders meine Frau liebt sie sehr. Aber nicht unbedingt auf Reisen. Und folglich war das Gespräch, das nach Mrs. Mrozinskys Abgang zwischen uns stattfand, nicht besonders liebevoll.

»Warum, um Himmels willen, hast du dich breitschlagen lassen?« fragte meine Frau.
»Na wenn schon«, antwortete ich. »Dann werden wir den Hund eben ins Theater mitnehmen.«
Das war alles.
Mit der größten Selbstverständlichkeit hüpfte Oswald in unsern gemieteten Mini-Minor, als wir am Abend ins Ambassador-Theater aufbrachen, wo die »Mausefalle« immer noch ausverkaufte Häuser machte. Oswald nahm den Rücksitz und heulte. Er hörte nicht auf zu heulen. Er heulte wie ein kleines Kind. Ich habe noch nie einen erwachsenen Hund getroffen, dessen Heulen dem eines kleinen Kindes so ähnlich war. Und so ausdauernd.
Schön und gut, sein Frauchen war zu ihrer Schwester nach Nottingham gefahren. Aber schließlich hatte sie ihn nicht ausgesetzt, wie? Er saß ja in einem weichen Rücksitz eines beinahe neuen, gutgepolsterten, englischen Wagens, nicht wahr? Was gab es da zu heulen?
»Das ist kein Hund«, stellte die beste Ehefrau von allen sachlich fest. »Das ist ein getarnter Schakal. Gott steh uns bei!«
Ich parkte den Wagen in einer nahen Seitengasse (mit Mietwagen hat man keine solche

Angst vor Strafzetteln). Das Rückzugsgefecht gegen den stürmisch nachdrängenden Oswald war kurz und heftig. Es endete mit seiner Niederlage. Lange sah er uns nach, die Schnauze ans Fenster gepreßt, die Augen voller Tränen. Und er hörte nicht auf zu heulen ...

Der Mörder bewegte sich noch vollkommen frei auf der Bühne, als unser schlechtes Gewissen uns aus dem Theater trieb, zurück zu dem Hund, den wir lebendig begraben hatten. Wir fanden Oswald in schlechter Verfassung. In den zwei Stunden pausenlosen Heulens und Bellens war er heiser geworden und konnte nur noch jaulen. Dafür sprang er, wie wir schon von weitem sahen, unermüdlich im Innern des Wagens hin und her, von einem Fenster zum andern, und zwischendurch aufs Lenkrad, wo er die elektrische Hupe betätigte.

Eine Menge Fußgänger stand um den Wagen herum. Eine feindselige Masse. Ihr Urteil war einmütig, und es war ein Urteil der Verdammnis.

»Wenn ich den Kerl erwische...«, äußerte ein athletisch gebauter junger Mann, unter dessen Ruderleibchen die Muskeln schwollen. »Wenn ich den Kerl, der das arme Tier eingesperrt hat, zwischen die Fäuste bekomme...«

»Die haben nicht einmal daran gedacht, das Fenster einen Spalt breit offenzulassen«, murrte ein andrer. »Das arme Tier wird ersticken.«

»Solche Leute müßte man einsperren...«

»Dann würden sie wenigstens wissen, wie das tut...«

Den letzten Worten folgte allgemeine Zustimmung, der auch ich mich anschloß. Der Mann im Ruderleibchen hatte mir nämlich gleich bei meinem Auftauchen einen bösen Blick zugeworfen.

»Diesen Barbaren gebührt nichts Besseres«, sagte ich eilig. »Mit einem hilflosen Tier so umzugehen...«

Es war höchste Zeit für eine Klarstellung meiner Person, denn Oswald hatte uns entdeckt und bellte hinter dem Fenster direkt auf uns los.

»Es kann nicht mehr lange dauern, Schnauzi«, tröstete ihn ein gebrechlicher alter Herr. »Die Mistkreaturen, die dich hier allein gelassen haben, müssen ja irgendwann zurückkommen.«

»Wenn ich den Kerl erwische!« wiederholte der Ruderleibchenathlet. »Der wird nichts zu lachen haben!«

Es machte keinen guten Eindruck auf mich, daß dem Athleten einige obere Zähne fehlten. Ich hielt es für angebracht, seinen Tatendurst abzulenken.

»Lassen Sie auch noch etwas für mich übrig!« rief ich mit geballten Fäusten. »Ich breche ihm jeden Knochen im Leib.«

»Recht so!« Und das war meine Frau. »Jeden einzelnen Knochen!«

Was zum Teufel fiel ihr da ein? Wollte sie den Mob gegen mich aufhetzen? Oder Ruderleibchens althletische Fähigkeiten auf die Probe stellen?

Die Atmosphäre roch deutlich nach Lynchjustiz. Wenn diese Fanatiker jetzt noch draufkämen, daß es ein verdammter Ausländer war, der einen britischen Vierbeiner mißhandelt hatte...

Oswald merkte natürlich, in welch peinlicher Lage wir uns befanden, und verstärkte die Peinlichkeit durch unablässiges Hupen. Er besaß offenbar kein Organ dafür, daß seine Stiefeltern ohnehin ihr möglichstes taten. Jetzt hatte ich mit blutrünstig verzerrtem Gesicht nochmals ausgerufen: »Na? Wo steckt der Lump?«

Eine verwitterte, längst ausgediente Repräsentantin des Londoner Nachtlebens verlor die Geduld:

»Steht nicht bloß so herum, ihr Männer!« rief sie mit schriller Stimme. »Tut doch endlich was!«

Aller Augen wandten sich mir zu. Meine kompromißlose Angriffsbereitschaft hatte mich unversehens in die Führerrolle gedrängt, trotz meines ausländischen Akzents. Ich ergriff das Steuer:

»Die Dame hat vollkommen recht«, sagte ich entschlossen und deutete mit Feldherrngeste auf das Ruderleibchen: »Sie dort! Holen Sie sofort einen Polizisten!«

Meine Hoffnung, den Gewalttäter auf diese Weise loszuwerden, blieb leider unerfüllt. Er schüttelte den Kopf. »Mit der Polizei verkehre ich nicht«, grinste er.

»Ich würde schon einen holen«, nuschelte der gebrechliche alte Herr. »Aber ich habe das Zipperlein in den Knien.«

»Es gibt in dieser Gegend keine Polizisten«, ließ ein Ortskundiger sich vernehmen. »Der nächste steht auf der Monmouth Street.«

Es war offenkundig, daß die Leute sich vor der Erfüllung ihrer Bügerpflicht drücken wollten.

»Schön.« Mein Blick streifte verächtlich über die untätige Schar. »Dann nehme ich den Wagen und hole die Polizei. Ihr wartet hier.«

Damit hatte ich den Schlag geöffnet, hatte meine verblüffte Gattin mit raschen Schwung in den Wagen gestoßen und gab Vollgas. Die Größe des Augenblicks machte sogar Oswald verstummen. Auch die disziplinierte britische Menge blieb auftragsgemäß stehen. Erst als wir schon gut zwanzig Meter zwischen sie und uns gelegt hatten, kam Leben in die Bande. Wir hörten noch ein paar wilde Flüche, sahen noch einige drohende Gestalten zur Verfolgung ansetzen – dann waren wir um die Ecke und gerettet. Oswald leckte mir überglücklich Hände und Gesicht. Er war wirklich ein herziges, braves Tierchen, unser Oswald. Er liebte das Autofahren wie alle Hunde.

Wir gehen in den Untergrund

Wir fanden also das Autofahren in England auf die Dauer etwas beschwerlich. An das Linksfahren hätte ich mich zwar gewöhnt, nicht aber an die weltberühmte Londoner »rush-hour«.
Daher war es kein Wunder, daß auch wir endlich beschlossen, die Bequemlichkeiten der Londoner Metro in Anspruch zu nehmen. Was dabei geschah, war allerdings unvergeßlich.
In London leben ungefähr acht Millionen Menschen. Siebeneinhalb Millionen davon benützen zwischen vier und sechs die Metro, um nach Hause zu fahren. Das hatten wir nicht gewußt. Vielleicht wurden wir dadurch irregeführt, daß wir am Ansatz der Treppe, die zu der betreffenden Untergrundbahnstation hinabführte, keine Schlange sahen.
Wir begannen den Abstieg.

Unten angelangt, herrschte plötzlich ein solches Gedränge, daß wir sofort umkehren wollten. Es ging nicht mehr, und von da an verloren wir jeden Einfluß auf die Entwicklung der Dinge. Als wir an den Kassenschalter herangezwängt wurden, konnte ich noch mit knapper Not meine Geldbörse hervorziehen, aber sie wieder einzustecken, war mir nicht mehr möglich. Ich mußte sie während der ganzen Fahrt in der Hand halten. Die geliebte Gestalt meiner Frau sah ich zuletzt hoffnungslos eingekeilt auf der Plattform. Sie wandte mir ihr süßes Antlitz zu, und ich hörte sie etwas rufen, wovon ich nur Bruchstücke verstand:
»Leb wohl, Geliebter... auf ewig dein... und vergiß nicht... die Schlüssel...«
Dann entschwand sie endgültig meinen Blicken.
Während der Fahrt verspürte ich dann und wann von seitwärts den Griff eines Regenschirms zwischen den Rippen und glaubte ihn an der Form als den ihren zu erkennen. Um mich zu vergewissern, hätte ich den Kopf drehen müssen – aber wie? Ein Herr in schwarzem Mantel stand so dicht gegen meine Brust gepreßt, daß sogar unsere Nasen sich verschwisterten. Ich starrte ihm aus einer Entfernung

von höchstens vier Zentimetern in die Augen; sie waren von himmelblauer Farbe, und ihre Pupillen flackerten unruhig. Wie sein Gesicht aussah, konnte ich nicht feststellen. Zu meiner Linken erspähte ich ab und zu die Umrisse einer Sportkappe, die sich an meinem Oberschenkel wetzte. Und von der andern Seite her bohrte sich der schon erwähnte Regenschirmgriff in meinen Brustkorb.
»Weib!« rief ich aufs Geratewohl. »Bist du's?«
Nach dreimaliger Wiederholung drang aus meilenweiter Ferne ein schwaches Stimmchen an mein Ohr:
»Liebster... ja... ich glaube, daß ich es bin...«
Sie lebte also! Meine freigebliebene Hand – mit der andern hielt ich noch immer meine Geldbörse umklammert – tastete in die Richtung, aus der die Stimme gekommen war, verfing sich aber in einem fremden Büstenhalter, so daß ich alle weiteren Nachforschungen einstellen mußte. Auf einem meiner Füße – ich wußte nicht, auf welchem, denn ich hatte längst die Kontrolle über sie verloren – stand ein fremder Mensch, was meine Bewegungsfreiheit noch mehr beeinträchtigte. Dafür gelang es in einer scharfen Kurve meinem blauäugigen Gegen-

über, seine Nase mit jähem Ruck von der meinen abzuziehen. Unsere Wangen klatschten leise aneinander und blieben fortan in Schmiegeposition, als wären wir ein argentinisches Tango-Tanzpaar. Zum Glück hatte ich einen gut rasierten Partner. Die Verbindungswege zu meiner Frau waren völlig zusammengebrochen.

Dies alles verblaßte jedoch vor einer neuen Katastrophe, die mir drohte: Ich mußte niesen. Schon seit einer ganzen Weile spürte ich das kommen. Jetzt stand es unmittelbar bevor. Und wenn ich jetzt nicht sehr schnell zu meinem Taschentuch käme, würde Fürchterliches geschehen.

Übermenschliche Kräfte durchfluteten meinen linken Arm. Indem ich jedes kleinste Rütteln des Zuges ausnützte, gelang es mir, meinen Tangopartner so weit wegzudrücken, daß ich mit der Hand bis in die Hosentasche kam. Damit war aber erst der leichtere Teil des Unternehmens bewältigt. Um die Hand mit dem Taschentuch auch an meine Nase führen zu können, bedurfte ich noch einer gewaltigen Portion Glück.

Es gelang. An der nächsten Haltestelle verließ einer der Fahrgäste den bisher von ihm gehalte-

nen Posten auf meinem Fuß und stellte dadurch einen Teil meiner Manövrierfähigkeit wieder her. Zwar schloß mich gleich darauf die nachdrängende Menge aufs neue ein, aber in jenem kurzen Augenblick relativer Freiheit hatte ich das Taschentuch tatsächlich in Nasenhöhe gebracht.
Bloß die Lust zum Niesen war mir unterdessen vergangen. So ist das Leben.
Meine Hand mit dem Taschentuch verharrte in der erreichten Position, halblinks vom Mantelkragen des Blauäugigen und schräg unterhalb meines Kinns. Dort begann sie langsam zu erstarren.
Eine Minute später entglitt das Taschentuch meinen fühllos gewordenen Fingern und senkte sich in den Schoß des Sportkappenträgers. Ich hatte keine Möglichkeit, mit dem Mann in Fühlung zu kommen. Ich konnte ihn nur stumm aus meinem rechten Augenwinkel beobachten.
In der nächsten Kurve blickte er zufällig an sich hinab, entdeckte das Taschentuch, hielt es für einen hemdeigenen Toilettenfehler und stopfte es, so rasch er konnte, in seine Hose. Das verursachte ihm einige Mühe und, wie es schien, auch Verlegenheit. Kurz darauf stand er auf

und verdrückte sich in der Menge. Möglicherweise ist er sogar ausgestiegen.
Als ich nach Hause kam, wurde ich bereits von meiner Frau erwartet. Wir stellten fest, daß wir das lebensgefährliche Abenteuer mit geringfügigen Bekleidungsschäden und Hautabschürfungen überstanden hatten, die wir in häuslicher Pflege belassen konnten. Was weiter?
Ja, wir mieteten wieder ein Auto.

Ein gewöhnliches Sonderangebot

Eines katastrophalen Morgens entschloß ich mich, mir eine soziale Gebraucht-Position anzuschaffen und ging zu einem Gebrauchtwagenhändler namens »Smiling Joe« (was mit »Lächelnder Josef« durchaus unzureichend übersetzt wäre).
Smiling Joe nahm in den Zeitungen täglich einige Quadratkilometer Inseratenraum in Anspruch, auf denen er seine sechshundert Gebrauchtwagen begeistert anpries. Er war ein kräftiger, gutgelaunter, temperamentvoller junger Mann, und als er hörte, daß ich aus Israel kam, kannte seine Begeisterung keine Grenzen.
Er selbst, wie er ausdrücklich betonte, war zwar kein Jude, aber er hatte einen Freund, der Finkelstein oder so ähnlich hieß, und das genügte.

Smiling Joe zeigte mir persönlich seine zwanzig Gebrauchtwagen und pries jeden einzelnen von ihnen begeistert an. Als ich mich nach den restlichen 580 erkundigte, raunte er mir vertraulich zu, daß sie für prominente Gäste aus dem Nahen Osten – also zum Beispiel für mich oder König Ibn Saud – auf einem Geheimgelände bereitgehalten würden.

»Es ist nur fünf Minuten von hier«, sagte Smiling Joe. »Fahren wir los.« Und er lud mich in seinen eigenen Wagen ein.

Nach ungefähr eineinhalb Stunden flotter Fahrt fragte ich ihn, was eigentlich mit den fünf Minuten los wäre. Smiling Joe gestand mir unter dröhnendem Gelächter, daß er dabei an ein Überschallflugzeug gedacht hätte. Aber jetzt würde es wirklich nur noch zehn Minuten dauern.

Dämmerung sank herab. Die Wüste, die wir durchfuhren, zeigte alle Merkmale subtropischer Vegetation. Immerhin waren wir noch vor Einbruch der völligen Dunkelheit in Arizona. Auf dem geheimen Gelände standen, leicht überschaubar, neun Gebrauchtwagen.

»Ist das alles?« fragte ich. »Wo sind die anderen?«

»Verkauft«, grinste Smiling Joe. »Die Dinger

gehen ab wie die warmen Semmeln. Am Morgen hatte ich noch fünfhundert Wagen hier. Wenn ich's mir recht überlege, bin ich gar nicht scharf drauf, den Rest zu verkaufen. Ich kann mit dem Geld sowieso nichts anfangen.«

Unwillkürlich drängte sich die Frage auf meine Lippen, warum er mich dann überhaupt hergeführt habe.

Smiling Joe grinste abermals. Geld bedeute ihm nichts, meinte er. Viel wichtiger sei der gute Ruf, »Fairneß und Ehrlichkeit« lautete die Devise.

Ich hatte währenddessen den rudimentären Wagenpark besichtigt und zu meiner Freude einen verhältnismäßig gut erhaltenen Chevrolet entdeckt, der laut kreidiger Aufschrift auf der Windschutzscheibe nur 299,99 Dollar kosten sollte.

»Der Wagen gefällt mir«, sagte ich. »Den will ich haben.«

»Junge, Junge!« Smiling Joe hieb mir anerkennend seine Pranke auf die Schulter. »Das nenne ich ein sicheres Auge! Schaut hin – und hat auch schon mein bestes Stück! Der Wagen ist zwar verkauft, an den Gouverneur dieses aufstrebenden Staates – aber wenn ich Sie damit glücklich machen kann, dann blättern Sie vierhundert Dollar auf den Tisch des Hauses und der Chevy gehört Ihnen.«

»Wieso vierhundert? Da steht doch ganz deutlich 299,99?«

»Listenpreis, mein Junge. Ohne Reifen. Wenn Sie für 299,99 einen Wagen ohne Reifen kaufen

wollen – ich habe nichts dagegen. Aber vergessen Sie nicht, daß Chevrolet eine der teuersten Automarken Amerikas ist.«
Ich zeigte wortlos auf die Neonlicht-Reklame am Eingang, die in großen Blinklichtern besagte: »Chevrolet – der preisgünstigste Wagen Amerikas!«
Smiling Joe büßte weder seine Ruhe noch sein Grinsen ein:
»Wer kümmert sich heute noch um Neonlichter? Längst überholt!«
Ich hatte den Wagen mittlerweile von allen Seiten geprüft und fand ihn immer mehr nach meinem Geschmack.
»Okay«, sagte ich. »Ich nehme ihn.«
»Großartig!« Smiling Joe schüttelte begeistert meine Hände. »Sie sind ein Glückspilz! Machen Sie, daß Sie rauskommen, bevor ich's mir überlege! Sie werden diesen Wagen mit fünfhundert Dollar Profit verkaufen.«
»Selber Glückspilz«, gab ich zurück.
»Wo sind die Schlüssel?«
»Schon was von automatischer Kupplung gehört?« grinste Smiling Joe, während er mir die Schlüssel aushändigte.
»Und das Lenkrad können Sie mit einem Finger ganz herumdrehen.«

Ich versuchte das Lenkrad mit einem Finger ganz herumzudrehen, hörte aber sofort auf, als es in zwei Hälften zu zerbrechen drohte.
»Sehen Sie«, triumphierte Smiling Joe. »Es rührt sich nicht. Solide wie Stahl. Und erst der Zehnzylindermotor! Junge, Junge!«
Ich öffnete die Haube und zählte knappe sechs Zylinder.
»Eben!« Smiling Joe überschlug sich vor Begeisterung. »Was das nur für eine Benzinersparnis bedeutet! Und die automatische Vorzündung!«
Ich demonstrierte ihm mühelos, daß die Vorzündung in keiner Weise automatisch war, sondern mühsam mit der Hand bedient werden mußte.
Smiling Joe beglückwünschte mich aufs neue zu meinem Fang. Die automatische Vorzündung sei ohnehin nichts wert gewesen und werde zu den neuesten Modellen nicht mehr geliefert.
»Glauben Sie, ich würde Ihnen einen schlechten Wagen verkaufen, he? Ich Ihnen? Ein Jude dem andern? Sie werden sich in diesem Wagen wie ein König vorkommen! Und wenn Sie Musik hören wollen, brauchen Sie nur das Radio anzudrehen.«
Smiling Joe zeigte mir den Knopf und drehte

ihn an. Sofort setzten sich die Scheibenwischer in Betrieb.
»Wer, zum Teufel, braucht ein Radio?« fragte Smiling Joe beseligt. »Was bekommt man da schon zu hören? Den ganzen Tag lang Schallplatten. Vollkommen überflüssig. Viel wichtiger ist, daß Sie einen phantastischen Führersitz haben, den Sie sogar verschieben können.«
Ich versuchte den Sitz zu verschieben – und er verschob sich. Ich versuchte es noch einmal – und er verschob sich wieder. Warum hatte Smiling Joe dann aber gesagt, daß sich der Sitz verschieben ließ? Das war verdächtig. Ich nahm eine gründliche Untersuchung des Wagens vor – er war so gut wie neu.
»Er ist so gut wie neu«, grinste Smiling Joe. »Er hat nicht mehr drauf als 17000 Meilen.«
Das konnte nicht wahr sein. Ich warf einen Blick auf den Zähler. Er zeigte 3000 Meilen. Mein Mißtrauen wuchs:
»Wieso zeigt er nur 3000?«
»Leicht zu erklären. Der frühere Besitzer war ein Leuchtturmwächter, der immer nur um seinen Leuchtturm herumfahren konnte.«
Jetzt hatte ich genug. Wenn ich Smiling Joes Verkaufstechnik richtig interpretierte, mußte

der Wagen spätestens nach hundert Metern auseinanderfallen.
»Schön«, sagte ich. »Dann werden wir leider kein Geschäft miteineinder machen. Ich lasse mich nicht zum Narren halten.«
»Ganz wie Sie wünschen.«
Zum erstenmal verlor sich das Grinsen aus Smiling Joes Gesicht.
»Wie komme ich nach Hause?«
»Per Auto?«
»Nein. Zu Fuß.«
»Immer nach Osten, mein Freund, immer nach Osten...«
Ich überlegte: wenn Smiling Joe »Osten« sagte, wäre »Westen« vermutlich das Richtige. Aber da man sich bei ihm nicht einmal auf das Gegenteil seiner Aussagen verlassen kann, ginge ich wohl am besten nach Süden.
Auf meinem Weg in nördlicher Richtung kam ich durch fruchtbares Ackerland, durch schattige Wälder mit Bächen und Wasserfällen – und trotzdem nach Hause. Unser Nachbar stützte mich die Stiegen hinauf und informierte mich (leider zu spät), daß man in Amerika zum Ankauf eines Gebrauchtwagens unbedingt mit dem eigenen Wagen vorfahren müsse.

*Und am Ende
steht die Parklaterne*

Eines anderen Morgens erwachte ich in New York mit Zahnschmerzen. Mit ganz gewöhnlichen, ungemein schmerzhaften Zahnschmerzen. Irgend etwas in meinem linken Unterkiefer war nicht in Ordnung, schwoll an und schmerzte.
Ich fragte Tante Trude, ob es hier in der Gegend einen guten Zahnarzt gäbe. Tante Trude kannte ihrer drei, alle in nächster Nähe, was in New York ungefähr soviel bedeutet wie 25 Kilometer Luftlinie.
Ich wollte wissen, welcher von den drei Zahnärzten der beste sei. Tante Trude sann lange vor sich hin:
»Das hängt davon ab. Der erste hat seine Ordi-

nation in der Wall Street. Dort wimmelt es von Zeitungsreportern, und wenn jemand einen Parkplatz findet, wird er sofort von ihnen interviewt. Ich weiß nicht, ob du das mit deinen Zahnschmerzen riskieren willst. Der zweite hat eine direkte Autobusverbindung von seinem Haus zum nächsten bewachten Parkplatz, aber er ist kein sehr angenehmer Arzt. Ich würde dir zu Dr. Blumenfeld raten. Er wohnt in einem ähnlichen Cottage-Viertel wie wir und hebt in seinen Annoncen immer hervor, daß man dort manchmal in einer nicht allzu weit entfernten Seitenstraße Platz zum Parken findet.«

Das war entscheidend. Und mein Unterkiefer war um diese Zeit schon so angeschwollen, daß es keine Zeit mehr zu verlieren gab.

Ich nahm Onkel Harrys Wagen und sauste los.

Es dauerte nicht lange, bis ich Dr. Blumenfelds Haus gefunden hatte. Auch die im Inserat angekündigten Seitenstraßen waren da, nicht aber der im Inserat angekündigte Platz zum Parken. An beiden Straßenseiten standen die geparkten Wagen so dicht hintereinander, daß nicht einmal die berühmte Stecknadel hätte zu Boden fallen können; sie wäre auf den fugenlos aneinandergereihten Stoßstangen liegengeblieben.

Eine Zeitlang kreuzte ich durch die Gegend wie ein von seiner Flugbahn abgekommener Satellit.

Dann geschah ein Wunder. Ich sah es mit meinen eigenen Augen. Das heißt: ich sah ein Wunder im Anfangsstadium. Ich sah einen amerikanischen Bürger, der sich an der Türe seines geparkten Wagens zu schaffen machte. Schon hielt ich an seiner Seite:

»Fahren Sie weg?«

»Ob ich – was? Ob ich wegfahre?« Er wollte seinen Ohren nicht trauen. »Herr, ich habe auf diesen Parkplatz zwei Jahre lang gewartet und habe ihn erst im vorigen Herbst erobert. Damals nach dem Hurrikan, der alle hier geparkten Wagen weggefegt hat...«

Jetzt fiel mir auf, daß das Dach seines Wagens, genau wie das der anderen, mit einer dicken Staubschicht bedeckt war. Da gab es also nichts zu hoffen.

Wo ich denn möglicherweise einen Parkplatz finden könnte, fragte ich.

Die Antwort, nach längerem Nachdenken und Hinterkopfkratzen erteilt, verhieß wenig Gutes:

»Einen Parkplatz finden... Sie meinen einen *freien* Parkplatz? In Texas soll es angeblich noch einige geben. Vergessen Sie nicht, daß sich die Zahl der Autos in Amerika jedes Jahr um ungefähr fünfzehn Millionen vermehrt. Und die Länge der Autos jedes Jahr um ungefähr zehn Inches. Der letzte Gallup-Poll hat ergeben, daß dreiundachtzig Prozent der Bevölkerung das Parkproblem für die gefährlichste Bedrohung ihres Lebens halten. Nur elf Prozent dagegen haben Angst vor dem Atomkrieg.

Mit diesen Worten zog er einen Roller aus dem Fond seines Wagens, stieg mit einem Fuß darauf und ließ den Wagen unverschlossen stehen. »He! Sie haben nicht abgesperrt!« rief ich ihm nach.

»Wozu?« rief er zurück. »Niemand stiehlt mehr ein Auto. Wo sollte er es denn parken?«

Mein Zahn trieb mich weiter. Aber es war ganz offenbar sinnlos. Wohin man blickte, stand geparktes Auto an geparktem Auto, und wo kein Auto stand, stand ein Pfosten mit einer Tafel, und auf der Tafel stand die Inschrift: »Von Anfang Juli bis Ende Juni Parken verboten« oder »Parkverbot von 0 bis 24 Uhr, Sonn- und Feiertag von 24 bis 0 Uhr.« War aber irgendwo kein Wagen und keine Tafel zu sehen, so stand dort todsicher ein Feuerhydrant, dem man in Amerika unter Androhung schwerster Geld- und Freiheitsstrafen nicht in die Nähe kommen darf, nicht einmal wenn es brennt.

In einer schon etwas weiter entfernten Straße fand ich eine Affiche, aus der hervorging, daß hier am 7. August zwischen 3 und 4 Uhr nachmittags geparkt werden durfte. Ich erwog ernsthaft, so lange zu warten, aber mein Zahn war dagegen.

Endlich schien mir das Glück zu lächeln. Vor einem großen Gebäude sah ich einen leeren, deutlich für Parkzwecke reservierten Raum mit der deutlichen Aufschrift: »Kostenloses Parken für unsere Kunden.« Rasch wie der Blitz hatte ich meinen Wagen abgestellt, stieg aus, fand mich im nächsten Augenblick von hinten an beiden Schultern gepackt und im übernächsten auf einen Stuhl gedrückt, der im Büro einer Versicherungsgesellschaft stand.

»Guten Morgen, mein Herr«, begrüßte mich der Mann hinterm Schreibtisch. »Wie lange?«

»Ungefähr eineinhalb Stunden.«

Der Versicherungsagent blätterte in seiner Tarifliste:

»Das Minimum für neunzig Minuten ist eine Feuer- und Hagelversicherung auf 10000 Dollar.«

Ich erklärte ihm, daß der Wagen bereits versichert war. »Das sagen alle. Darauf können wir keine Rücksicht nehmen.«
»Und ich kann keine Versicherung auf 10000 Dollar nehmen.«
»Dann müssen Sie eben wegfahren.«
»Dann werde ich eben wegfahren.«
Gegenüber dem Versicherungsgebäude befand sich ein Kino. Hinter dem Kino befand sich ein großer Parkplatz. Auf dem Parkplatz befanden sich viele große Wagen. Vor den Wagen befanden sich Parkuhren, die sechzig Minuten Maximalzeit vorschrieben. Aus dem Kino kamen fast pausenlos Leute herausgeeilt, warfen Münzen in die Parkuhren und eilten zurück.
Bei Einbruch der Dunkelheit ging mir das Benzin aus. Ich fuhr zu einer Tankstation, und während der Tank gefüllt wurde, fragte ich nach der Toilette. Dort erkletterte ich das Fenster, durchkroch eine Art Schacht, gelangte ins Magazin, stahl mich durch die Hintertür hinaus und befand mich in einem engen, dunklen, nach Leder riechenden Raum. Es war mein Wagen, den die erfahrenen Tankstellenwärter dort abgestellt hatten.
Ihr hämisches Grinsen reizte meinen tief verwundeten orientalischen Stolz.

»Was können Sie sonst noch mit dem Wagen machen?« fragte ich. »Lassen Sie hören!«
Das Offert kam prompt und sachlich:
»Ölwechsel – zehn Minuten. Überholen – eine halbe Stunde. Lackieren – eine Stunde.«
»Lackieren Sie ihn grasgrün und wechseln Sie das Öl.«
Ungesäumt startete ich in Richtung Blumenfeld. Ich schlug ein scharfes Tempo an, denn der Zettel, den man mir an der Tankstelle in die Hand gedrückt hatte, trug folgenden eindeutig präzisierten Text: »Wenn Sie nicht pünktlich nach der vereinbarten Zeit von 1.10 Uhr (das war handschriftlich eingetragen) Ihren Wagen holen, wird er in unserem eigens hierfür konstruierten Parkofen verbrannt.«
Da ich schon lange nicht trainiert hatte, geriet ich leider sehr bald außer Atem. Ich bestieg einen Bus und nahm an der Endstation ein Taxi zu Dr. Blumenfeld. Als ich dort anlangte, waren 42 Minuten vergangen, so daß ich sofort umkehren mußte. Ich kam gerade zurecht, wie die Tankstellenwärter sich anschickten, die erste Kanne Kerosin über meinen grasgrünen Wagen zu schütten.
Jetzt gab es nur noch eine Möglichkeit, und ich war entschlossen, sie auszunützen: Ich fuhr mit

meinem eigenen Wagen vor Dr. Blumenfelds Haus und ließ ihn krachend auf einen Laternenpfahl aufprallen. Erlöst entstieg ich dem Blechschaden und begab mich in die Ordination.

Gerade als Dr. Blumenfeld mit der Behandlung fertig war, ertönte von unten zorniges Hupen. Durchs Fenster sah ich, daß es von einem Wagen kam, der dicht hinter dem meinen stand. Ich sauste hinunter. Ein andrer von Dr. Blumenfelds Patienten empfing mich zornschnaubend:

»Was bilden Sie sich eigentlich ein, Sie? Glauben Sie, diese Laterne gehört nur Ihnen?«

Ich mußte ihm recht geben. Selbst in Amerika können sich nur die Reichsten der Reichen den Luxus einer eigenen Parklaterne leisten.